普通高等教育"十一五"国家级规划教材

21世纪全国高等学校物业管理专业应用型人才培养系列规划教材

物业设备管理

（第二版）

◎ 主　编：屈睿瑰

◎ 副主编：张炳信　叶小建　吕宏德

◎ 编　者：（以姓氏笔画为序）
　　　　　杨　志　张慕来　肖燕武
　　　　　傅余萍

Property Equipment Management

中国·武汉

21世纪全国高等学校物业管理专业应用型人才培养系列规划教材

编 委 会

主　编：高炳华　张晓华

副主编：蒋贵国　黄安心　胡运金　胡　彦

编　委：（以姓氏笔画为序）

朱　权　　吕宏德　　何　伟　　李述容　　吴建华

张艳敏　　陈淑云　　陈援峰　　杨　志　　屈睿瑰

袁永华　　巢来春　　章晓霞　　黄　铮　　熊学忠

黎洁梅　　魏晓安

内容提要

本书是全国高等学校物业管理专业应用型人才培养规划教材。主要介绍物业设备技术及物业设备管理的内容,包括物业设备的基础知识,给排水系统,供热、供燃气、通风与空调系统,电气系统,以及在物业设备管理工作中涉及的维修管理和运行管理,并讲述了相应的管理制度和维护方法。

本书取材新颖,内容丰富,实用性强,既可作为全国高等学校应用型本科和高职高专院校物业管理类专业教材,又可供从事相关行业如房地产业和工程设计、施工、运行、管理方面的人员阅读,还可作为物业管理人员的培训教材。

图书在版编目(CIP)数据

物业设备管理(第二版)/屈睿瑰 主编.—武汉:华中科技大学出版社,2009年7月
 ISBN 978-7-5609-3584-3

Ⅰ.物… Ⅱ.屈… Ⅲ.物业管理:设备管理-高等学校-教材 Ⅳ.F293.33

中国版本图书馆 CIP 数据核字(2008)第 173701 号

物业设备管理(第二版)   屈睿瑰 主编

策划编辑:周小方
责任编辑:姚 幸   封面设计:刘 卉
责任校对:祝 菲   责任监印:周治超

出版发行:华中科技大学出版社(中国·武汉)
     武昌喻家山   邮编:430074   电话:(027)81321915

录   排:华中科技大学惠友文印中心
印   刷:华中科技大学印刷厂

开本:787mm×960mm 1/16   印张:18.25   字数:286 000
版次:2009 年 7 月第 2 版   印次:2013 年 3 月第 3 次印刷   定价:28.00 元
ISBN 978-7-5609-3584-3/F·291

(本书若有印装质量问题,请向出版社发行部调换)

Preface 总序

随着房地产业的快速发展和住宅消费观念的不断更新,人们对物业管理的要求越来越高,期望值越来越大。然而,我国物业管理无论是理论建设还是实践探索,都远远滞后城市的建设与发展。特别是在实际运作中,由于现代新型建筑材料的应用,环保建筑、生态建筑、信息建筑、智能建筑的产生,更在发展水平上拉开了现代城市建筑与物业管理的差距。如何规范物业管理市场,规范物业管理运作程序,力求物业管理观念创新、经营创新和管理创新,使物业管理市场化、规模化、专业化、信息化、规范化和科学化,这不仅成为业内同仁,而且已经成为社会有识之士的共识。

物业管理作为一种新兴服务行业,目前尚未建立起完善的行业管理标准和从业人员行为规范,从业人员素质良莠不齐。一些物业管理公司忽视从业人员的职业教育,使得物业管理的服务观念不强,管理水平不高,服务质量不好,甚至摆不正服务与被服务的关系,使产权人、使用人的应有地位得不到尊重,利益得不到保障,其严重制约着我国物业管理行业的健康发展。同时,物业管理又是一个劳动密集型行业,可以吸纳大量的劳动力就业,但是,从事物业管理的人员必须是懂管理、会经营、精通技术的专业人才。因此,开展致力于物业管理专业教育和物业管理从业人员的技能培训工作是十分必要的。华中科技大学出版社推出的"21世纪全国高等学校物业管理专业应用型人才培养系列规划教材",无疑为物业管理专业教育和物业管理从业人员技能培训工作的实施发挥了积极的推动作用。

华中师范大学、广州市广播电视大学、四川师范大学、广西大学、广州大学、湖北经济学院、广州城市职业学院、广东白云学院、武汉职业技术学院、湖北三峡职业技术学院、浙江育英职业技术学院等主编院校组织有关学者和专家,编写了"21世纪全国高等学校物业管理专业应用型人才培养系列规划教材"。该系列教材包括:《物业管理法规》、《物业管理概论》、《物业管理实务》、《房地产估价》、《房地产开发经营》、《物业管理企业财务会计》、《建筑识图与房屋构造》、《房屋维修技术与预算》、《物业设备管理》和《物业智能化管理》。由于物业管理学科和专业发展更新很快,为不断跟上其发展的步伐,在相关课程教材中反映出最新的教学改革前沿信息,本套教材不断进行修订改版工作,同时提供赠送教学课件等增值服务。在对各门课程的基本理论、基本知识、基本方法和基本技能进行深入浅出阐述的基础上,本套教材力求全面系统、理论与实际相结合,体现了较强的实用性和可操作性特点。

21世纪全国高等学校物业管理专业应用型人才培养系列规划教材编写组
2012年6月

目 录
CONTENTS

第一章 物业设备管理基础 ……………………………………… (1)
  第一节 物业设备基础资料的管理 ……………………………… (1)
    一、概述 ……………………………………………………………… (1)
    二、物业设备基础资料管理 ………………………………………… (1)
  第二节 物业设备运行的管理 …………………………………… (5)
    一、概述 ……………………………………………………………… (5)
    二、物业设备技术运行的管理 ……………………………………… (7)
    三、物业设备经济运行的管理 ……………………………………… (8)
  第三节 物业设备维护的管理 …………………………………… (9)
    一、物业设备的维护保养 …………………………………………… (9)
    二、物业设备的计划检修 …………………………………………… (10)
    三、计划检修和维护保养的关系 …………………………………… (11)
  本章综合思考题 …………………………………………………… (11)

第二章 建筑给水 ……………………………………………… (12)
  第一节 建筑给水系统 …………………………………………… (12)
    一、建筑给水系统的分类 …………………………………………… (12)
    二、建筑给水系统的组成 …………………………………………… (13)
    三、建筑给水系统所需压力 ………………………………………… (14)
  第二节 建筑给水系统的给水方式 ……………………………… (15)
    一、直接给水方式 …………………………………………………… (16)
    二、设置升压设备的给水方式 ……………………………………… (16)
    三、高层建筑的室内给水方式 ……………………………………… (18)
    四、室内给水系统的管路图式 ……………………………………… (21)
  第三节 室内给水管道的布置与敷设 …………………………… (22)
    一、室内给水管道的布置 …………………………………………… (22)
    二、室内给水系统的管道敷设 ……………………………………… (23)
  第四节 室内热水供应系统与设备 ……………………………… (24)
    一、热水用水量标准和热水水质 …………………………………… (24)

i

二、热水供应系统的分类 ·· (25)
　　三、集中热水供应 ·· (26)
　　四、太阳能热水供应系统 ·· (32)
　　五、室内热水管网的布置和敷设 ··· (33)
　　六、热水供应系统的技术特点及要求 ··································· (34)
　本章综合思考题 ·· (36)

第三章　建筑排水 ·· (37)
　第一节　建筑排水系统的分类与组成 ······································· (37)
　　一、建筑排水系统的分类 ·· (37)
　　二、室内排水系统的组成 ·· (38)
　第二节　室内排水系统的管路布置与敷设 ································· (41)
　　一、室内排水管路的布置 ·· (41)
　　二、室内排水管道的敷设 ·· (41)
　　三、高层建筑室内排水 ··· (42)
　第三节　室内排水系统的水力计算 ·· (43)
　　一、排水设计秒流量 ··· (43)
　　二、排水管道的水力计算 ·· (45)
　第四节　屋面雨水排放 ·· (49)
　　一、外排水系统 ·· (49)
　　二、内排水系统 ·· (50)
　本章综合思考题 ·· (51)

第四章　城镇和居住小区给排水系统 ······································ (52)
　第一节　城镇给水系统 ·· (52)
　第二节　城镇排水系统 ·· (54)
　　一、排水体制 ··· (55)
　　二、排水系统的组成 ··· (56)
　　三、排水管网的布置 ··· (57)
　　四、排水系统的选择 ··· (57)
　第三节　小区给水系统 ·· (58)
　　一、小区给水系统的组成 ·· (58)
　　二、小区给水管道的敷设 ·· (59)
　第四节　小区排水系统 ·· (60)
　　一、小区产生的污(废)水和降水 ······································· (60)
　　二、小区排水系统的制式 ·· (61)

三、小区排水系统的组成 ……………………………………………… (61)
　　四、排水工艺的组成 …………………………………………………… (63)
　　五、小区排水管道及构筑物的布置与敷设 …………………………… (64)
　第五节　绿化及清洗供水 ………………………………………………… (65)
　　一、绿化供水工艺 ……………………………………………………… (65)
　　二、清洗供水工艺 ……………………………………………………… (68)
　本章综合思考题 …………………………………………………………… (69)

第五章　消防设施 …………………………………………………………… (70)
　第一节　概述 ……………………………………………………………… (70)
　第二节　消火栓给水系统 ………………………………………………… (72)
　　一、消火栓给水系统的组成 …………………………………………… (72)
　　二、消防用水量 ………………………………………………………… (73)
　　三、消防给水管道设计 ………………………………………………… (75)
　第三节　自动喷水灭火系统 ……………………………………………… (76)
　　一、闭式自动喷水灭火系统 …………………………………………… (77)
　　二、开式自动喷水灭火系统 …………………………………………… (83)
　第四节　其他消防灭火系统 ……………………………………………… (87)
　　一、干粉灭火系统 ……………………………………………………… (87)
　　二、泡沫灭火系统 ……………………………………………………… (88)
　　三、二氧化碳灭火系统 ………………………………………………… (88)
　　四、烟雾灭火系统 ……………………………………………………… (89)
　　五、惰性气体及烟烙尽灭火系统 ……………………………………… (89)
　第五节　建筑消防给水方式及配管方法 ………………………………… (89)
　　一、建筑消防给水方式 ………………………………………………… (89)
　　二、消火栓给水系统的布置 …………………………………………… (91)
　　三、消防管道配管方式 ………………………………………………… (92)
　本章综合思考题 …………………………………………………………… (92)

第六章　建筑给排水工程的验收与系统的维护管理 …………………… (93)
　第一节　建筑给排水工程的验收 ………………………………………… (93)
　　一、给排水工程项目验收依据 ………………………………………… (93)
　　二、给排水工程接管验收应提交资料 ………………………………… (93)
　　三、给排水工程接管验收工作程序 …………………………………… (94)
　第二节　建筑给排水系统的维护管理 …………………………………… (94)
　　一、建筑给系统的维护保养 …………………………………………… (94)

二、排水系统的维护与管理 ……………………………… (97)
　本章综合思考题 ……………………………………………… (98)

第七章　室内供暖 …………………………………………… (99)
　第一节　室内供暖系统及其分类 …………………………… (99)
　　一、室内供暖系统的分类 …………………………………… (99)
　　二、室内供暖系统的热负荷 ……………………………… (100)
　第二节　室内热水供暖系统 ………………………………… (101)
　　一、自然循环热水供暖系统 ……………………………… (102)
　　二、机械循环热水供暖系统 ……………………………… (103)
　　三、室内热水供暖系统的管道布置 ……………………… (108)
　第三节　热水供暖系统中的主要设备与附件 …………… (109)
　　一、膨胀水箱 ……………………………………………… (109)
　　二、散热器 ………………………………………………… (110)
　　三、排气设备 ……………………………………………… (112)
　　四、散热器温控阀 ………………………………………… (113)
　　五、补偿器 ………………………………………………… (114)
　本章综合思考题 …………………………………………… (115)

第八章　燃气供应 …………………………………………… (116)
　第一节　燃气的种类及供应方式 ………………………… (116)
　　一、燃气的种类 …………………………………………… (116)
　　二、城市燃气的供应方式 ………………………………… (117)
　第二节　燃气管网及设备 ………………………………… (118)
　　一、城市燃气管网 ………………………………………… (118)
　　二、室内燃气管道 ………………………………………… (119)
　　三、调压器 ………………………………………………… (121)
　　四、燃气表 ………………………………………………… (123)
　第三节　燃气用具 ………………………………………… (123)
　　一、燃气烹饪用具 ………………………………………… (123)
　　二、燃气热水器 …………………………………………… (124)
　　三、燃气用具的安全使用 ………………………………… (126)
　第四节　室内燃气系统的常见故障及处理 ……………… (127)
　　一、概述 …………………………………………………… (127)
　　二、室内燃气供应系统的维护与管理 …………………… (127)
　　三、室内燃气管道及部件的维护 ………………………… (128)

四、室内燃气安全 …………………………………………… (130)
　　本章综合思考题 …………………………………………… (131)

第九章　建筑通风及防火排烟系统 …………………………… (132)
第一节　建筑通风概述 …………………………………………… (132)
　　一、自然通风 ………………………………………………… (132)
　　二、机械通风 ………………………………………………… (133)
　　三、通风方式的选择 ………………………………………… (135)
第二节　通风系统的主要设备及配件 …………………………… (136)
　　一、通风管道 ………………………………………………… (136)
　　二、风机 ……………………………………………………… (137)
　　三、风口和风阀 ……………………………………………… (138)
第三节　高层建筑的防火排烟系统 ……………………………… (138)
　　一、防火分区和防烟分区 …………………………………… (139)
　　二、高层建筑的自然排烟 …………………………………… (140)
　　三、高层建筑的机械加压送风防烟系统 …………………… (141)
　　四、高层建筑的机械排烟 …………………………………… (143)
　　本章综合思考题 …………………………………………… (146)

第十章　空气调节 ……………………………………………… (147)
第一节　空调系统的分类 ………………………………………… (147)
　　一、根据空气处理设备的布置情况来分类 ………………… (148)
　　二、按负担室内负荷所用的介质种类来分类 ……………… (148)
第二节　空气处理 ………………………………………………… (149)
　　一、空气的加热 ……………………………………………… (149)
　　二、空气的冷却 ……………………………………………… (151)
　　三、空气的加湿 ……………………………………………… (152)
　　四、空气的去湿 ……………………………………………… (153)
　　五、空气的净化 ……………………………………………… (154)
　　六、组合式空调器 …………………………………………… (155)
　　七、消声与减振 ……………………………………………… (155)
第三节　空调系统及主要设备 …………………………………… (158)
　　一、集中式空调系统 ………………………………………… (158)
　　二、风机盘管空调系统 ……………………………………… (160)
　　三、局部空调机组 …………………………………………… (161)
第四节　空调冷源及制冷机房 …………………………………… (163)

V

一、空调冷源 …………………………………………………………… (163)
　　二、冷冻水系统 ………………………………………………………… (167)
　　三、冷却水系统 ………………………………………………………… (170)
　　四、制冷机房 …………………………………………………………… (171)
　本章综合思考题 …………………………………………………………… (171)

第十一章　供暖、通风与空气调节系统的维护管理 …………………… (173)
　第一节　供暖系统的维护管理 …………………………………………… (173)
　　一、供暖系统管理的内容 ……………………………………………… (173)
　　二、供暖系统管理的特点 ……………………………………………… (174)
　　三、供暖系统常见故障与维修 ………………………………………… (174)
　　四、供暖系统充水养护 ………………………………………………… (175)
　第二节　空调系统的维护管理 …………………………………………… (175)
　　一、空调系统维护与管理的意义 ……………………………………… (175)
　　二、空调系统运行管理 ………………………………………………… (176)
　　三、空调系统运行节能的措施 ………………………………………… (178)
　　四、空调系统的维护 …………………………………………………… (179)
　　五、空调设备的维护 …………………………………………………… (180)
　第三节　制冷机房的维护管理 …………………………………………… (182)
　　一、制冷机房的管理内容及要求 ……………………………………… (182)
　　二、制冷机组的维护管理 ……………………………………………… (183)
　　三、冷却塔的维护保养 ………………………………………………… (184)
　本章综合思考题 …………………………………………………………… (185)

第十二章　建筑物供配电系统 …………………………………………… (186)
　第一节　负荷等级及其对供电电源的要求 ……………………………… (186)
　　一、建筑物用电负荷的分类及其对供电电源的要求 ………………… (186)
　　二、用电负荷类别 ……………………………………………………… (187)
　第二节　电力系统与高、低压供配电系统 ……………………………… (188)
　　一、电力系统 …………………………………………………………… (188)
　　二、我国电力网的电压等级及电压质量 ……………………………… (189)
　　三、低压配电系统 ……………………………………………………… (190)
　　四、高层建筑的用电负荷类别以及常用的供电方案 ………………… (191)
　第三节　常用高、低压设备 ……………………………………………… (197)
　　一、常用高压设备 ……………………………………………………… (197)
　　二、常用低压设备 ……………………………………………………… (203)

第四节　线路的敷设 ……………………………………………… (209)
  一、架空线路 …………………………………………………… (210)
  二、电缆线路敷设 ……………………………………………… (210)
  三、绝缘导线的敷设 …………………………………………… (211)
 本章综合思考题 …………………………………………………… (213)

第十三章　电气照明 ……………………………………………… (214)
第一节　电气照明的基本知识 ……………………………………… (214)
  一、照明的光学概念 …………………………………………… (214)
  二、照明质量 …………………………………………………… (215)
第二节　照明的种类和方式 ………………………………………… (216)
  一、照明种类 …………………………………………………… (216)
  二、照明方式 …………………………………………………… (217)
第三节　灯具与照明装置 …………………………………………… (218)
  一、灯具 ………………………………………………………… (218)
  二、照明装置 …………………………………………………… (225)
第四节　照明系统的常见故障与维护 ……………………………… (226)
 本章综合思考题 …………………………………………………… (231)

第十四章　建筑物防雷与安全用电措施 ………………………… (232)
第一节　建筑物的防雷装置 ………………………………………… (232)
  一、雷电简介 …………………………………………………… (232)
  二、建筑物防雷设计标准 ……………………………………… (233)
  三、防雷技术措施与防雷设计 ………………………………… (235)
  四、建筑防雷系统的维护 ……………………………………… (239)
第二节　接地装置 …………………………………………………… (240)
  一、接地装置 …………………………………………………… (240)
  二、接地形式 …………………………………………………… (242)
第三节　安全用电常识 ……………………………………………… (245)
  一、电流对人体的伤害 ………………………………………… (245)
  二、安全电压 …………………………………………………… (246)
  三、触电急救 …………………………………………………… (247)
  四、防止触电的主要措施 ……………………………………… (248)
 本章综合思考题 …………………………………………………… (249)

第十五章　电梯 ………………………………………………… (250)

第一节　电梯的分类及构造 …………………………………… (250)
一、电梯的定义及分类 ……………………………………… (250)
二、电梯的构造 ……………………………………………… (253)

第二节　电梯的控制功能 ……………………………………… (258)
一、电梯的基本工作原理 …………………………………… (258)
二、电梯的八大系统的功能 ………………………………… (259)
三、升降电梯的主要系统及功能 …………………………… (259)

第三节　电梯的常见故障与维护 ……………………………… (264)
一、电梯常见故障的分类 …………………………………… (264)
二、升降电梯常见故障及排除方法 ………………………… (265)
三、自动扶梯各部件的故障及维修保养 …………………… (268)
四、电梯的维护与管理 ……………………………………… (270)

本章综合思考题 …………………………………………………… (273)

主要参考文献 ……………………………………………………… (275)
再版后记 …………………………………………………………… (276)
后记 ………………………………………………………………… (277)

第一章

物业设备管理基础

本章学习要点

了解物业设备的基础资料管理内容及物业设备的管理目标,熟悉设备的有效利用率和完好率的计算。掌握物业设备技术运行管理和物业设备经济运行管理的内容,掌握物业设备的计划检修、维护保养的内容。

第一节 物业设备基础资料的管理

一、概述

物业设备是现代物业不可缺少的重要组成部分。新建物业都配备有完善、先进的各种辅助设施、设备,以满足人们的各种需求。人们对物业设备的要求已不仅是满足人们生活的基本需求,还追求舒适、安全。物业设备的内容很多,建筑物级别越高,功能越完善,其物业设备的种类就越多,系统就越复杂。

物业设备资料的管理主要内容是建立设备管理原始资料档案和设备维修资料档案,如:产品与配套件的竣工图、合格证、设备的检验合格证书、试验报告、报修单、运行记录、检查记录、设备更新改造资料等。

二、物业设备基础资料管理

物业设备的基础资料管理主要包括设备原始资料档案的管理和设备维修资料档案的管理。

(一)物业设备原始资料档案的管理

1. 建立原始资料档案

设备在接管后均应建立原始资料档案。

原始资料档案文件主要有：

设备验收文件（包括验收记录、测试记录、产品与配套件的合格证、订货合同、安装合同等）、设备安装图及设备使用维修说明等。

2. 建立设备卡片

设备卡片应记录有关设备的各项明细资料，如物业设备的类别、编号、名称、规格、技术特性、附属物所在地、建造年份、开始使用日期、中间停用日期、原值及预计使用年限、预提大修更新基金、进行大修理次数和日期、报废清理情况等。物业设备登记卡片格式可参见表1-1、表1-2。

表1-1 物业设备登记卡（正面）

设备编号	制造单位	设备原值
设备类别	建造年份	预计使用年限
设备名称	交接验收日期凭证	预计残值
设备型号、规格	开始使用年限	预计清理费用
设备所在地点		预计大修更新基金额

设备原值及预提维修基金记录		设备大修记录		停用记录		
设备原值	预提维修基金日期	预提维修基金金额	大修日期	大修金额	停用日期	原因	动用日期

表1-2 物业设备登记卡（反面）

报废清理记录	事故记录	其他需要记录的事项
报废日期	事故发生时间	记卡日期
报废原因	事故发生原因	注销日期
设备原值	事故处理结论	卡片登记人
累计预提维修基金额		
变价收入		
清理费用		

3. 设备台账

设备台账是根据设备卡片，按照设备的分类顺序，统一填写在设备的登记表上，作为管理物业内设备数量及变动数量的台账，从而反映全部设备的基本情况，给设备管理工作提供方便。一般每年进行一次清点核对，做到账物相符。

(1) 根据不同分类，物业设备台账应包括以下内容。

① 设备的规格型号。

② 设备的名称。

③ 制造单位。
④ 出厂日期及编号。
⑤ 设备的技术规范。
⑥ 安装地点(部位)。
⑦ 数量。
⑧ 备注等。

(2) 做好设备、设施的检修、系统保养、技术改造、变更记录等工作,要求做到详尽、准确,成为该设备最有价值的原始档案。物业设施台账的动态记录内容至少包括以下5个方面。

① 检修记录:包括设备计划性大小修、事故抢修的记录,记录形式应有检修分析、工作记录、结论报告等。
② 系统保养记录:包括设备定期切换、执行系统保养项目等。
③ 技术改造记录:包括设备的技术改造、运行方式的调整等。
④ 变更记录:包括设备的损坏更换、技术替换、项目增减等。
⑤ 运行记录:包括调试记录、投运日期、运行状态、运行周期、参数变化、事故记录、缺陷登记等。

在建立设备台账以后,还须在每件设备上喷涂或书写各种代号,以示区别。一般设备类别字母代号如下:

A——空调设备　　　　　　　　B——锅炉
C——压缩机　　　　　　　　　E——电梯
F——风机　　　　　　　　　　G——地面设备
K——厨房设备　　　　　　　　L——洗衣设备
M——电动机　　　　　　　　　O——其他
P——泵　　　　　　　　　　　R——冷冻设备
S——变配电设备　　　　　　　V——阀门
W——电子设备　　　　　　　　X——紧急和火灾系统
CC——中央监控设备　　　　　 ACP——仪表

物业设备台账一般样式见表1-3。

(二) 设备维修资料档案的管理

设备管理部门应对所管理设备建立维修资料档案,并进行妥善管理。维修资料档案应包括以下内容。

1. 报修单

对维修部门填写的报修单,应每月统计一次,每季装订一次,物业设备管理部门负责保管,以备查存。表1-4为报修单的一般样式。

表 1-3 设备台账

类别	编号	设备名称	型号规格	制造厂商	设备原值/万元	使用日期	使用年限	安装位置	备注

表 1-4 报修单

报修单位(业主)			日期/时间					
故障现象			预约维修时间					
维修内容								
处理办法及结果								
业主(使用人)评定	维修项目及材料消耗		金额					
服务态度			千	百	十	元	角	分
服务质量								
是否及时清理现场								
材料质量								
业主(使用人)签名		合计						
备注:	维修工时							
	完成日期/时间							
	维修技工							

2. 运行记录

值班人员填写的运行记录每月一册,每月统计一次,每年装订一次,由物业设备管理部门保管,以备查存。

3. 技术革新资料

设备运行的改进、设备革新、技术改进措施等资料由设备管理部门汇总查存。

第二节 物业设备运行的管理

一、概述

(一) 物业设备管理的目标

用好、修好、管好、改造好现有设备,提高设备的利用率及完好率,是物业设备管理的根本目标。设备的维护及检修是物业设备管理的重要环节。

设备技术性能的发挥和使用寿命的长短,在很大程度上取决于设备管理的质量。可用设备的有效利用率和设备的完好率来衡量物业设备管理的质量。

1. 设备的有效利用率

设备的有效利用率可用下式描述,即

$$A = \frac{T}{T + T'} \times 100\% \tag{1-1}$$

式中:A——设备有效利用率,(%);

T——设备有效工作时间,单位为 h;

T'——设备停机或无效工作时间,单位为 h。

良好的设备管理可以提高设备的有效利用率。但设备管理部门在追求较高的设备有效利用率的同时,不能任意削减必要的维护保养时间,也不能使设备长时期地超负荷运行,这样势必加速设备的损坏,甚至提前报废。

2. 设备的完好率

设备的完好率可用下式描述,即

$$B = \frac{S_0}{S} \times 100\% \tag{1-2}$$

式中:B——设备的完好率(%);

S_0——设备完好的台数;

S——设备总的台数。

设备的完好与否是通过检查来评定的。一般的完好标准如下:

① 零部件完整齐全,符合质量要求及安全要求;

② 设备运转正常、性能良好,功能达到规定要求;

③ 设备技术资料及运转记录齐全;

④ 设备整洁,无跑、冒、滴、漏现象;

⑤ 防冻、保温、防腐等措施完整有效。

对于评定为不完好的设备,应针对问题进行整改,经过维护、修理,消除不完好因素,升级为完好设备。如果经过维修,仍无法达到完好的设备,应该对其进行改造或作报废处理,不能长期处于不完好状态。

（二）物业设备管理的内容

1. 物业设备基础资料的管理

物业设备基础资料的管理可以为设备管理提供条件和可靠的保证。在物业设备管理的工作中,对所管理物业的设备及设备系统,要有齐全、详细、准确的技术档案,主要包括设备原始档案和设备技术资料。

2. 物业设备运行的管理

物业设备运行的管理包括物业设备技术运行管理和物业设备经济运行管理。

物业设备技术运行管理的主要任务是保证设备安全、正常运行,其内容包括建立合理的运行制度和运行操作规定、安全操作规程等运行要求（标准）,并建立定期检查运行情况和规范服务的制度等。其中,对于设备安全管理,除了加强设备安全检查和对操作人员、维修人员的安全操作、安全作业的训练和管理外,还要建立安全责任制和对用（住户）户进行安全教育,宣传一些关键设备（如电梯）的安全使用知识。

物业设备经济运行管理是物业设备运行管理的重要方面,主要任务是在设备安全、正常运行的前提下,节约能耗费用、操作费用、维护保养费用及检查修理费用,内容包括在物业设备运行管理过程中,采用切实有效的节能技术措施和加强对设备能耗的管理工作。

3. 物业设备维修的管理

物业设备维修的管理包括维护保养和计划检修。实践证明,设备的完好与否和寿命长短在很大程度上取决于维修管理的优劣。

4. 物业设备更新改造的管理

设备更新就是以新型的设备来替代原有的老设备。

设备改造的主要途径有:

① 对设备的结构作局部改进;

② 增加新的零件和各种装置;

③ 对设备的参数、容量、功率、转速、形状和外形尺寸作调整。

5. 备品配件的管理

为了恢复设备的技术性能,在检修时需要用新的零部件来更换已磨损老化的零部件。为了缩短检修时间,应该在检修之前就把新的零部件准备好。

备品配件的管理既要科学地组织备件储备,及时满足设备维修的需要,保证设备维修的质量和进度,减少备件加工制造和采购的突击性和盲目性,又要将储备的数量压缩到最低的限度,降低备件的储备费用,加快资金周转。

备品配件的技术管理应由专业技术人员负责,内容包括:
① 备件范围的确定;
② 备件图样的收集、测绘、整理;
③ 确定备件来源的途径和方法;
④ 确定合理的储备定额和储备形式;
⑤ 编制备件卡和备件台账,为备件的制造、采购、库存提供科学的依据。

6. 固定资产(设备)的管理

固定资产包括机电设备及其传导设施、仪器仪表及工具、房屋建筑等。

(1) 固定资产(设备)的利用程度。

衡量固定资产的利用程度的指标有固定资产利用率和固定资产生产率。

① 固定资产利用率反映有多少固定资产在发挥作用。对不使用的固定资产,要积极创造条件利用起来;对实在不需要的固定资产应及时作转让、出租处理。

② 固定资产生产率是指设备在单位时间内的功能发挥率,以台时产量表示。要提高固定资产生产率,在使用设备时要合理组织运行任务,并且保持设备的完好率及最佳运行工况,同时采用先进技术对设备进行技术改造。良好的设备管理可以使设备发挥最佳的性能。

(2) 设备折旧。

设备在使用过程中不断磨损、损坏和陈旧,其价值也逐步减少,这种设备价值的减少就是折旧。各类设备的折旧年限应与预定的平均使用年限相一致。一般确定设备折旧年限的方法为:
① 参考历年来同类设备的平均使用年限;
② 设备使用频率、工作环境恶劣程度和维修保养的质量;
③ 技术进步的程度决定了产品淘汰的周期,也决定了折旧年限的长短。

(3) 设备的报废。

设备由于严重损坏不能再继续使用或者设备损坏后若要修理,在经济上又不合算时,这时就应该对设备作报废处理,添置新设备。

二、物业设备技术运行的管理

物业设备运行首先要在技术上考虑安全性和可靠性,其次在技术性能上应始终处于最佳运行状态。在设备技术运行管理过程中要做到以下几个方面。

1. 制定科学、严密的操作规程

在设备管理工作中,应针对设备的特点制定切实可行的操作规程。例如,在锅炉管理中,对点火、熄火、巡视、抄表、水位表冲洗、压力表红线、安全阀校验、水处理测试、排污等一系列操作都应有一定的操作规程,并定期对操作人员进行考核、评定。

2. 对操作人员进行专业的培训教育

在设备管理工作中,对操作人员进行专业的培训教育,积极参加政府职能部门举办的培训班,掌握专业知识和操作技能。通过理论及实际操作的考试,取得专业设备的操作资格证书,如锅炉操作证、高、低压电工操作证,电梯运行操作证等。

3. 加强维护保养工作

设备操作人员在使用操作设备的同时,应做好维护保养工作,做到"正确使用,精心维护",确保设备保持完好状态。特别是设备中的压力表、安全阀等安全附件必须定期校验,保证灵敏可靠。压力表上应有红线范围,设备运行时绝对不能超越红线。安全阀前严禁装设阀门,为了防止安全阀芯、弹簧等锈蚀而影响使用灵敏度,需要定期人为开启。压力表、安全阀的定期校验工作应由法定部门负责,校验报告应妥善保管。

4. 对事故的处理要严格执行"三不放过"原则

设备发生事故后,不能就事论事简单处理,要严格执行"三不放过"原则,即:事故原因不查清不放过,对事故责任者不处理不放过,事故后没有采取整改措施不放过。事故发生后应该对事故的潜在原因及故障规律进行分析,并提出有效的整改措施,确保类似事故不再发生。

三、物业设备经济运行的管理

物业设备管理工作中除了设备技术性能的管理外,还要重视设备经济运行的管理,即要重视设备运行时、维护检修和更新改造的经济性等。在设备经济性运行管理中,最重要的是设备运行成本管理。

设备运行成本管理主要包括能源消耗的经济核算、设备操作人员的配置、设备维修费用的管理和设备大修费用的管理。

能源消耗的经济核算工作有以下几个方面。

1. 制订能源耗用量计划和做好计量工作

设备在运行过程中,需要消耗水和电、蒸汽、压缩空气、煤气、燃料油等各类能源。设备管理部门每年应预先按月编制各类能源的消耗量及能源费用的计划,作出每个月的各类能源的耗用计划及能源费用的支出计划。

在实际使用中,应坚持做到每天定时抄表,并计算出日耗量,每旬检查统计一次实际耗用量,每月统计一次实际耗用量及能源费用,并将每月的实际耗用量及能源费用同年度计划进行比较。

2. 采用切实有效的节能技术措施

在选用设备时,注意设备的技术参数要同工艺要求匹配,优先采用先进的电子控制技术,实施自动调节,使设备在运行过程中,一直处于最佳运行工况和最佳运行负荷之中。

第三节 物业设备维护的管理

物业设备维护的管理包括维护保养和计划检修。

一、物业设备的维护保养

设备在使用过程中会发生污染、松动、泄漏、堵塞、磨损、振动、发热、压力异常等各种故障现象,影响设备正常使用,严重时会酿成设备事故。因此,应经常对使用的设备加以检查、保养和调整,使设备随时处于最佳的使用状态。

1. 维护保养的方式

维护保养方式主要是"清洁、紧固、润滑、调整、防腐、防冻及外观表面检查"。对长期运行的设备要巡视检查,定期切换,轮流使用,进行强制保养。

(1) 紧固 为了防止设备因振动导致螺帽脱落、连接尺寸的错位、设备的位移以及密封面接触不严形成泄漏等故障,必须经常检查设备的紧固程度。

(2) 润滑 润滑管理是正确使用和维护设备的重要环节。润滑油的型号、品种、质量、润滑方法、油压、油温及加油量等都有严格的规定。润滑管理要求做到"五定"(定人、定质、定时、定点、定量),并制定相应的润滑管理制度。

(3) 调整 设备零部件之间的相对位置及间隙是有严格规定的。因设备的振动,松动等因素,零部件之间的相对尺寸会发生变化,容易产生不正常的错位和碰撞,造成设备的磨损、发热、噪声、振动,甚至损坏。因此必须对有关的位置、间隙尺寸作定量的管理,定时测量、调整,并在调整后再加以紧固。

(4) 外观表面检查 外观表面检查是指对设备的外观作目视或测量观察,内容包括:检查设备的外表面有无损伤裂痕,磨损是否在允许范围内,防护罩等安全装置是否齐全,温度、压力运行参数是否正常,电动机是否超载和过热,传动皮带有无断裂或脱落,振动和噪声是否异常,设备密封面的泄漏状况如何,设备外表面有无锈蚀,以及设备的防腐保温层是否损坏等。

2. 维护保养工作的实施

维护保养工作分为日常维护保养和定期维护保养。

(1) 日常维护保养 要求设备操作人员在班前对设备进行外观检查;在班中按操作规程操作设备,定时巡视记录各运行参数,随时注意设备运行中有无异声、振动、异味、超载等现象;在班后对设备做好清洁工作。在冬季,如设备即将停用,应在下班后放尽设备内剩水,以免冻裂设备。日常维护保养工作是设备维护管理的基础,应该坚持实施,并做到制度化,特别是周末或节假日更应注意。

(2) 定期维护保养　是以操作人员为主,检修人员为辅进行的。它是有计划地将设备停止运行后进行维护保养。根据设备的用途、结构复杂程度、维护工作量及人员的技术水平等来决定维护的间隔周期和维护停机时间。定期维护保养需要对设备进行部分拆卸,拆卸时应做好以下工作:

① 内外彻底清扫,并擦洗、疏通;
② 检查运动部件运转是否灵活及其磨损情况,调整配合间隙;
③ 检查安全装置;
④ 检查润滑系统油路和油过滤器有否堵塞;
⑤ 清洗油箱,检查油位指示器,换油;
⑥ 检查电气线路和自动控制的元器件的动作是否正常。

设备的定期维护保养,能够消除事故隐患,减少磨损,延长设备寿命,发挥设备的功能,使其经济运行。

3. 设备的点检

设备的点检就是对设备有针对性的检查,包括日常点检及计划点检。

设备的日常点检由操作人员随机检查。点检主要内容如下:

① 运行状况及参数;
② 安全保护装置;
③ 易磨损的零部件;
④ 易污染堵塞、需要经常清洗更换的部件;
⑤ 在运行中经常要求调整的部位;
⑥ 在运行中经常出现不正常的部位。

设备的计划点检一般由专业维修人员为主,操作人员为辅进行。计划点检应该使用先进的仪器设备和技术手段,可以得到正确可靠的点检结果。计划点检主要内容如下:

① 记录设备的磨损情况,发现其他异常情况;
② 更换需要更换的零部件;
③ 确定修理的部位、部件及修理时间;
④ 安排检修计划。

二、物业设备的计划检修

计划检修是指对在用设备,根据其运行规律及计划点检的结果确定其检修间隔期,以检修间隔期为基础,编制检修计划,对设备进行预防性修理的检修。

根据设备检修的部位、修理工作量的大小及修理费用的高低,计划检修工作一般分为小修、中修、大修和系统大修四类。

(1) 小修　主要是清洗、更换和修复少量易损件,并作适当地调整、紧固和润滑工作。小修一般由维修人员负责,操作人员协助。

(2) 中修　除包括小修内容之外,对设备的主要零部件进行局部修复和更换。

(3) 大修　对设备进行局部或全部的解体,修复或更换磨损、腐蚀的零部件,力求使设备恢复到原有的技术性能。在大修时,也可结合技术进步的条件,对设备进行技术改造。

中修、大修应由专业检修人员负责,操作人员只能做一些辅助性的协助工作。

(4) 系统大修　这种检修方式是对一个系统或几个系统直至整个管辖范围的设备停机大检修。系统大修的范围很广,通常将所有设备和相应的管道、阀门、电气系统及控制系统都安排在系统大修中进行检修。在系统大修过程中,所有的相关专业检修人员以及操作人员、技术管理人员都应参加。

设备的计划检修不能取代计划外检修(偶然性的故障抢修和意外事故的恢复性检修)。但如果认真贯彻各项操作规程和规章制度,认真完成设备的日常维修和计划检修工作,那么计划外的检修是可以减少或避免的。

三、计划检修和维护保养的关系

设备管理应贯彻"维护保养为主,计划检修为辅"的原则。如果维护保养工作做得好,发现问题后及时处理,则会大大减少设备检修工作量;反之,如果设备操作人员不爱护设备,不遵守设备的操作规程和规章制度,不对设备进行维护保养工作,就会加剧设备的损坏,使设备经常发生故障,则会大大增加设备检修工作量。因此,每位维护保养人员应该具有很强的工作责任心,认真执行各项工作标准,精心维护设备。

 本章综合思考题

1. 什么是物业设备基础资料的管理?物业设备基础资料的管理分为哪些类型?
2. 物业设备原始档案的管理通常包括哪些内容?
3. 物业设备管理的目标是什么?反映物业设备管理质量的指标是什么?
4. 什么是物业设备技术运行管理?物业设备技术运行管理的主要任务有哪些?
5. 什么是物业设备经济运行管理?物业设备经济运行管理包括哪些内容?
6. 物业设备的维护保养方式有哪些?

第二章

建筑给水

本章学习要点

掌握建筑给水系统的组成、分类、各种给水方式的特点和给水系统中常用的管材和设备。熟悉室内给水管道的管路布置和敷设,了解室内热水供应系统的组成与分类、热水供应方式、热水供应设备及热水管网的敷设原则。

第一节 建筑给水系统

建筑给水系统是指将城镇给水管网或自备水源的水经引入管道送至建筑内的生活、生产和消防设备,并满足各用水点对水量、水压和水质要求的冷水供应系统。

一、建筑给水系统的分类

建筑室内给水系统按用途可分为三类。

(一) 生活给水系统

生活给水系统是指提供给民用、公共建筑和工业企业的饮用、烹调、盥洗、沐浴、洗涤等生活用水的系统。该系统除满足需要的水量和水压外,其水质必须符合国家规定的饮用水质标准。

(二) 生产给水系统

生产给水系统是指提供给工业建筑或公共建筑在生产过程中生产设备的冷却、原材料洗涤、锅炉及空调系统的制冷等用水的系统,其对水质、水量、水压以及安全可靠性的要求因工艺不同,差异很大。

(三) 消防给水系统

消防给水系统是指按国家对可用水进行灭火的建筑物(如某些仓库、民用建筑、容易引起火灾的厂房等)的防火规定,提供给这些建筑物内的消火栓和特殊消防设备用水的消防给水系统,以及提供给多层或高层民用建筑、大型公共建筑及工业建筑的生产车间等各类消防设备用水的系统。消防用水对水质要求不高,但必须按建筑防火规范的有关规定设计,保证有足够的水量和水压。

实际上,一座建筑物内并不需要设置上述三种给水系统,而应根据技术经济比较建筑物内用水设备对水质、水压、水温和用水量的要求,并结合室外给水系统的情况,一般可设置生产与生活、生产与消防、生活与消防并用的给水系统。为了节约用水,可将生产给水再划分为循环给水或循序给水等系统。

二、建筑给水系统的组成

建筑给水系统由以下部分组成,如图 2-1 所示。

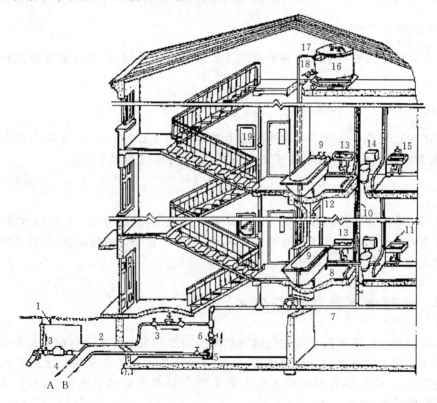

图 2-1 室内给水系统
1—阀门井;2—引入管;3—闸阀;4—水表;5—水泵;6—逆止阀;7—水平干管;8—支管;
9—浴盆;10—立管;11—水龙头;12—淋浴器;13—洗脸盆;14—大便器;15—洗涤盆;
16—水箱;17—进水管;18—出水管;19—消火栓
A—入贮水池;B—来自贮水池

(一) 引入管

引入管是指自室外给水管将水引入室内的管段,也称进户管。

(二) 水表节点

水表节点是安装在给水引入管上的水表及表前后设置的阀门和泄水装置的总称。阀门用以关闭管网,以便修理和拆换水表;泄水装置为检修时放空管网,检测水表精度及测定进户点压力值之用。水表节点形式多样,可按用户用水要求及所选择的水表型号等因素选择。

(三) 配水管网(管道系统)

配水管网(管道系统)由室内给水、水平或垂直干管、立管和支管等组成。

(四) 给水附件

给水附件是指管道系统中调节和控制水量的各类阀门,以便检修管路或控制水流方向。

(五) 增压和贮水设备

增压和贮水设备是指在市政管网压力不足或建筑对安全供水、水压稳定有要求时,需设置的屋顶水箱、水泵、气压给水装置、水池等增压和贮水设备。

(六) 室内消防设备

室内消防设备是指按照建筑物的防火要求及规定,室内需设置消防给水装置时,应增设消火栓灭火给水系统。有特殊要求时,还需设置特殊消防设备,如自动喷水灭火系统或粉末与气体灭火系统。

三、建筑给水系统所需压力

室内给水应保证各配水点在任何时间内所需要的水量。满足各配水龙头和用水设备需要所规定的出水量为额定流量,所需的最小压力称流出水头。因此室内给水系统所需水压,应保证管网中配水水压最不利点具有足够的流出水头,如图2-2所示。管网所需水压为

$$H = (10H_1 + H_2 + H_3 + H_4) \text{ kPa} \tag{2-1}$$

式中:H——室内给水系统所需的水压,单位为 kPa;

H_1——最不利配水点与引入管起点之间的标高差,单位为 m;

H_2——引入管起点至最不利配水点的给水管路,即计算管路的沿程与局部水

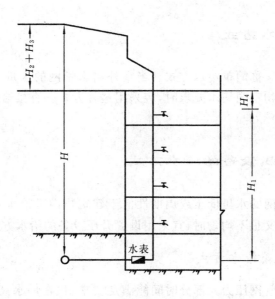

图 2-2 给水系统所需压力

头损失之和，单位为 kPa；

H_3——水流经水表时水头损失，单位为 kPa；

H_4——最不利配水点的龙头或用水设备所需的流出水头，单位为 kPa。

流出水头是指各种配水龙头或用水设备，为获得规定的出水量（额定流量）所必需的最小压力。它是为供水时克服水龙头内的摩擦、冲击、流速（大小、方向）变化等阻力所需的静水压头。

在初步设计时，给水系统所需的压力（自室外地面算起）可估算确定：一层为 100kPa；二层为 120kPa；二层以上每增加一层，压力增加 40kPa。这种估算法一般只适用于层高不超过 3.5m 的民用建筑，不适用于高层建筑供水系统。

第二节　建筑给水系统的给水方式

室内给水系统的给水方式必须根据用户对水质、水量和水压的要求，室外管网所能提供的水质、水量和水压情况，卫生器具及消防设备等用水点在建筑物内的分布情况，以及用户对供水安全的要求等条件来确定。

室内给水系统的给水方式主要有下列几类。

一、直接给水方式

直接给水方式又称简单给水方式。当室外给水管网的水量、水压在一天中任何时刻都能满足建筑物室内用水要求时,应采用这种方式。直接给水方式是最简单、最经济的供水方式。

二、设置升压设备的给水方式

当室外给水管网的水压低于或周期性低于建筑物内部给水管网所需水压,而且建筑物内部用水量又很不均匀时,宜采用设置升压设备的给水方式。

(一)单设水箱给水方式

当一天内室外管网压力大部分时间能满足要求,仅在用水高峰时刻不能保证建筑物上层用水时,可采用单设水箱的方法来解决。当室外给水管网水压足够时向水箱充水,当室外管网水压不足时由水箱供水。采用这种方式要确定水箱容积,必须掌握室外管网一天内水流量、压力的逐时变化资料,但这种资料一般难以得到,需要时可做调查或进行实测。一般建筑物内水箱容积不大于 $20m^3$,故单设水箱方式仅在日用水量不大的建筑物中采用。室内设有给水管道系统及屋顶水箱,常用于在一天24h 的大部分时间内室外给水系统的水压、水量在任何时间都能满足室内最高点的用水要求,但在集中用水高峰时间内,由于用水量增加,室外管道水压下降,以致满足不了室内上层用水的情况。一天中,当室外管网水压足够时,便向水箱充水,不够时,便由水箱供水。因此,要确定水箱容积,就需要了解室外给水管道在一天中的水压变化情况(可由安装在管道上的水压表进行观察)以及水压不足时水箱应供给的水量。

(二)单设水泵给水方式

当某建筑物内所需水压较高而室外管网不能满足、需设水泵增压时,可将水泵的吸水管直接连接在室外给水管网上,这样耗电少,可节约日常运行费。但这种连接方式有局限性,只有当室外管网中水量充足、建筑物用水量小、经水泵抽吸后不影响室外管网正常工作且经市政管理部门同意后才可使用。

当室内用水量大而均匀时,如生产车间给水,可用均匀加压。对室内用水量较大,但用水不均匀性比较突出的建筑物,如住宅、高层建筑等,为了降低电耗,提高水泵工作效率,可考虑水泵变速运行,使水泵供水曲线和用水曲线接近,达到节能的目的。

目前多采用水泵的变频调速运行,它通过变频器改变供电频率,从而改变电动机以及由电动机驱动的水泵的转速。

水泵直接从室外管网抽水会使外网水压降低,影响附近居民用水,因此水泵从外网直接抽水时,应征得供水部门的同意。当建筑物用水量大时,水泵抽水后室外管网中的水压会出现大幅度波动,影响其他用户的使用。为避免上述问题,可在系统中增设贮水池,采用水泵与外网间接连接的方式。

（三）设水泵-水箱联合给水方式

当室外给水管网的水压经常或在夏季用水高峰期内低于某建筑物的要求水压,且用水量又不均匀时,常采用设有水箱、水池和水泵的给水方式。此方式常用于多层建筑。建筑物要求安全供水,也可采用这种给水方式,此时水池和水泵作为一种独立的备用给水装置,这是目前应用最广的一种给水方式。这种给水系统采用水泵和水箱联合使用的方式,由于水泵的出水量稳定,并且能在高效率下工作,水箱容积也可减小,还可在水箱中采用浮球继电器等装置,以达到水泵启闭自动化、减少管理人员、节约日常管理开支的目的。所以,这种给水方式技术上合理,给水较可靠,但经济上一次性投资较大。

在水箱内设置控制装置,可使水泵自动启闭。因此,这种方式技术上合理,供水可靠,虽设备费用较高,但从长期考虑,其运行效果还是经济的。

（四）分区供水的给水方式

当室外给水管网供水压力不足,多层建筑只能满足下部楼层的用水而不能供到上部楼层时,为了能充分利用室外管网的压力,常将室内给水系统分为上下两个供水区,下区直接由室外管网供水,上区由水泵-水箱联合供水(或单设水箱的给水方式)。高层建筑中多采用分区供水系统。

（五）设气压给水设备的给水方式

当室外给水管网水压经常不足,而建筑物内又不宜设置高位水箱或设水箱确有困难的情况下,可设置气压给水设备。气压给水装置是利用密闭压力水罐(简称气压罐)内气体的可压缩性贮存、调节和压送水的给水装置,其作用相当于高位水箱或水塔。水泵从贮水池吸水,经加压后送至给水系统和气压罐内;停泵时,再由气压罐向室内给水系统供水,并由气压罐调节、贮存水量及控制水泵运行。

气压罐给水系统的主要设备可设在建筑物的任何高度上,安装方便,水质不易受污染,投资省,建设周期短,便于实现自动化等。但由于给水压力变化较大,所以管理及运行费用较高,供水安全性较差。气压罐给水系统尤其适用于新建筑的施工现场的供水。

三、高层建筑的室内给水方式

由于高层建筑层数多，因此其给水系统必须进行竖向分区。竖向分区的目的在于：

避免建筑物下层给水系统的管道及设备承受过大的压力而损坏；

避免建筑物下层压力过高，管道内流速过大而引起的流水噪音、振动噪音、水锤及水锤噪声；

避免下层给水系统中水龙头流出水头过大而引起的水流喷溅。

高层建筑给水系统竖向分区有多种方式。

(1) 低区直接给水；高区为设贮水池-水泵-水箱的给水方式。

这种方式的优点是既可充分利用城市配水管网压力，又可减少贮水池和水箱的容量，供水安全且经济。缺点是高区设置贮水池、水泵、水箱一次性投资大，安装、维护较复杂。

(2) 设贮水池和水泵-水箱各区并联给水方式。

各区均采用水泵-水箱供水方式，各区水泵集中设置在地下室或建筑底层或室外水泵房内，分别向各区供水。

这种供水方式的优点为各区给水系统独立运行，互不干扰，任一区发生故障，不会影响其他各区用水。水泵集中布置，维护管理方便。水泵出水量和水箱调节容量均较小，可节省运行费用。缺点是高区供水需设置较长的耐高压管路，分区设置水箱，将多占房间面积，水泵型号多，投资较大等。

(3) 气压水罐并列给水方式。

这种供水方式是各区均采用气压水罐供水，如图 2-3 所示。气压水罐供水的优点是水质卫生条件好，给水压力可在一定范围内调节。缺点是气压水罐的调节贮量较小，水泵启动频繁，水泵在变压下工作，平均效率低、能耗大、运行费用高，水压变化幅度较大，对建筑物给水配件的使用带来不利影响。

(4) 水泵、水箱并联直接给水方式。

这种给水方式的各区水泵集中设置在泵房中，分别从贮水池中吸水向各区供水，如图 2-4 所示。贮水池及水泵房可设于本建筑的地下室或建于室外附近。这种方式的特点是各区给水系统独立运行，无相互干扰和影响。

(5) 水泵、水箱分区串联给水方式。

这种给水方式的水泵、水箱布置于各区，下一区的水箱兼作上一区的贮水器，如图 2-5 所示。

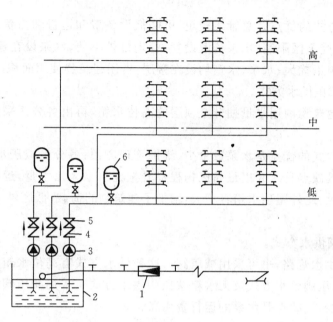

图 2-3 气压水罐并列给水方式
1—水表;2—水池;3—水泵;4—止回阀;5—阀门;6—水箱

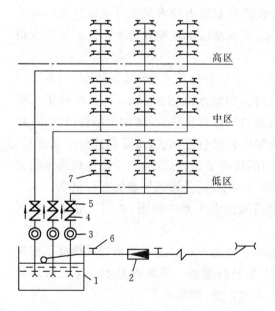

图 2-4 并联直接给水方式
1—水池;2—水表;3—变速水泵;4—止回阀;
5—阀门;6—水箱;7—用水设备

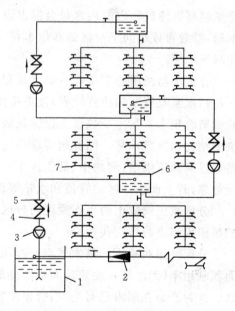

图 2-5 分区串联给水方式
1—贮水池;2—水表;3—水泵;4—止回阀;
5—阀门;6—水箱;7—用水设备

采用这种方式的优点是总管线较短,可降低设备费和运行动力费。缺点是供水独立性差,上区受下区限制;水泵分散设置,管理维护不便;水泵设在建筑物楼层,由于振动产生噪声干扰大;水泵、水箱均设在楼层,占用建筑物使用面积。

(6) 水箱减压供水方式。

用水泵将建筑物内用水量抽升至顶层的高位水箱,再由各分区采用小容量减压水箱供水。

这种供水方式的优点是水泵数量少、维护管理方便;各分区减压水箱容积小,少占建筑面积。其缺点是水泵以最高区扬程提升全建筑最大用水量,运行功率较分区设置水箱时的大,此外屋顶水箱容积大,增加了建筑物的荷载;低区供水受高区影响,供水可靠性差。

(7) 减压阀供水方式。

高层建筑供水管路,也可采用减压阀。这种供水方式有高位水箱减压阀给水方式、气压水箱减压阀给水方式及无水箱减压阀供水方式。采用减压阀的最大优点是占用建筑面积少,其缺点是水泵的运行费用高。

① 分区减压给水方式。

分区减压给水方式有分区水箱减压和分区减压阀减压两种形式。分区水箱减压是整幢高层建筑物内的用水量全部由设置在底层泵房内的水泵提升至屋顶最高处总水箱,然后再逐级向下一区的高位水箱给水,形成减压水箱串联给水系统。分区水箱起减压作用。

分区水箱减压的主要优点是水泵数量少,水泵管理简单(水泵仅两台,一运行一备用),水泵及管路的投资较省,设备费用较低,同时水泵房面积小,各分区减压水箱的调节容积小。其主要缺点是设置在最高层的水箱总容积大,增加了结构负荷,对建筑的结构和抗震不利。而且起传输作用的管道管径也将加大,水泵向高位水箱供水,然后逐渐减压供水,增加中、低压区常年能耗,提高了运行成本,且不能保证供水的安全可靠,若上面任一区的管道和水箱等设备出问题,便会影响下面的各区供水。

分区减压阀减压的工作原理与分区水箱减压供水方式相同,不同之处在于各区的减压水箱由减压阀代替。

分区减压阀减压的最大优点是减压阀不占楼层面积。这种给水方式提高了建筑面积利用率(无水箱),使建筑面积发挥最大的经济效益。其缺点是水泵运行费用较高。这种产品在国内已有生产,价格便宜,安装方便,使用可靠。

② 分区并联给水方式。

分区并联给水方式是在各区独立设置水箱和水泵,将各供水区的水泵集中设于地下室,各水泵从贮水池向各供水区的水箱送水,再由各区的水箱向本区管网供水。

这种供水方式的优点主要表现在各区是独立给水系统,互不影响,某区发生事故,不影响其他区的供水,供水安全可靠,而且各区水泵集中设置,管理维护方便。其缺点在于水泵台数多,水泵出水高压管线长,设备费用增加,分区水箱占建筑层若干面积,减少了建筑使用面积,影响了经济效益。

这种给水方式比分区减压给水方式动力消耗小,可靠性提高。

高层建筑给水同样可采用气压给水及变频给水等方式。

高层建筑每区内的给水管网,根据供水的安全要求程度设计成竖向环网或水平向环网。

在供水范围较大的情况下,水箱上可设置两条出水管接到环网。此外,在环网的分水节点处设置阀门,以减少管段损坏或维修时停水影响供水范围。

高层建筑给水系统的消声、减振、防水锤等技术问题越来越引起重视。一些技术措施也不断成熟。

四、室内给水系统的管路图式

上述各种给水方式,按照其水平干管在建筑内敷设的位置不同,可分为以下三类。

(一) 下行上给式

水平干管敷设在底层走廊(明装、埋设或沟敷)、地下室、天花板、管沟内或直接埋地,自下而上供水。对于居住建筑、公共建筑和工业建筑,在利用城市管网的水压直接给水时,多采用这种方式。

采用这种布置方式,管道明装时便于维修安装。但与上行下给式相比,最高层配水点的出流水压较低。在埋地敷设时,检修不方便。

(二) 上行下给式

水平干管常敷设在顶层天花板下吊顶内或平层顶上,在非冰冻地区,也有敷设在屋顶上的,对于高层建筑也可敷设在技术层内,自上而下供水。设有水箱的居住、公共建筑(如公共浴室),机械设备或地下管线较多的工业厂房,多采用这种方式。

与下行上给式相比,最高层配水点的出流水压较高。安装在吊顶内的配水干管可能会因漏水或结露而损坏墙面或吊顶。另外,这种方式要求城市给水管网的水压较高(与下行上给式相比),管材的消耗也稍多些。

（三）中分式

中分式的水平干管布置在中间技术层或中间某层吊顶内，向上下两个方向供水。在屋顶设有露天茶座、舞厅，不便布置水平干管，或高层建筑有中间技术层可以利用时，常采用这种布置方式。

管道安装在技术层内时，便于维修、安装，且有利于管道排气，又不影响屋顶的多功能使用。但这种方式需设置技术层或增加中间某一层的层高。

第三节 室内给水管道的布置与敷设

一、室内给水管道的布置

（一）引入管的布置

建筑物的给水引入管，从配水平衡和供水可靠方面考虑，宜从建筑物用水量最大处和不允许断水处引入。当建筑物内卫生用具布置比较均匀时，应在建筑物中部引入，以缩短管网向最不利点的输水长度，减少管网的水头损失。引入管一般设置一条，当建筑物不允许间断供水或室内消火栓总数在10个以上时，需要设置两条，并应由城市环形管网的不同侧引入；如不可能时，也可由同侧引入，但两根引入管间距离不得小于10m，并应在接点间设置阀门。

生活给水引入管与污水排出管外壁的水平距离不得小于1m。

引入管穿过承重墙或基础时，管顶上部预留净空不得小于建筑物的沉降量，一般不小于0.1m。并应做好防水的技术处理。

（二）室内给水管道的布置

室内给水管道的布置与建筑物性质、建筑物外形、结构状况、卫生用具和生产设备布置情况以及所采用的给水方式等有关，并应充分利用室外给水管网的压力。管道布置时应力求长度最短，尽可能呈直线走向，与墙、梁、柱平行敷设，兼顾美观，并要考虑施工检修方便。

给水干管应尽量靠近用水量最大设备处或不允许间断供水的用水处，以保证供水可靠，并减少管道传输流量，使大口径管道长度最短。

室内给水管道不允许敷设在排水沟、烟道和风道内,不允许穿过大小便槽、橱窗、壁柜、木装修物体。应尽量避免穿过建筑物的沉降缝,如果不可避免必须穿过时,应采取相应的措施。

二、室内给水系统的管道敷设

室内给水系统管道的敷设,应根据建筑对卫生、美观方面的不同要求,分为明装和暗装两类。

(一)明装

明装即管道在室内沿墙、梁、柱、天花板下、地板旁暴露敷设。明装管道造价低,施工安装、维护修理均较方便。缺点是由于管道表面积灰,产生凝水等影响环境卫生,而且明装有碍房屋美观。一般民用建筑和大部分生产车间均为明装方式。

(二)暗装

暗装即管道敷设在地下室天花板下或吊顶中,或在管井、管槽、管沟中隐蔽敷设。管道暗装时,卫生条件好、房间美观。在标准较高的高层建筑、宾馆等均采用暗装;在工业企业中,某些生产工艺要求,如精密仪器或电子元件车间要求室内洁净无尘时,也须用暗装方式。暗装的缺点是造价高,施工维护均很不方便。

给水管道除单独敷设外,亦可与其他管道一同架设。考虑安全、施工、维护等要求,当平行或交叉设置时,对管道间的相互位置、距离、固定方法等应按管道综合有关要求统一处理。

引入管的敷设,其室外部分埋深由土壤的冰冻深度及地面荷载情况决定。引入管通常敷设在冰冻线以下 0.2m,管顶覆土为 0.6~1m。在穿过墙壁进入室内部分,可有下面两种情况。

① 由建筑物基础下面通过。

② 穿过建筑物基础或地下室墙壁。其中任一情况都必须保护引入管不致因建筑物沉降而受到破坏。为此,在管道穿过基础墙壁部分需预留大于引入管直径 200mm 的孔洞,在管外填充柔性或刚性材料,或者采取预埋套管、砌分压拱或设置过梁等措施。

水表节点一般设置在建筑物的外墙内或室外专门的水表井中。设置水表的地方气温应在 2℃ 以上,并应便于检修、查表,且不易受污染、不易被损坏。

第四节　室内热水供应系统与设备

一、热水用水量标准和热水水质

（一）热水用水量标准

室内热水供应是对水的加热、储存和输配的总称。室内热水供应系统主要供给生产、生活用户洗涤及盥洗用热水，应能保证用户随时可以得到符合设计要求的水量、水温和水质。

热水用水量的标准有两种：

① 按热水用水单位所消耗的热水量及其所需水温而制定的，如每人每日的热水消耗量及其所需水温、洗涤每 1kg 干衣所需的水量及水温等；

② 按卫生器具一次或 1h 热水用水量和所需水温而制定的。

（二）热水的水质

热水供应系统中的管道结垢和腐蚀是两个普遍问题，影响其使用寿命与投资、维修费用。防止热水管道腐蚀的措施是减少水中的溶解氧和采用防腐管材，在工程中常设置气体排除装置和采用铜管。

在热水管道中，影响水垢形成的因素主要是水中的矿物质和水温。生产用热水的水质标准要根据生产工艺要求标准来确定。生活用热水的水质标准除了应该符合我国现行的《生活饮用水卫生标准》(GB 5749—2006)外，对集中热水供应系统加热前水质是否需要软化处理，应根据水质、水量、使用要求等因素进行技术经济比较确定。一般情况下，热水供应系统按 65℃水温计算，小于 $10m^3$ 的日用水量可不进行软化处理。如果经过实践证明，该地区使用磁化器软化水有效时，可在水加热器或锅炉的冷水进水管上安装磁化器。

（三）水温

热水水温应当满足生产和生活需要，以保证系统不因水温高而使金属管道腐蚀、设备和零件易损及维护复杂。水温过高还容易发生烫伤人体的事故。热水锅炉或水加热器出口的最高水温和配水点的最低水温，应根据水质处理情况而定。当无须进行水质处理或有水质处理设施时，热水锅炉和水加热器出口的最高水温应低于

75℃,配水点的最低水温应高于60℃;要进行水质处理但未设置处理装置时,热水锅炉和水加热器出口的最高水温应低于65℃,配水点的最低水温应高于50℃。

若热水仅供沐浴、盥洗使用而不供洗涤用水时,配水点的最低水温不低于45℃即可。热水锅炉和水加热器的出水温度一般均按65～70℃水温设计,最高不得超过75℃;配水管网最不利配水点的最低水温为:供应洗涤需要时应不低于60℃;供应浴盆时不低于55℃。水加热设备出口与配水管网最不利配水点的温度差不得大于15℃。

二、热水供应系统的分类

室内热水供应系统,按照热水供应范围分为:局部热水供应系统、集中热水供应系统、区域性热水供应系统。

(一)局部热水供应系统

局部热水供水系统适用于供水点很少的情况,如家庭、食堂等用热水量较小的建筑。加热器可用炉灶、煤气热水器、电热水器及太阳能热水器等,有设备简单、使用方便、造价低等优点,在没有集中热水供应系统的建筑中广泛使用。

(二)集中热水供应系统

集中热水供应系统一般应用在热水供应范围较大,用水量多的建筑物。热水的加热、贮存及输送均集中于锅炉房,在锅炉房或热交换间设置加热设备,将冷水集中加热,热水由统一的热水管网配送,集中管理,可供一幢或几幢建筑物所需的热水。集中热水供应系统节省建筑面积、热效率较高,但投资大,多用于大型宾馆、高级住宅等建筑物,适用于医院、疗养院、旅馆、公共浴室、体育馆、集体宿舍等建筑。

比较完善的热水供应系统,通常由下列几部分组成。
① 加热设备:锅炉、炉灶、太阳能热水器、各种热交换器等。
② 热媒管:蒸汽管或过热水管、凝结水管等。
③ 热水贮存水箱:开式水箱或闭式水箱等。
④ 热水输配水管网和回水管网、循环管网。
⑤ 其他设备和附件:循环水泵,各种器材和仪表,管道伸缩器等。

集中热水供应系统的工作流程为锅炉生产的蒸汽经热媒管送入水加热器后将冷水加热。蒸汽凝结水由凝结水管排入凝水池。锅炉用水由凝水池旁的凝结水泵压入水加热器中,水加热器中所需的冷水由给水箱供给,加热器中热水由配水管送到各个用水点。为了保证热水温度,循环管(回水管)和配水管中还循环流动着一定数量的循环热水,用来补偿配水管路在不配水时的散热损失。因此,集中热水供应系统可以认为由第一循环系统(发热和加热器等设备)和第二循环系统(配水和回水管网等设备)组成。

(三)区域热水供应系统

区域热水供应系统是小区锅炉房集中供应热水,或利用城市热网进行供水的常用方式。加热冷水的热媒多使用热电站、工业锅炉房所引出的余热,集中制备热水,供建筑群需要。此种方式供应热水的规模大、设备集中、热效高、使用方便、对环境污染小,是一种较好的热水供应方式。但设备复杂、管理技术要求高、投资很大。这种系统的热效率最高,供应范围比集中热水供应系统大得多,每幢建筑物所需的热水供应设备也最少,因此有条件的情况下应优先采用。

三、集中热水供应

水的加热方式很多,在局部热水供应系统中可利用电、燃气、太阳能来加热水。在集中热水供应系统中,常见的有蒸汽直接加热和间接加热两大类。直接加热法即利用燃料直接烧锅炉将水加热,或者利用清洁的热媒如蒸汽与被加热水混合而加热水的方法。另外,还可采用电力来加热水,在太阳能源丰富的地区可采用太阳能来加热水。选用时应根据热源种类、热能成本、热水用量和设备造价及运行费用等经济技术指标比较后再进行确定。在有条件的工厂,应尽量利用废热、余热来进行加热水,以节省燃料。

间接加热法即被加热水不与热媒直接接触,而是通过加热器中的传热面的传热作用来加热水的方法。如用蒸汽或热网等加热水的方法,当热媒放热后,温度降低,仍可回流到原锅炉房复用,因此热媒不需要大量补充水。此法既可节省用水,又可保持锅炉不生水垢,提高热效能。

集中热水供应方式有很多,有前述的按加热方法的不同,可分直接加热式和间接加热式;按循环管道的有无,可分为全循环式、半循环式和无循环式;按循环方式的不同,可分为设循环水泵的机械循环式和不设循环水泵的自然循环式;按配水干管在建筑内布置位置的不同,可分为下行上给式和上行下给式。

(一)普通集中热水供应方式

(1)图2-6(a)所示为下行上给式全循环供水系统,由两大循环系统组成:锅炉水加热器、凝结水箱、水泵及热媒管道等构成第一循环系统,其作用是制备热水;第二循环系统主要由上部贮水箱、冷水管、热水管、循环管及水泵等构成,其作用是输配热水。该系统适用于热水用水量大、要求较高的建筑。

(2)图2-6(b)所示为上行下给式全循环供水系统,此时循环立管是由每根热水立管下部延伸而成。这种方式一般适用在五层以上,并且对热水温度的稳定性要求较高的建筑。因配水管与回水管之间的高差较大,往往可以采用不设循环水泵的自然循环系统。这种系统的缺点是维护和检修管道不方便。

(3) 图 2-6(c)所示为下行上给式半循环供水系统,适用于对水温的稳定性要求不高的五层以下建筑物,比全循环方式节省管材。

(4) 图 2-6(d)所示为不设循环管道的上行下给式供水系统,适用于浴室、生产车间等建筑物内。这种方式的优点是节省管材,缺点是每次供应热水前需排泄掉管中的冷水。

热水供应方式的选择,必须根据建筑物的性质和要求、卫生器具供应热水的种类和数量、热水供应标准、热源的情况等因素,选择不同的可用方式进行技术和经济方案的比较后确定。

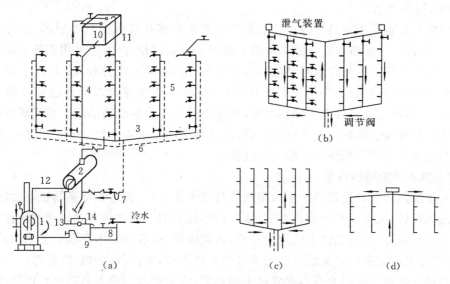

图 2-6 集中热水供应方式

(a)下行上给式全循环供水系统　(b)上行下给式循环供水系统
(c)下行上给式半循环供水系统　(d)上行下给式供水系统(不设循环管道)

1—锅炉;2—水加热器;3—配水干管;4—配水立管;5—回水立管;
6—回水干管;7—循环泵;8—凝结水池;9—冷凝水泵;
10—给水水箱;11—透气管;12—热媒蒸汽管;13—凝水管;14—疏水管

(二)普通集中热水供应设备

1. 热水直接加热设备

根据建筑物的情况、热水用水量及对热水的要求等,选用适当的锅炉或热水器。常用的加热器有:热水锅炉(燃料有煤、油及燃气等);汽水混合加热器(以清洁的蒸汽通过喷射器喷入贮水箱的冷水中,使水汽充分混合后加热水);家用型热水器,目前市场上有燃气热水器及电力热水器等;太阳能热水器,利用太阳能加热水是一种简单、经济的加热方法。

(1) 蒸汽直接加热。

蒸汽直接加热就是将锅炉生产的蒸汽直接通入水中进行加热。这种加热方法比较简单,其投资少、热效率高、维修管理方便;但是噪声较大、冷凝水不能回收,水质会受热媒污染,因此这种加热方法只适用于耗热量不大、凝结水不要求回收、对噪声控制无严格要求的公共浴室、工业企业的生活间和洗衣房等建筑。

直接蒸汽加热常用多孔管加热和喷射器加热两种方法。鉴于喷射器结构紧凑、加工容易、噪声较小,因此在对较大水箱或浴室大水池中的水体进行加热的情况下常优先采用。

(2) 加热水箱。

加热水箱属直接加热设备。在水箱中放置蒸汽多孔管或蒸汽喷射器、排管或盘管,这样就构成了加热水箱。加热水箱一般用钢板做成长方体,也可用钢筋混凝土制作。往加热水箱中补充冷水时,应注意:如果室外供水管网压力较高(大于 0.5MPa)且出水口用浮球阀控制,为既使系统压力稳定,又不使浮球阀因压力过高而经常漏水,因此不要把冷水直接送入加热水箱,而应由另外一个给水箱供应。采用蒸汽多孔管或箱外设置喷射器加热冷水时,蒸汽管应从高出加热水箱水位 0.5m 处引入,这样可以避免冷水在蒸汽切断时被吸入蒸汽管内。

2. 热水间接加热设备

间接加热就是利用锅炉产生的蒸汽或高温水作热媒,通过热交换器把水加热,热媒放出热量后,又重新返回锅炉之中,这样循环往复的一种加热方式。通过这种系统加热的水不易被污染,热媒不必大量补充,且无噪声,热媒和热水在压力上无联系,因此,对比较大的热水供应系统常采用间接加热的方式,如医院、旅馆、饭店等。

间接加热设备常用的有容积式热水加热器、快速热水加热器和热水贮存器等。

(1) 容积式热水加热器。

容积式热水加热器具有加热器和热水箱的双重作用。一般用钢板焊接成圆柱形水箱,有卧式和立式两种。常用卧式(见图 2-7),只有在安装房间无法放置卧式时,才采用立式。这种加热器可设在建筑物的底层或地下室内。它节能、节电、节水效果显著,已列入国家专利产品。容积式热水加热器的中下部有一束 U 形加热盘管,蒸汽(或高温热水)由 U 形管上部进入,放出热量后,冷凝水返回锅炉,而水箱内的水被加热后供应系统使用。

安装卧式容积式热水加热器的房间,在装有盘管的一端应留有能取出盘管的足够位置以便检修。罐体应保温,以防止散失大量的热量。

容积式热水加热器的供水温度比较稳定,但热效率较低,造价高,占地大,维修管

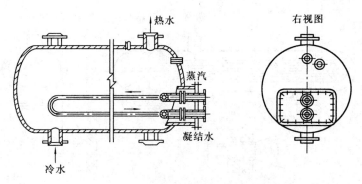

图 2-7 卧式容积式热水加热器

理不便。它常用于需要供水温度稳定、用水量大而又不均匀的热水系统,如医院、旅馆大型公共浴室和工业企业的生活间等。

采用容积式热水加热器的系统,当给水由室外高温装置直接供水时,加热器上应装温度计、压力表和安全阀。特别是当室外供水压力波动时,加热器中的压力也随之变化,为使系统压力不超过规定值,装设安全阀就显得非常重要。

当室外供水压力超过 0.5MPa 时,为避免管道和设备承受过高的压力,加热器的给水应经过冷水箱送入。冷水箱的安装高度(以水箱底面起计算)应能保证最不利配水点所需的水压,冷水箱给水管管径的大小应能补给热水系统的设计秒流量,且不可作其他用水,以保证加热器的安全供水。这种系统的加热器不必装设安全阀,但为排除空气,应装设排气阀。

(2) 快速热水加热器。

快速热水加热器有汽-水式和水-水式加热器两种类型。前者热媒为蒸汽,后者热媒为过热水。汽-水式快速热水加热器也有两种类型:多管式和单管式。图 2-8 所示的是多管汽-水式快速热水加热器。它的优点是效率高,占地面积小;缺点是水头损失大,不能贮存热水供调节用,在蒸汽或冷水压力不稳定时,出水温度变化较大。快速热水加热器适用于用水量大且较均匀的建筑物。为避免水温波动,最好装设自动温度调节器或贮水罐。单管汽-水式快速热水加热器之间可以并联或串联。

水-水式快速热水加热器的外形与多管汽-水式快速热水加热器相同,但套管内为多管排列,热媒是过热水。热效率比汽-水式热水加热器低,但比容积式热水加热器高。

图 2-9 所示为一套管式快速热水加热器。它由两根不同直径(ϕ70mm 和 ϕ40mm)的钢管制成同心套管,并由若干根这样的套管串联而成。蒸汽从上方进入套环间,放出热量后凝结水由下部流出。而冷水由下部进入内管,被加热后由上部流出。

(3) 热水贮存器。

热水贮水箱在热水供应系统中,因用水情况和供水情况而不一致。当用水量变

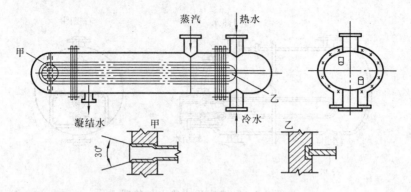

图 2-8 多管汽-水式快速热水加热器

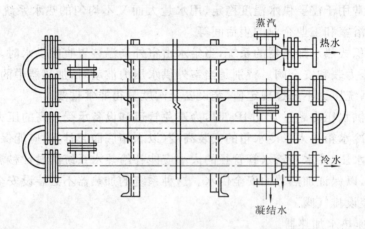

图 2-9 套管式快速热水加热器

化很大时,往往很难满足最大用水量需要。所以,应设热水贮水箱,贮存一定的水量,以便调节加热设备、供水与用水之间的不平衡。

在锅炉容量较大时,锅炉本身就起贮水箱的作用。采用容积式热水加热器的系统,加热器本身可贮存一定量的热水,不必另设贮水箱。当采用快速热水加热器或由锅炉直接供水而用水量又不均匀时,则应设置热水贮水箱。在热水供应系统用水不均匀时,贮水器起调节作用。它有开式和闭式两种,前者称为热水箱,后者称为热水贮水罐,一般均用钢板制造。开式贮水箱设在系统上部,故称"高位水箱",又称"热水箱",水箱的高度应能满足最不利配水点所需的水压;闭式水箱设在系统的下部,称为"低位水箱",又称"热水贮水罐",因水箱承受上部的压力,所以要完全封闭。

热水箱可做成方形或圆形。热水贮水罐一般与加热设备放在一起,但其底部应高出加热设备最高部位。热水箱及贮水罐的容积应经计算确定。开式热水箱为间接加热设备。热水箱用钢板焊接而成,在水箱底部装有钢盘管,热媒流经盘管将水加热。水箱顶部应加盖,并设有溢流管、泄水管和透气管,同时还应设冷水补给水箱。

热水箱通常设在建筑物的上部,其安装高度由水力公式计算决定,应保证所有配水点具有所需的流出水头。热水箱的容积和加热盘管的面积根据实际需要确定。这种加热方式一般用于小型浴室、食堂、洗衣房等用水量较小的热水供应系统。

3. 膨胀管和膨胀罐

为解决热水供应系统中因水温升高、水密度减小、水容积增加而破坏系统正常工作的问题,需设置这类设备。

膨胀管可由加热设备的出水管上引出,将膨胀水引至高位水箱中,膨胀管上不得设置阀门,其管径一般为20~25mm。膨胀罐是一种密闭式压力罐,适用于热水供应系统中不宜设置膨胀管和膨胀水箱的情况。膨胀罐可安装在热水管网与容积式加热器之间,与热水加热器同在一室,应注意在热水加热器和管网连接管上不得设置阀门。

4. 温度自动调节器

当采用蒸汽直接加热或用容积式热水加热器间接加热时,为了控制、调节加热水的温度,最好装设自动温度调节器。在加热设备的热水出水管管口装设温度自动调节器,其感温元件将温度变化传导到热媒进口管上的调节阀,便可控制热媒流量的大小,达到自动调温的目的。

自动温度调节器是以自动控制热媒的进入量来调节水温的仪表。在热水供应中常采用直接作用式自动温度调节器。它的温包内装有一定量的沸点低于被调节介质温度的液体,例如氟利昂、乙醚或丙酮等。使用时将温包插入被加热的水中,当加热后的水温过高(或过低)时,温包中的液体汽化(或冷凝),压力升高(或降低),压力经毛细导压管传至贮液筒,此时波纹管则被压缩(或伸胀),经连杆传动使阀瓣关小(或开大),这样使得通过阀门的热媒量减小(或增大),从而达到调节被加热水温的目的。调节温度一般为:30~40℃,40~-50℃,50~60℃,60~70℃,70~80℃,80~90℃,90~100℃,100~110℃,110~120℃。最大工作压力一般为0.6~1.0MPa。

另一种常用的自动调温装置是电动式自动调温器。它由电触点式温度计、电动调节阀和电气设备所组成。电触点式温度计的温包插装在加热器出口的管道内,感知热水温度的变化,产生压力下降,电触点式温度计内装有所需温度控制范围内的上下两个触点,如50~70℃。当加热器的出口水温过高,压力表指针与70℃触点接通,电动阀门便关小;当水温过低,压力表指针与50℃触点接通,电动阀门开大;若水温始终在控制范围内,则压力表指针处于上下触点之间,电动阀门便不动作。

5. 水质处理设备

集中热水供应系统的热水在加热前是否需要软化处理,应根据水质、水量、水温、使用要求等因素经技术经济指标比较确定。按水温65℃时计算的日用水量不小于10m³时,且原水碳酸盐硬度大于7.2meq/L时,洗衣房用水应进行软化处理,而其他建筑用水宜进行水质处理;按水温65℃时计算的日用水量小于10m³时,其原水可不进行软化处理。另外,当对溶解氧控制要求较高时还需采取除氧措施。当前,水质处理方法日益多样、有效且简便,已出现软化处理器、磁化处理仪、电子水处理仪,并已得到推广应用。

四、太阳能热水供应系统

太阳能热水供应系统是利用太阳的辐射热加热冷水,送到贮水箱或贮水罐以供使用。这是一种节约燃料且不污染环境的热水供应方式。太阳能热水供应系统通常包括集热器、贮水箱、连接管道、支架及其他部件。常用的热水供应形式有以下几种。

(一)自然循环式热水系统

它是利用水本身的温度梯度不同所产生的密度差使水在集热器与贮水箱之间进行循环,因此又称热虹吸循环式热水器。当太阳光把集热器中的水加热后,热水因密度小就上浮,进入贮水箱,迫使水箱底部的较凉水流入集热器,如此循环直至水箱中的全部水达到热平衡为止。这种热水供应系统结构简单,运行可靠,不需要附加能源,适合于家庭和中小型热水系统使用,如图 2-10 所示。

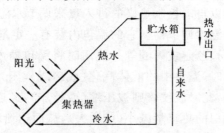

图 2-10　自然循环太阳能热水供应系统

(二)强制循环式热水系统

强制循环式热水系统是利用泵加强传热工质的循环,它适合于大型热水系统,如图 2-11 所示。一般集热器面积超过 $30m^2$,就需采用强制循环。强制循环可以提高传热效率,充分发挥太阳能集热器的作用。强制循环式热水系统的贮水箱不必高于集热器,可以较方便地进行设备布置。

(三)整体式太阳能热水器

整体式太阳能热水器是把集热器与贮水箱合为一体,通常也叫闷晒式热水器。这种热水器的吸热结构主要有圆筒式、扁盒式、浅池式、塑料袋式等。它结构简单,造价便宜,易于安装。

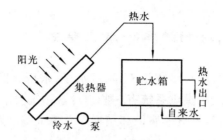

图 2-11　强制循环太阳能热水供应系统

为了常年使用热水器，在冬季寒冷的地区或日照条件有限的地方，太阳能热水系统可以配备辅助加热设备，即在贮水箱内装设电热器或与燃气热水器并联，当太阳能充足时尽量用太阳能，以节约常规能源。

五、室内热水管网的布置和敷设

热水管网布置的基本原则应在满足使用、便于维修管理的情况下使管线最短。

热水干管根据所选定的方式可以敷设在室内地沟、地下室顶部、建筑物最高层或专用设备技术层内。一般建筑物的热水管放置在预留沟槽、管道竖井内。

明装管道尽可能布置在卫生间或非居住的房间。管道穿楼板或墙壁时应有套管，楼板套管应该高出地面 50~100mm，以防楼板集水时由楼板孔流到下一层。

热水管网的配水立管始端、回水立管末端和支管上装设的水嘴数多于 5 个但不超过 10 个时，应装设阀门，以使局部管段检修时不致中断大部分管路配水。

为防止热水管道输送过程中发生倒流或串流，应在水加热器或贮水罐给水管上、机械循环的第二循环管上、加热冷水所用的混合器的冷热水进水管道上装设止回阀。

所有横管应有与水流相反的坡度，便于排气和泄水。坡度一般不小于 0.003。

横干管直线段应设置足够的伸缩器。上行式配水横干管的最高点应设置排气装置(自动排气阀或排气管)、管网最低点还应设置泄水阀门或丝堵以便泄空管网存水。对下行上给全循环式管网，为了防止配水管网中分离出的气体被带回循环管，应当把每根立管的循环管始端都接到其相应配水立管最高点以下 0.5m 处。

热水贮水罐或容积式热水加热器上接出的热水配水管一般从设备顶部引出，机械循环的回水管从设备下部接入。热媒为热水的进水管应在设备顶部以下 1/4 高度处接入。其回水管和冷水管应分别在设备底部引出和接入。

为了满足运行调节和检修的要求，在水加热设备、贮水器、锅炉、自动温度调节器和疏水器等设备的进出水口的管道上，还应装设必需的阀门。

为了减少散热，热水系统的配水干管、水加热器、贮水罐等，均应采取保温措施。保温材料应当选取导热系数小、耐热性高和价格低的材料。

六、热水供应系统的技术特点及要求

热水供应系统与建筑给水系统相比,除对水量、水压有同样的要求外,还对供应水的温度有要求。因此热水供应系统有一些与冷水系统要求不同的问题,如管网、循环管道的热胀和水体膨胀,管道的腐蚀和结垢以及逸气等问题,都需要通过相应的技术措施和装置来解决。

(一) 热水管网的水循环

热水供应系统按管网的布置形式,可分为下行上给式、上行下给式等;若按有无循环管分,可分为全循环、半循环及无循环热水供应系统,这些循环形式都可用于上行和下行两种管网中。

(二) 管道和设备的保温

为减少热水系统散热,提高热效率,在加热设备、热水箱及配水管道等处应设置保温层,一般要包扎保温。保温材料应选择导热系数小、耐热性高、有一定强度、不易燃烧、耐潮湿、易施工和价廉的材料。常用的保温材料有膨胀珍珠岩、矿渣棉、石棉硅藻土、多孔混凝土等预制构件。设备及管道的保温通常由绝热层、防潮层、保温层组成。

保温层结构按绝热材料及施工方法的不同,可分为湿抹式、预制式、填充式和包扎式等。不论采用何种结构形式,在保温层施工前,均应在钢管表面做防腐处理,将管道表面清除干净,刷两道防锈漆。此外,为增加保温结构的机械强度和防湿能力,在保温层外一般均应设置保护层,常用的保护层有石棉水泥保护层、麻刀灰保护层、玻璃布保护层、铁皮保护层等。在采用石棉水泥保护层或麻刀灰保护层时,对于管道而言,其保护层厚度应不小于10mm,对于设备而言,其保护层厚度应不小于15mm。

湿抹式保温结构。它适用于室内明装管道、通行地沟内的管道和阀门。常用的保温材料有石棉硅藻土、碳酸镁石棉灰等。湿抹式保温结构整体性好,无接缝,适用于任何形状的设备,但结构的机械强度较差,施工效率较低。

预制式保温结构。它是由预先制成各种形状的保温材料在现场拼装而成的。常用的保温材料有泡沫混凝土、石棉、硅藻土、矿渣棉、玻璃棉、膨胀珍珠岩、膨胀蛭石、硅酸钙、硬质聚氨酯和聚苯乙烯泡沫塑料等。预制式保温层施工方便,机械强度好,使用广泛,但由于有纵向接缝,易导致热损耗。

填充式保温结构。保温材料填充在管子、设备或阀门外表面的特制套筒、外壳或铁丝网内。常用的保温材料有矿渣棉、玻璃棉、超细玻璃棉等。填充式保温层的保温效果好,但施工较麻烦,且消耗金属材料;上部易出现空隙,影响保温效果。

包扎式保温层结构。它是将片状、绳状或带状的保温材料包扎在管子、阀门外部,再用铁丝、金属箍或特制夹子扎紧。常用的保温材料有矿渣棉、玻璃棉、超细玻璃棉毡、毛毡及石棉布等。

(三) 热胀冷缩

物体有热胀冷缩的性质,金属更为显著,因此在热水系统中必须进行补偿,以免损伤管道设备。补偿设备可用管道自身转弯及伸缩器等补充,有用管道弯成 90°及金属波纹形伸缩器等。

此外,水体受热后膨胀力很大,可能破坏管道和加热设备,因此常用膨胀管、膨胀水箱及安全阀等设备,以消除水受热后对管道和加热设备产生的膨胀压力。一般在锅炉上设安全阀,加热水箱上设膨胀管,加热水箱上部伸进屋顶水箱,管上不设阀门。

(四) 防腐蚀

热水系统的管道和设施的腐蚀问题较为严重,因此设计时应考虑防腐措施。目前常用的防腐措施有:
① 涂刷防腐保护层,如银粉漆等;
② 选用抗腐蚀的管材。

由于金属设备和管道暴露在空气中,会受到氧化腐蚀;普压碳钢管在输送一定温度的热水时,也会受到水中溶解氧的腐蚀,另外还受到电化学腐蚀和微生物腐蚀。腐蚀会导致金属表面损坏、管壁变薄,易引发事故。因此,减缓腐蚀不仅可延长设备使用寿命,而且可提高效率、避免事故,在设备外壁或管道外表面涂刷防腐涂料,可在一定程度上减缓腐蚀过程。

有机涂料俗称"油漆"。油漆有底漆、面漆之分。前者在金属表面打底,可增强附着力并具有防水、防锈功能;后者起耐光和覆盖作用。防腐涂料的选用应考虑管道的应用条件与涂料的适用范围。室内明装的镀锌管可涂刷银粉漆一道;非镀锌管及支架等可涂刷红丹底漆一道,银粉漆两道;非镀锌管若暗装可仅涂刷底漆两道。潮湿的房间内明装的非镀锌钢管及支架或明装的各种水箱、设备均应涂刷红丹底漆两道,银粉或其他适用的面漆两道。

(五) 防结垢

硬水受热容易在加热器或管道内结垢,既降低传热效率,又腐蚀损坏加热设备,危害很大。为减少积垢,常在加热器的进水口上装设适当的除垢器,如磁水器、电子除垢器等。

(六) 系统中空气排除

热水供应系统管网中常常会发生积聚气体的现象,所以热水管道需要保持一定的坡度,积聚的气体通过设在系统最高处的水箱或集气罐排除。

 本章综合思考题

1. 建筑给水系统由哪些部分组成?
2. 试述如何确定给水系统所需压力。
3. 室内给水系统的给水方式有哪些?试说明各种给水方式所适用的情况。
4. 高层建筑给水系统竖向分区有哪几种方式?
5. 简述室内热水供应系统的分类。
6. 普通集中热水供应设备有哪些?

第三章

建筑排水

本章学习要点

掌握建筑排水系统的分类与组成、各种卫生设备、室内排水系统的管路布置以及高层建筑室内排水的特点和排水方式。了解室内排水系统的设计秒流量以及屋面雨水排放系统的内容。

第一节 建筑排水系统的分类与组成

一、建筑排水系统的分类

室内排水系统的任务是接纳、汇集建筑物内各种卫生器具和用水设备排放的污(废)水,以及屋面的积水,并在满足排放要求的条件下,排入室外排水管网。室内排水系统按排水的性质可分为三类。

(1) 生活污水排放系统。它主要排放人们日常生活中所产生的洗涤污水和粪便污水等。这类污水的有机物和细菌含量较高,应进行局部处理后才允许排入城市排水管道。医院生活污水由于含有大量病原菌,在排入城市排水管道之前,还应进行消毒处理。

(2) 生产污(废)水排放系统。此系统排放生产过程中所产生的污(废)水。生产污(废)水的成分因生产工艺的不同而不同。有的污染较轻,如仅为水温升高的冷却水;有的污染严重,如冶金、化工等工业排放的含有重金属等有毒物质且呈酸性或碱性的工业废水。对于污染较轻的生产废水,可直接排放或经简单处理后重复利用;对于污染严重的生产污水,需经处理并达到国家规定的排放标准后才能排放到城市排水管道。

(3) 屋面积水排放系统。它主要排放建筑屋面的雨水和融化的雪水等积水。

上述三大类污(废)水,如分别设置管道排出建筑物外,称分流制室内排水;若将其中两类或三类污(废)水合流排出,则称合流制室内排水。确定室内排水系统的合流或分流体制,是一项较为复杂而且必须综合考虑其经济技术指标的工作,主要考虑的因素有室内污(废)水的污染性质和污染程度、室外排水系统制式、城市污水处理设备完善程度及综合利用情况等。

二、室内排水系统的组成

一个完整的室内排水系统主要由卫生器具、排水管系、通气管系、清通设备、污水抽升设备等部分组成，如图3-1所示。

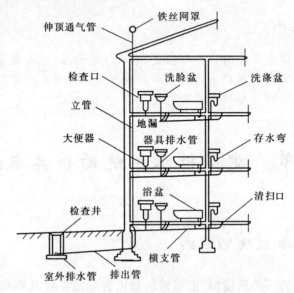

图3-1 室内排水系统示意图

(一)卫生器具(或生产设备的受水器)

各种卫生器具、排放工业废水的设备及水斗等均是室内排水系统的起点。污水、废水从卫生器具排水栓经器具内的水封装置或与器具排水管连接的存水弯排入排水管系。

(二)排水管系

排水管系由排水横支管、排水立管和排出管等组成。

(1) 器具排水管。它是指连接卫生器具与横支管之间的短管。

(2) 横支管。它是指汇集各卫生器具排水管的污水排至立管的横管。横支管的作用是把各卫生器具排水管流来的污水排至立管。横支管中水的流动属重力流，因此，横支管应有一定的坡度坡向立管。

(3) 立管。它是指收集各横支管流来的污水，输送至排出管的管道。为了保证立管畅通，立管管径不得小于50mm，也不应小于任何一根接入的横支管的管径。

（4）排出管（出户管）。排出管是室内排水立管与室外排水检查井之间的连接管道，它接受一根或几根立管的污水并排至室外排水管网。排出管埋设于地下，坡向室外排水检查井。排出管管径不得小于与其连接的最大立管的管径，连接几根立管的排出管，其管径应由水力计算确定。

（三）通气管系

设置通气管的目的是使室内排水管系统与大气相通，尽可能使室内排水管的压力接近大气压力，以保护水封不致因压力波动而受破坏；同时排放排水管道中的臭气及有毒气体。

最简单的通气管是将立管上端延伸出屋面300mm以上，称为伸顶通气管，一般可用于低层建筑的单立管排水系统。这种排水系统的通气效果较差，排水量较小。

对于层数较多或卫生器具数量较多的建筑，因卫生器具同时排水的概率较大，管内压力波动大，只设伸顶通气管已不能满足稳定管内压力的要求，必须增设专门用于通气的管道。

1．器具通气管

器具通气管适用于对卫生标准和控制噪声要求较高的排水系统。

2．环行通气管

环行通气管常在下述情况下设置。

（1）一根横支管接纳六个以上的大便器，且同时排水概率较大时，应设置环行通气管，以减少管内的压力波动；

（2）横支管接纳四个以上卫生器具，且管长大于12m时，也应设置环行通气管。设置环行通气管的同时还应设置通气立管，通气立管与排水管可同边设置（称主通气立管），也可分开设置（称副通气立管）。

3．安全通气管

在上述情况下，若一根横支管接纳的卫生器具数量甚多，或横支管过长时，还必须设置安全通气管加强通气能力。

4．专用通气管

专用通气管管径应比最底层污水立管管径小一级。

5．结合通气管

高层建筑中应每隔六至八层设置结合通气管，连接排水立管与通气立管，以加强通气能力。管径不得小于所连接的较小的一根立管的管径。

通气管的管径一般比相应的排水管管径小1～2级。

（四）清通设备

为了清扫室内排水管道，应在排水管道的适当部位装设检查口、清扫口和室内检查井等,作为疏通排水管道之用。

安装检查口时,应使盖板向外,并与墙面成45°角。检查口中心距地面距离为1m,并至少高出该层卫生器具上缘0.15m。

排水横管应按下列原则设置清扫口。

(1) 清扫口应设置在连接两个或两个以上的大便器或三个及三个以上的卫生器具的排水支管上。

(2) 清扫口应设置在转弯角度小于135°的排水横管上。

排水横管上的清扫口,应设在楼板或地坪上并与地面相平。清扫口只能从一个方向清通,因此它只能装设在排水支管的起点。为了清扫方便,排水支管起点的清扫口与通道相垂直的墙面距离不得小于0.2m。

为了疏通排水管道,在室内排水系统中,一般均需设置如下三种清通设备。

(1) 检查口。设在排水立管以及较长的水平管段上,检查口为一带有螺栓盖板的短管,清通时将盖板打开。

(2) 清扫口。当悬吊在楼板下面的污水横管上有两个及两个以上的大便器或三个及三个以上的卫生器具时,应在横管的起端设置清扫口,也可采用螺栓盖板的弯头、带堵头的三通配件作清扫口。

(3) 检查井。生活污水排水管道,在建筑物内不宜设检查井。对于不散发有害气体或大量蒸汽的工业废水的排水管道,可在建筑物内设检查井。检查井应布置在管道转弯、变径和坡度改变及连接支管处。

(五) 污水抽升设备

民用建筑中的地下室、人防建筑物、高层建筑的地下技术层、某些工业企业车间地下室或半地下室、地下铁道等地下建筑物内的污(废)水不能自流排到室外时,必须设置污水抽升设备,将建筑物内所产生的污(废)水抽至室外排水管道。污水抽升设备的选用应根据污(废)水性质(悬浮物含量、腐蚀程度、水温高低和污水的其他危害性),所需抽升高度和建筑物性质等具体情况确定。局部抽升污(废)水的设备最常用的是离心式污水泵。

在地下室设置污水泵时,应设集水坑,并应设抽吸、提升装置。污水泵应设计成自吸式,每台泵有单独的吸水管,在泵的吸压水管上装设阀门。

集水坑的容积按自动控制启闭时,最大一台水泵5min的出水量不得小于集水坑容积水量;泵启动次数,每小时不得超过6次。按人工控制启动时,集水坑容积应根据流入的污水量和水泵工作情况确定,但生活污水集水坑的容积不得大于6h中的平均每小时污水量。工业废水集水坑的容积按工艺要求确定。污水泵房和集水坑间的布置应注意良好的通风。

第二节 室内排水系统的管路布置与敷设

一、室内排水管路的布置

排水管的布置应满足水力条件最佳、便于维护管理、保护管道不易受损坏、保证生产和使用安全以及经济和美观的要求,因此,排水管的布置应满足以下原则。

(1) 排出管宜以最短距离排至室外。因排水管网中的污水靠重力流,污水中杂质较多,如排出管设置过长,容易堵塞,清通检修也不方便。此外,管道长则坡度大,要增加室外排水管道的埋深。

(2) 污水立管应靠近最脏、杂质最多的排水点处设置,以便尽快地接纳横支管流来的水流而减少管道堵塞的机会。污水立管的位置应避免靠近与卧室相邻的墙。

(3) 排水立管的布置应减少不必要的转折和弯曲,尽量作直线连接。

(4) 排水管与其他管道或设备应尽量减少互相交叉、穿越;不得穿越生产设备基础,若必须穿越,则应与有关专业人士协商作技术上的特殊处理;应尽量避免穿越伸缩缝、沉降缝,若必须穿越,要采取相应的技术措施。

(5) 排水架空管道不得架设在遇水会引起爆炸、燃烧或损坏的原料或者产品的上方,并且不得架设在有特殊卫生要求的厂房以及食品和贵重物品仓库、通风柜和变配电间内。同时还要考虑建筑的美观要求,尽可能避免穿越大厅和控制室等。

(6) 在层数较多的建筑物内,为防止底层卫生器具因受立管底部出现过大的下压等原因而造成水封破坏或污水外溢现象,底层卫生器具的排水应考虑采用单独排除方式。

(7) 排水管道布置应考虑便于拆换管件和清通维护工作的进行,不论是立管还是横支管应留有一定的空间位置。

二、室内排水管道的敷设

室内排水管道的敷设有两种方式:明装和暗装。

为清通检修方便,排水管道应以明装为主。明装管道应尽量靠墙、梁、柱平行设置,以保持室内的美观。明装管道的优点是造价低、施工方便,缺点是卫生条件差,不美观。明装管道主要适用于一般住宅和无特殊要求的工厂车间。

室内美观和卫生条件要求较高的建筑物和管道种类较多的建筑物,应采用暗装方式。暗装管道的立管可设在管道竖井或管槽内,也可用木包箱掩盖;横支管可嵌设在管槽内,也可敷设在吊顶内;有地下室时,排水横干管应尽量敷设在天花板下,有条件时可和其他管道一起敷设在公共管沟和管廊中。暗装的管道不影响卫生,室内较美观,但造价高,施工和维修均不方便。

三、高层建筑室内排水

(一) 高层建筑室内排水系统的特点

高层建筑的特点是空间高度高、层数多、面积大、设备完善、功能复杂,并且使用人数多。对高层建筑排水系统的基本要求是排水和排气畅通。

排水通畅即要求设计合理、安装正确、管径能达到排除所接纳的污(废)水量的要求,配件选择要恰当且不产生阻塞现象。

为了加强排气,以防止水塞产生,高层建筑的排水系统应设立专用通气管。

(二) 高层建筑的排水方式

高层建筑排水立管长、排水量大,立管内气压波动大。排水系统功能的好坏很大程度上都取决于排水管道通气系统是否合理。我国目前的高层建筑多采用设置专用通气管的排水系统。这种系统由于通气立管通常和排水立管共同安装在一个竖井内,所以又称双立管系统。

当层数在十层及十层以上且承担的设计排水流量超过排水立管允许的负荷时,应设置专用通气立管。排水立管与专用通气立管每隔两层用共轭管相连接。专用通气立管的管径一般比排水立管的管径小1～2号。

对使用条件要求较高的建筑和高层公共建筑,可设置环形通气立管、主通气立管或副通气立管。在对卫生、安静要求较高的建筑物内,生活污水管道宜设置器具通气管。辅助通气排水系统如图3-2所示。

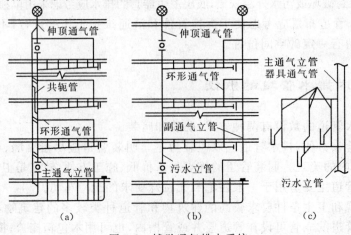

图3-2 辅助通气排水系统

第三节　室内排水系统的水力计算

一、排水设计秒流量

（一）排水定额

每人每日的生活污水量与气候、建筑物内卫生设备的完善程度以及生活习惯有关。建筑物内部生活污水排放系统的排水定额及小时变化系数与建筑物内部生活给水系统有关。

为了确定排水系统的管径，首先应计算出通过各管段的流量。排水管段中某个管段的设计流量和接纳卫生器具的类型、数量及同时使用数量有关。为了计算上的方便，与给水系统一样，每个卫生器具的排水量也可折算成当量。与一个排水当量相当的排水量为 0.33L/s，为一个给水当量的 1.65 倍。这是因为卫生器具排放的污水具有突然、迅猛、流量较大的缘故。各种卫生器具的排水流量、当量和排水管的管径、最小坡度见表 3-1。

表 3-1　卫生器具的排水流量、当量和排水管的管径、最小坡度

序号	卫生器具名称	排水流量/(L/s)	当量	排水管径/mm	管道最小坡度
1	污水盆(池)	0.33	1.0	50	0.025
2	单格洗涤盆(池)	0.67	2.0	50	0.025
3	双格洗涤盆(池)	1.00	3.0	50	0.025
4	洗手盆、洗脸盆(无塞)	0.10	0.3	32～50	0.020
5	洗脸盆(有塞)	0.25	0.75	32～50	0.020
6	浴盆	0.67	2.0	50	0.020
7	淋浴器	0.15	0.45	50	0.020
8	大便器高水箱	1.50	4.50	100	0.012
8	大便器低水箱	2.00	6.00	100	0.012
8	大便器自闭式冲洗阀	1.50	4.50	100	0.012

续表

序号	卫生器具名称	排水流量/(L/s)	当量	排水管径/mm	管道最小坡度
9	小便器手动冲洗阀	0.05	0.15	40～50	0.020
	小便器自动冲洗阀	0.17	0.50	40～50	0.020
10	小便槽(每米长)手动冲洗阀	0.05	0.15		
	小便槽(每米长)自动冲洗阀	0.17	0.50		
11	卫生盆	0.10	0.30	40～50	0.020
12	饮水器	0.05	0.15	25～50	0.010～0.020
13	化验盆(无塞)	0.20	0.60	40～50	0.025
14	家用洗衣机	0.50	1.50	50	

(二) 设计秒流量的计算

目前,国内使用的排水设计秒流量计算公式基本上有两种形式。

(1) 适用于工业企业生活间、公共浴室、洗衣房、公共食堂、实验室、影剧院、体育场等建筑的计算公式为

$$q_u = \sum q_0 nb \qquad (3-1)$$

式中：q_u——计算管段的排水设计秒流量,单位为 L/s;

q_0——计算管段上同类型的一个卫生器具排水量,单位为 L/s;

n——该计算管段上同类型卫生器具数；

b——卫生器具的同时排水百分数,同给水系统。大便器的同时排水比率应按 12% 计算。当计算排水流量小于一个大便器排水流量时,应按一个大便器的排水流量计算。

(2) 适用于居住建筑及公共建筑的计算公式为

$$q_u = 0.12\alpha \sqrt{N_u} + q_{max} \qquad (3-2)$$

式中：q_u——计算管段的排水设计秒流量,单位为 L/s;

N_u——计算管段的排水当量总数；

α——根据建筑物用途而定的系数,具体取值见表 3-2;

q_{max}——计算管段上排水量最大的一个卫生器具的排水流量,单位为 L/s。

表 3-2 根据建筑物用途而定的系数 α 值

建筑物名称	幼儿园、托儿所	门诊楼、诊疗所	办公楼、商场	学校	医院、疗养院、休养所	住宅	集体宿舍、旅馆
α 值	1.2	1.4	1.5	1.8	2.0～2.5	2.0～2.5	2.0～2.5

注：如计算所得流量值大于该管段上按卫生器具排水流量的累加值时,应按卫生器具排水流量的累加值计。

二、排水管道的水力计算

管道水力计算的目的是在排放所负担的污水流量的情况下,既适用又经济地决定所需的管径和管道坡度,并确定是否需要设置专用或其他通用系统,以利于排水管道系统的正常运行。

(一)按经验确定排水管径和横支管坡度

为了使排水管道便于清通以及避免排水管道经常堵塞,根据工程实践经验,对排水管道的管径的最小限值做了规定,称为排水管道的最小管径。各类排水管道的最小管径见表3-3,当排水管段连接的卫生器具较少时,可不经计算以排水管的最小管径作为设计管径,横支管的坡度宜采用表3-1中的通用坡度。

表3-3 排水管道的最小管径

序号	管道名称	最小管径/mm
1	单个饮水器排水管	25
2	单个洗脸盆、浴盆、净身器等排放较洁净废水的卫生器具排水管	40
3	连接大便器的排水管	100
4	大便槽排水管	150
5	公共食堂厨房污水干(支)管	100(75)
6	医院污物的洗涤盆、污水盆排水管	75
7	小便槽以及连接三个或三个以上小便槽的排水管	75
8	排水立管	不小于所连接的横支管管径
9	多层住宅厨房间的立管	75

注:除表中1、2项外,室内其他排水管管径不得小于50mm。

(二)按排水立管的最大排水能力确定立管管径

确定排水管道设计流量时,其压力波动不应超过规定控制值±25Pa,以防止水封破坏。使排水管道的压力波动保持在允许范围内的最大排水量,即排水管的最大排水能力。采用不同通气方式的生活排水立管的最大排水能力分别如表3-4和表3-5所示。

表 3-4　生活排水立管的最大排水能力

生活排水立管管径/mm	排水能力/(L/s)	
	无专用通气立管	有专用通气立管或主通气立管
50	1.0	—
75	2.5	5
100	4.5	9
125	7.0	14
150	10.0	25

表 3-5　不通气的排水立管的最大排水能力

工作立管高度/m	排水能力/(L/s) 立管管径/mm			
	50	75	100	125
≤2	1.0	1.70	3.8	5.0
3	0.64	1.35	2.40	3.4
4	0.50	0.92	1.76	2.7
5	0.40	0.70	1.36	1.9
6	0.40	0.50	1.00	1.5
7	0.40	0.50	0.70	1.2
≥8	0.40	0.50	0.64	1.0

（三）通过水力计算确定横管的管径、坡度

当排水横管接入的卫生器具较多、排水负荷较大时，应通过水力计算确定管径、坡度。

排水横管水力计算公式为

$$V = \frac{1}{n} R^{\frac{2}{3}} I^{\frac{1}{2}} \tag{3-3}$$

$$d = \sqrt{\frac{4q}{\pi V}} \tag{3-4}$$

式中：V——流速，单位为 m/s；

R——水力半径，为管道过流断面面积与湿周之比，其值与管道的充满度有关，单位为 m；

I——水力坡度，所采用排水管的坡度；

n——粗糙系数；
q——计算管段的设计秒流量，单位为 L/s；
d——计算管段的管径，单位为 m。

由式(3-3)、式(3-4)可以看出，要确保排水系统能在最佳的水力条件下工作，在确定管径时必须对直接影响管道中水流工况的主要因素（充满度、流速、坡度）进行控制。

(1) 管道充满度。管道充满度即排水横管内水深与管径的比值。重力流上部需保持一定的空间，其目的是使污（废）水中的有害气体能通过通气管自由排出；调节排水系统的压力波动，防止水封被破坏以及用来容纳未预见的高峰流量。排水管道的设计充满度按表 3-6 确定。

表 3-6 排水管道最大设计充满度

排水管道名称	管径/mm	最大计算充满度
生活排水管道	<150	0.5
	150~200	0.6
生产污水管道	50~75	0.6
	100~150	0.7
	≥200	0.8
生产废水管道	50~75	0.6
	100~150	0.7
	≥200	1.0

注：排水沟最大计算充满度为计算断面深度的 80%。

(2) 管内流速。为使污（废）水中的杂质不致沉淀管底，并使水流有冲刷管壁污物的能力，管内的流速不得小于表 3-7 中的最小流速，也称自净流速。

表 3-7 各种排水管道的自净流速

管道类别	生活排水管道管径/mm			明渠（沟）	雨水管道及合流制排水管道
	$D<150$	$D=150$	$D=200$		
自净流速/(m/s)	0.60	0.65	0.7	0.40	0.75

为防止管壁因污水流动的摩擦及水流冲击而损坏，不同材质排水管道的最大流速应符合表 3-8 的规定。

(3) 管道坡度。为满足管道充满度及流速的要求，排水管应有一定的坡度。工业废水管道和生活排水管道的通用坡度和最小坡度，应按表 3-9 确定。生活排水管道宜采用通用坡度。管道的最大坡度不得大于 0.15，但长度小于 1.5m 的管段可不受此限制。

表 3-8 排水管道的最大允许流速

管 道 材 料	生活排水流速/(m/s)	含有杂质的工业废水、雨水的流速/(m/s)
金属管	7.0	10.0
陶土及陶瓷管	5.0	7.0
混凝土及石棉水泥管	0	7.0
明渠(水深 0.4～1 m)	3.0(浆砌块石或砖)	3.0
	4.0(混凝土)	4.0

表 3-9 排水管道的通用坡度和最小坡度

排水管道管径/mm	工业废水管道(最小坡度)		生活排水管道	
	生产废水	生产污水	通用坡度	最小坡度
50	0.020	0.030	0.035	0.025
75	0.015	0.020	0.025	0.015
100	0.008	0.012	0.020	0.012
125	0.006	0.008	0.015	0.010
150	0.005	0.006	0.010	0.007
200	0.004	0.004	0.008	0.005
250	0.003 5	0.003 5	—	—
300	0.003	0.003	—	—

为简化计算,根据相关公式制成了室内排水管道水力计算表,可直接由管道的设计秒流量控制充满度、流速、坡度在允许的范围内。

(4) 通气管管径的确定。通气管管径一般比相应的排水管管径小 1～2 级,其最小管径按表 3-10 选用。

表 3-10 通气管管径 单位:mm

污水管管径			50	75	100	150
器具通气管管径	40	32	32		50	
环形通气管管径	32	32	32	40	50	
通气立管管径			40	50	75	100

注:① 通气立管长度在 50m 以上者,其管径应与污水立管管径相同。
② 两个及两个以上污水立管同时与一根通气立管相连时,应以最大一根污水立管管径确定通气管管径,但其管径不宜小于其余最大的一根污水立管的管径。
③ 结合通气管管径不宜小于通气立管管径。

第四节 屋面雨水排放

降落在建筑物屋面的雨水和融化的雪水,必须妥善地予以排除,以免造成屋面积水、漏水,影响生活和生产。屋面雨水的排除方式,一般可分为内排水和外排水两种。根据建筑物结构形式、气候条件及生产使用要求,在技术经济指标合理的情况下,屋面雨水排放方式应尽量使用外排水方式。

一、外排水系统

(一)沟外排水

这种方式也称普通外排水或水落管外排水。对一般居住建筑、屋面面积较小的公共建筑以及小型单跨厂房,雨水的排除多采用屋面檐沟汇集,然后流入有一定间距并沿外墙设置的水落管排泄至地面或地下雨水沟。

檐沟在民用建筑中多采用铝皮制作,也可采用预制混凝土构件制作。水落管一般采用 UPVC 管制作,管径多为 75~100mm。水落管的间距应根据降雨量及管道的通水能力所确定的一根水落管应负担的屋面面积而定。按经验值取水落管间距:民用建筑取 8~16m,工业建筑取 18~24m。

(二)天沟外排水

天沟外排水是利用屋面构造上的长天沟本身的容量和坡度,使雨水向建筑物两端或两边(山墙、女儿墙)排放,并由雨水斗收集经墙外立管排至地面或雨水沟。

天沟排水应以伸缩缝或沉降缝为分水线,如图 3-3 所示。

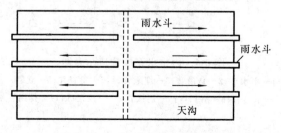

图 3-3 天沟布置示意图

天沟流水长度应根据暴雨强度、汇水面积、屋面结构等进行计算确定,一般以40~50m为宜,过长会使天沟的起终点高差过大,超过天沟限值。天沟坡度不得小于0.003,并应伸出山墙0.4m。

二、内排水系统

对于大面积建筑的屋面及多跨的工业厂房,当采用外排水系统有困难时,可采用内排水系统。此外,高层大面积平屋顶民用建筑以及对建筑立面处理要求较高的建筑物,也应采用雨水的内排放形式。

(一)内排水系统的组成

内排水系统是由雨水斗、悬吊管、立管、埋地横管、检查井(窨井)及清通设备等组成,如图3-4所示。视具体建筑物构造情况,可以组成悬吊管直接跨厂房后接立管将水排至地面(见图3-4右半部分),或采用不设悬吊管的单斗系统进行排水(见图3-4左半部分)。

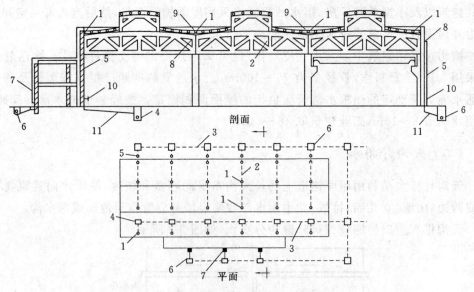

图3-4 内排水系统构造示意图
1—雨水斗;2—悬吊管;3—埋地管;4,6—检查井;5—立管;
7—水落管;8—清扫口;9—连接管;10—检查口;11—排出管

(二)雨水斗

雨水斗的作用是收集和排放屋面的积水,要求其能最大限度和迅速地排放屋面

积水,同时要最小限度的掺气,并拦截粗大杂质。因此,雨水斗应起到以下作用:

(1) 在保证拦截粗大杂质的前提下承担的泄水面积最大,且结构上要导流通畅,使水流平稳,阻力小;

(2) 不使其内部与空气相通;

(3) 构造高度要小(一般以 5~8cm 为宜),制造简单。

(三) 雨水管道的布置

悬吊管一般采用 UPVC 管,用铁箍、吊环等固定在建筑物的桁架、梁和墙上,并有不小于 0.003 的坡度坡向立管。在工业厂房中,悬吊管应避免从不允许有滴水的生产设备上方通过。在悬吊管的端头和长度超过 15m 的悬吊管上,应设检查口或带法兰盘的三通,其间距不得大于 20m,位置宜靠近柱体和墙体。

立管接纳悬吊管或雨水斗的水流,通常沿柱体布置,每隔 2m 用夹箍固定在柱子上。为便于清通,立管在距地面 1m 处要装设检查口。

埋地横管与立管之间可采用检查井进行连接,也可采用管道配件进行连接。埋地横管可采用钢筋混凝土或带釉的陶土管。

检查井的进出管道之间的交角不得小于 135°。

本章综合思考题

1. 简述建筑排水系统的分类与组成。
2. 建筑物常用的卫生器具主要有哪几种?它们的作用各是什么?
3. 试述高层建筑的排水方式。
4. 屋面雨水的排放有哪几种方式?

第四章

城镇和居住小区给排水系统

本章学习要点

掌握城镇和居住小区给水系统和排水系统的组成及分类的概况，了解给水和排水管网的布置及给排水构筑物与水景和游泳池供水系统、居住小区环保供水工艺和绿化及清洗供水系统。

第一节 城镇给水系统

城镇给水系统的任务是自水源取水，进行处理净化达到用水水质标准后，经过管网输送，供城镇各类建筑所需的生活、生产、市政（如绿化、街道洒水）和消防用水。

城镇给水系统一般由以下三大部分组成。

（一）取水工程

取水工程包括水源和取水构筑物，给水水源分为地面水源和地下水源两种。地面水源即地面上的淡水水源（江、河、湖泊、水库等水体），其水体的水量大，易于估算，供水较为可靠。但因流通于地表，水质一般较差，水质、水温随季节变化，需经净化处理，改善水质后方能使用。我国大中城市多采用地面水源。地下水源（潜水、自流水和泉水等）一般水质较好，无色透明，其优点是取水简便，不易受污染，安全经济。但地下水的水量较小，不宜大规模开采。水源选择需经过技术经济比较论证，并考虑水资源的合理开发与综合利用，既要满足近期需要，又要考虑今后的发展，做到安全可靠、经济合理。

（二）净水工程

净水工程的任务就是对天然水质进行净化处理，除去水中的悬浮物质、胶体、病菌和其他有害物质，使水质达到生活饮用水的水质标准。净水工程包括沉淀、过滤和消毒等步骤。地面水的净化流程如图 4-1 所示。

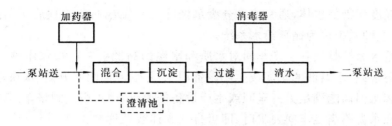

图 4-1　地面生活用水净化流程图

（三）输配水工程

输配水工程的任务是将净化后的水输送到用水地区并分配到各用水点。它包括输水管、配水管网以及泵站、水塔与水池等调节构筑物。输配水工程直接服务于用户，是给水系统中工程量最大、投资最高的部分（占70%～80%）。

1．统一给水系统

当城镇各类建筑的生活、生产、消防等用水都按照生活用水水质标准统一供给的给水系统，称为统一给水系统。

统一给水系统适用于新建的中小城市、工业区或大型厂矿企业，一般不需长距离传输水量，各用户对水质、水压要求相差不大，以及地形较为平坦和城镇中建筑层数差异不大的情况。该系统构造简单、管理方便。

2．分质给水系统

取水构筑物从水源取水，经不同的净化过程，用不同的管道分别将不同水质的水供给各类用户，这种给水系统称为分质给水系统。

这种分质给水系统因厂矿企业生产用水和城镇居民生活用水对水质要求不同，如果生产用水对水质要求低于生活用水标准且用水量又大，宜采用分质给水系统。显然，分质给水节省了净水运行费用，缺点是需设置几套净水设施和几套管网，管理工作较为复杂，因此选用这种给水系统时应作技术、经济上的分析和比较。

3．分压给水系统

当城镇地形高差大或各区域用水压力相差较大，若按统一给水，势必造成低区水压过高，高区水压不足，这样低区管网及设备易被损坏，而高区需再加压方能供水，增加城镇供水维护管理费用，造成能量损耗。因此采用分压给水系统是很有必要的。根据高、低区供水范围和压差值，可分成水泵集中管理向高、低区输水的并联分区供水方式和分区设加压泵站的串联分区供水方式。对于大城市，管网较大，管线延伸很长，从供水节能或分区分期建设上考虑，常采用串联分区供水方式。

4．循环和循序给水系统

循环和循序给水系统主要是针对工业用水而言的。

工业用水的水量一般很大，如冷却用水，大多是指仅水温升高而水质并未受污染或只是受轻度污染的水体,通常这部分废水经冷却降温或简单处理后可再送回车间循环使用,这种系统称为循环给水系统。

循序给水系统是按各生产车间对水质和水温的高低要求进行顺序供水的系统,先供水质要求高、水温低的车间或生产设备用水,用后水温略有升高、水质轻度污染,但其水质和水温尚能满足另一车间或生产设备的要求,即可引入到该车间继续使用,直至水质和水温不满足车间要求时,即可排入水体或处理站。

(四)城镇给水管网的布置形式

城镇给水管网包括输水管和配水管网。它是给水系统的重要组成部分,其投资较大。因此,选择合理的管网布置形式,以保证给水系统安全可靠地工作,降低基建投资。

1. 输水管

输水管是连接水厂与配水管网的管道,只起输水作用,不承担配水任务。输水管要求简短、安全,一般沿道路敷设两条。若用水区附近建有水池,也可设一条输水管。

2. 配水管网

配水管网直接把水配送给各类建筑物使用,给水管的工况直接关系到建筑给水方案的确定。布线时干管通向用水量较大区域,力求简洁,减少管材,节省能量,便于施工与维护管理。配水管网的布置形式可分为如下两种。

(1)树状管网。

树状管网布置成树枝状,管线向供水区延展,管径随用户的减少而逐渐减小。其特点是管线长度短,构造简单,投资少,但其安全性较差,一旦某处发生故障,其下游用水将受到影响,且管网末端水流停滞,水质易变坏,故适宜较小工程或非重要性工程。

(2)环状管网。

把配水管道互相连通在一起,形成许多闭合的环状管路,称为环状管网。环状管网中的每根管均可从两个方向供水,安全可靠,水力条件好,节省电能,但管长,投资大,一般用于供水要求严格的较大城市中。

第二节 城镇排水系统

城镇排水工程是把城镇生活污水、生产污(废)水及雨、雪水有组织地按一定系统汇集起来,并经过处理符合排放标准后,排泄至水体的排水工程。排水工程亦由一系列构筑物所组成。城镇排水工程通常包括排水管网、雨水管网、污水(雨水)泵站、污水处理厂以及污水(雨水)出水口等。

污水按其来源,可分为生活污水、生产污(废)水及雨、雪水三类。

一、排水体制

对生活污水、工业污(废)水和雨、雪水径流采取的汇集方式称为排水制度(也称排水体制)。按汇集方式的不同可分为分流制和合流制两种类型。

(一)分流制排水系统

当生活污水、工业污(废)水及雨、雪水径流用两个或两个以上的排水管道系统来汇集和输送时,称为分流制排水系统,如图 4-2 所示。现代城市的排水系统一般采用分流制排水系统。分流制排水系统的水力条件好,有利于污水的处理和利用,但总投资大。

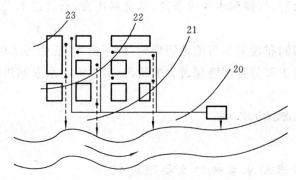

图 4-2　分流制排水系统

(二)合流制排水系统

将生活污水、工业污(废)水和雨、雪水径流用同一管道系统汇集输送的称为合流制排水系统。根据污水、废水和雨、雪水径流汇集后的处理方式不同,可分为直泄合流制和截流式合流制两种排水系统。

1. 直泄合流制

管渠系统的布置就近坡向水体,混合污水未经处理直接由几个排出口排入水体。我国许多城市旧城区的排水方式大多是这种系统。直泄合流制系统所造成的污染危害很大,一般不宜采用。直泄合流制排水系统如图 4-3 所示。

2. 截流式合流制

在街道管渠中的污水合流排向沿河的截流干管的形式称为截流式合流制。晴天

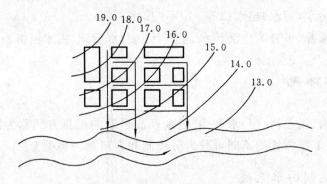

图 4-3 直泄合流制排水系统

时污水全部输送到污水处理厂；雨天,当雨水、生活污水和工业污(废)水的混合水量超过一定数量时,其超出部分通过溢流井泄入水体,这种体制目前应用较广。排水制度的选择,是根据城镇和工业企业的规划、环境保护要求、污水利用情况、原有排水设施及水质、水量、地形、气候和水体等条件,从全局出发,通过技术经济比较,综合考虑确定的。

城镇排水管网的布置应尽可能地距离短、埋深适当,能使污水以重力流的方式流向污水处理厂。对于部分管网埋深过大的情况,需要设污水泵站进行提升。

二、排水系统的组成

(一) 城市污水排水系统的主要组成部分

排放城市生活污水和工业废水的管道系统称为城市污水排水系统,其构成主要有以下几部分：

(1) 室内污水管道系统和设备；
(2) 室外污水管道系统；
(3) 污水泵站及压力管道；
(4) 污水处理与利用构筑物；
(5) 排入水体的出水口。

(二) 工业废水排水系统的主要组成部分

工业企业中,用管道将厂内各车间以及其他排水对象所排出的不同性质的废水收集起来,送至废水回收利用和处理构筑物。经回收处理后的水可直接利用或排入水体,或排入城市排水系统。若某些工业废水不需处理容许直接排入城市排水管道

时,可不需设置废水处理构筑物。工业废水排水系统的构成主要有以下几部分:
(1) 车间内部管道系统和设备;
(2) 小区管道系统;
(3) 污水泵站及压力管道;
(4) 废水处理站(回收和处理废水与污泥的场所)。

(三) 雨水排水系统的主要组成部分

雨水排水系统的构成主要有以下几部分:
(1) 屋面的雨水管道系统和设备;
(2) 小区或厂区雨水管道系统;
(3) 街道雨水管道系统;
(4) 排洪沟;
(5) 出水口。

三、排水管网的布置

根据水流畅通、节省能量,且管道工程量最小的原则,排水管网的布置要求有如下几点。
(1) 支管、干管、主干管的布置要顺直,水流不要绕弯。
(2) 充分利用地形地势,尽可能采用重力流形式,避免提升。
(3) 在起伏较大的地区,宜将高区与低区分离,高区不宜随便跌水,应直接利用重力流入污水处理厂,并尽量减小管道埋深。至于个别低洼地段应局部提升,做到高水高排。
(4) 尽量减少中途加压站的数目。若遇高山,可考虑采用隧道方式输送。
(5) 管道在坡度改变、管径变化、转弯、接入支管处以及直线段中隔适当距离处应设排水检查井,作为检查、清通管道之用。

城镇污水、污泥处理后可考虑综合利用,如用做农业肥料和养鱼等。处理工业污水能回收多种工业原料,不但保护环境,且可创造财富。污水处理厂根据污水的特点,选择物理处理、生物处理或深度处理等处理流程。

四、排水系统的选择

根据污水的性质、污染程度,结合室外排水系统的体制,综合利用和处理。下列情况中,建筑物内应设置单独管道接至处理或回收构筑物。

（1）公共食堂和厨房洗涤废水中含有大量油脂时。

（2）医院污水中含有大量致病菌或含有的放射性元素超过排放标准规定的浓度时。

（3）锅炉、水加热器等设备的排水温度超过40℃时。

（4）汽车修理车间排出的废水中含有大量机油类物质时。

（5）工业废水中含有有毒和有害物质需要单独处理时。

（6）生产污水中含酸碱，以及行业污水等必须处理、回收利用时。

（7）不经处理和稍经处理后可重复利用的水量较多、较洁净的废水，如冷却水、工业洗涤废水等；建筑排水系统中需要回用的生活废水或生活污水。

第三节　小区给水系统

一、小区给水系统的组成

小区给水系统主要由进入小区主水表井以后给水管网、阀门井、进建筑物之前的水表井、排气泄水井、室外消火栓等组成。

（一）给水管网

根据小区内建筑群的用水量、用水的重要性、连续性以及对水压的要求等，可将管网布置成枝状管网或环状管网。

（二）阀门井

室外给水管网中的各种附件一般安装在阀门井内。阀门井的平面尺寸取决于水管直径以及附件的种类和数量。井的深度由水管的埋地深度决定。但是，井底到承口或法兰盘底的距离应不得小于0.1m，法兰盘和井壁的距离不应小于0.15m，从承口外缘到井壁的距离宜大于0.3m，以便于施工。

位于地下水位较高处的阀门井、井底和井壁应不透水，在水管穿井壁处应保持足够的水密性。

根据阀门的规格、型号及数量，阀门井分为圆形和矩形。单个阀门可采用圆形井，多个阀门可采用矩形井。井盖采用统一规格并有标记的铸铁井盖，在无地面重荷载的地方采用铸铁轻型井盖，在主要道路上或经常有重型车辆通过的地方应采用铸铁重型井盖。

(三)水表井和排气泄水井

水表节点应放置在专用的水表井中。水表井的尺寸是按水表接管的公称直径确定。DN50 以下的水表井,内径为 1.0m;DN50 及以上的水表井,内径为 1.2m。水表井应设置在易于检查维修和管理的地方。

当管网敷设时,由于地下管网交叉或地形变化较大,管道随地形变坡或返弯时,应在管道变坡的高位点设置双筒排气阀,避免气塞产生的水击,在管网的最低点设置泄水阀,以便维修时排放水和泥。泄水井中设置集水坑可安装临时抽水设备,将水排到附近的污水检查井内,或在泄水井旁做一湿井排水,不允许通过管道将污水直接排入污水井内。这样做主要是为了防止检查井堵塞,污水沿排水管倒流回至泄水井内,污染给水水质。

(四)室外消火栓

室外消火栓的主要作用是一旦厂区或生活区、商业区、住宅区内的建筑物发生火灾时,能及时接通消防设备灭火,或配合消防车取水灭火。室外消火栓一般布置在区域内道路旁、且交通通畅的位置。

室外消火栓分地上式和地下式两种。地下式消火栓安装在地下井内,适用于寒冷地区;在较温暖的地区可采用地上式安装。

二、小区给水管道的敷设

室外给水管道的敷设通常采用地沟或埋地敷设。金属管道埋地敷设时必须做防腐处理。

给水管道的埋设深度一般位于所在地区冰冻线以下 0.2m,且管顶覆土深度不小于 0.6m。给水管道应根据敷设的地形情况,在最低处设置泄水阀。

室外给水管道应当尽量敷设在室外排水管道的上方,并保证有关规定所要求的防护间距。当受条件限制敷设在排水管道的下方时,必须采取防护措施,以保证给水不受污染。

室外给水管道通常采用闸阀,DN50 及以下时采用螺纹连接,DN50 以上时采用法兰连接。环状给水管网上需装设检修阀门,各分支管道上也要装设阀门。阀门通常要设置在专用的阀门井中。

接至每栋建筑物的给水引入管上应装设水表节点,水表节点通常设置在专用的水表井中。对于设有消火栓或不允许断水的建筑物,只有一根引入管时,水表节点应设置旁通管。

第四节　小区排水系统

一、小区产生的污（废）水和降水

小区排水管网主要包括生活污水系统、降水系统和生产废水系统。

（一）生活污水

生活污水即人们在生活用水过程中排放的污水。
(1) 洗涤污水,如厨房炊具洗涤、衣物洗涤、各种餐具洗涤、拖布洗涤等而产生的污水；
(2) 冲厕而产生的污水,即粪便水；
(3) 盥洗污水,即人们在淋浴、洗漱等过程中产生的污水。

（二）工业废水

小区常见的工业废水有如下几种：
(1) 空调器产生的冷凝水；
(2) 空调制冷设备的循环冷却水；
(3) 锅炉房内锅炉的排污水；
(4) 采暖管道检修时排出的水；
(5) 洗煤废水。

（三）公共洗涤废水

公共洗涤废水主要包括以下几种：
(1) 小区道路冲洗废水；
(2) 建筑外墙冲洗废水；
(3) 水景观排出的水；
(4) 汽车洗刷废水等。

（四）降水

雨水、雪水又称降水,这里的降水是指降落在小区建筑屋面、地面上的雨水、雪水。不同性质的建筑,其产生的污（废）水种类也均有差异,如居住小区内多以生活污水、降水两种为主。

二、小区排水系统的制式

和室内排水系统一样,小区排水管网也有分流制和合流制两种制式。根据从建筑物排出水的水质、水量情况以及室内排水系统的制式,可采用雨水-污水合流制或各系统分流制,另外还应考虑城市市政管网设施情况。

(一) 小区分流制排水工艺

小区分流制排水工艺即把以上不同种类的污(废)水分别用相应的排水管道、排水建(构)筑物排除和处理;小区合流制排水工艺即把两种及两种以上不同种类的污(废)水用同一排水管道、排水建(构)筑物排除和处理。

以下所列是常见的小区分流制排水工艺:
(1) 洗涤污水、盥洗污水排放和处理工艺;
(2) 循环冷却水排放和处理工艺;
(3) 冲厕水排放和处理工艺;
(4) 汽车洗刷水排放和处理工艺;
(5) 雨水、雪水排放和处理工艺;
(6) 淋浴水排放和处理工艺等。

(二) 小区合流制排水工艺

以下所列的是常见的小区合流制排水工艺:
(1) 厨、厕污水合流排放和处理工艺;
(2) 厨、厕、淋浴污水合流排放和处理工艺;
(3) 厨、厕、淋浴污水和雨(雪)水合流排放和处理工艺。

选择小区的排水体制主要考虑因素有:小区建筑排放的污(废)水性质、市政排水体制、污(废)水处理设施完善程度、污(废)水是否可再生回用以及国家和当地对环境保护的要求等。目前随着我国水资源的日趋紧缺,对污(废)水的处理和回用已提到议事日程上来,这对于保护环境、合理利用水资源、减少水的浪费具有十分重要的作用。为了节约用水,采用分流处理、回用及合理排放是十分必要的。

三、小区排水系统的组成

小区排水系统是将工厂区或生活小区、建筑群红线以内的生活污水或降水、生产污(废)水,经过化粪池、废水处理或消毒等处理后的排水,排至小区以外的城市排水管网中。

排水系统主要由排水管道及管道系统上的附属构筑物组成。附属构筑物主要包括污水局部处理构筑物、跌水井、雨水口、检查井等。当室内污水未经处理不允许直接排入城市下水道或污染水体时，必须予以局部处理。民用建筑常用的局部处理构筑物有化粪池、隔油池等。

（一）检查井

因为污水管道极易堵塞，为了定期维修及清理疏通管道，在直管段处每隔40～50m应设置检查井。另外，在管段转弯、管道汇流、管道变径、变坡度时，也应设置检查井。

检查井一般为圆形的砖砌构筑物，它由井基础、井筒及专用井盖组成。井盖一般用铸铁铸成，井盖上有统一标记，便于维修时辨认。设在道路中央的井盖应采用重型井盖，一般人行道上的井盖可采用轻型井盖。

（二）化粪池

化粪池是截流生活污水中可沉淀和悬漂的污物，贮存并厌氧消化截流污泥的生活污水局部构筑物。在无污水处理厂的地区，一般室内粪便污水先经化粪池处理后再排入水体或市政管网；在有污水处理厂的地区，可设置在污水处理厂前作为过渡性的生活污水局部构筑物中。污水经化粪池处理后一般可去除50%～60%的固体杂质，减少细菌约25%～75%，但它去除有机物的能力较差。在城市排水能力尚不完善的情况下，化粪池的应用仍较普遍。

化粪池可采用砖、石或钢筋混凝土等材料砌筑，其中最常用的是砖砌化粪池。化粪池的形式有圆形和矩形两种，通常多用矩形化粪池。为了改善处理条件，较大的化粪池往往用带孔的间壁将其分为2～3个隔间，如图4-4所示。

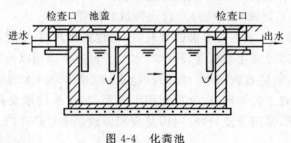

图4-4 化粪池

（三）隔油池

隔油池是截流污水中油类物质的局部处理构筑物。含有较多油脂的公共食堂和饮食业的污水,应经隔油池局部处理后才能排放,否则油污进入管道后,随着水温下降,将凝固并附着在管壁上,缩小甚至堵塞管道。

隔油池一般采用上浮法除油。

为便于利用积留油脂,粪便污水和其他污水不应排入隔油池内。对夹带杂质的含油污水,应在排入隔油池前,经沉淀处理或在隔油池内考虑沉淀部分所需容积。隔油池应有活动盖板,进水管要便于清通。此外,如车库等使用油脂的公共建筑,也应设隔油池去除污水中的油脂。

(四) 沉沙池

冲洗汽车的污水中含有大量的泥沙,在排入城市排水管道之前,应设置沉沙池,以除去污水中的粗大颗粒杂质。

(五) 跌水井

跌水井主要设于跌落水头超过 1m 时的分界处。管道由于地形高差相差较大,在支线接入埋设较深的主干线时出现较大的跌落水头。跌水井一般为砖砌井,应按标准图集选择施工。

(六) 雨水口

雨水口的作用就是收集小区雨水并排至雨水系统内。雨水口主要由雨水箅子、连接雨水检查井的窨井及连接管组成。

四、排水工艺的组成

不同的排水工艺的组成也稍有差异,以下分别介绍五种不同排水工艺的组成。

(一) 排放粪便污水的排水工艺的组成

(1) 排水管道。包括排水支管和排水干管。

(2) 检查井。在排水管道上如方向发生变化、管径发生变化、坡度发生变化等处应设检查井。为了便于清通排水管道在直线管段长度不超过以下各值时的中点处也应设检查井;如当管径为 150～200mm 时,其长度为 30～40m;当管径大于 200mm 或小于 700mm 时,其长度为 50m。

(3) 化粪池。化粪池的作用是使粪便沉淀与发酵,依靠微生物的作用使新鲜粪便消化,从而消灭病菌、病毒(一般可使细菌减少 25%～75%),截留污水中挟带的悬浮物质,减少对城市排水管道的堵塞。

(二）排放除粪便污水以外的淋浴水、洗涤水、厨房水工艺的组成

（1）排水管道。

（2）检查井。

若排放食堂、饭店的饮食污水，因水中含有污油，在排入城市排水管道或小区排水管道之前，应先进入隔油池除油。

(三）排放锅炉废水工艺的组成

（1）排水管道。

（2）检查井。

（3）降温池。防止高温水进入城市排水管道或小区排水管道。

(四）排放雨水工艺的组成

（1）小区雨水口。收集排放在小区地面的雨水。

（2）小区雨水管道。排放由雨水口收集来的地面雨水。

（3）雨水检查井。用于雨水管道变径、变坡、变向及不同来向雨水管汇合等连接，同时用于清通雨水管道。

(五）处理、回用的排水工艺的组成

（1）排水管道。

（2）检查井。

（3）处理建（构）筑物。依不同的水质处理要求采用处理法、化学法和生物法对污（废）水进行处理，使处理后的水满足回用水质的要求。

五、小区排水管道及构筑物的布置与敷设

(一）小区生活排水管道的布置与敷设

小区生活排水管道由小区干管、支管和户前管等组成。

小区户前管应满足小区建筑各单元排出管的布置和敷设要求，以最短的距离，用经济合理的管径与第一检查井连接，以便迅速而及时地排出建筑内的生活污水。小区排水支管即把各排出管的第一个检查井连接而成的排水管道，埋设在人行道下或绿地下。小区排水干管即把各支管的最后一个检查井连接而成的排水管道，以后再与城市排水管道上的检查井连接，干管可布置在小区道路下或绿地下进行埋地敷设。干管布置应根据小区建筑总体规划，道路、建筑物的分布，以及地形和污水、雨水可排

泄方向等情况进行综合考虑，务必使管线短、埋深合理，能自流排放。一般是先考虑布置户前管、支管，再考虑布置干管，但干管的布置和走向还会决定各支管的布置及走向。而干管的布置和走向还会受建筑小区外城市排水管道的位置的制约。

排水管道一般应沿道路和建筑周围呈直线平行布置，应遵循各种管道的综合布置和敷设要求，符合有关规范规定。排水管道埋设时一般均作管道基础，可根据地质条件、布置位置、地下水位、管材种类等因素分别采用施工要求的基础。

（二）小区雨水管道的布置与敷设

小区雨水管道由雨水口、雨水井及管道组成。雨水口的布置，一般除在道路的交汇处外，还宜在建筑单元出入处附近、雨落管附近、建筑物前后空地和绿地低洼点等处布置。雨水口与雨水井连接的管道一般布置在道路、绿地等处，连接管径不小于200mm。雨水井再与雨水干管上的检查井连接，多数雨水检查井在雨水干管上，雨水干管布置在道路下或绿地下。雨水口沿路布置，其间距一般宜为20～40m。

小区雨水管道的布置与敷设同生活排水管一样，既应符合小区规划的总体要求，又要符合设计规范要求，使排水顺畅无阻，地面无积水。

第五节　绿化及清洗供水

一、绿化供水工艺

小区绿化能改善小区空气环境，减少飞扬的灰尘，增加小区美感。小区绿化方式有平面绿化、立面绿化等。平面绿化即在围绕小区内建筑、小区道路、小区围墙内开辟绿化地，种植各种花草、乔木、树等；立面绿化即在围绕小区建筑墙、围墙、装饰架周围种植爬升植物，沿墙面、装饰架而爬升生长，形成立面绿化。除绿地的平面绿化外，有些建筑还有屋面绿化。往往小区绿化常见为平面绿化或平、立面相结合的绿化。

为保证小区各种花草、乔木、树的生长，必须定期向它们的根系土壤浇水，有的还需向它们的叶、花等进行浇水冲洗。

1. 绿化供水水源

绿化供水水源有以下几种。

（1）小区自来水。它包括由市政自来水管网直接进入小区内供水管网的水和小区加压管网的水。

(2) 小区中水管网的水。它包括小区的生活排水和雨水经适当处理后再回用于小区中的给水系统的水。

(3) 自然水。自然水即指小区外河流、小溪、湖泊、池塘等内的水。

2．绿化供水方式

绿化供水方式有以下几种。

(1) 漫灌。漫灌即向绿地某点供水，供水点产生漫流而逐渐地使该点周围的绿地土壤湿润，达到绿化供水的目的。

(2) 滴灌。在绿地上架设或埋设供水多孔管，水流由孔中流出，架设的供水多孔管喷水浇灌称为滴灌；埋设于地下的供水多孔管喷水浇灌称为渗灌。

(3) 喷灌。由喷头向绿化带进行供水浇灌称为喷灌。

(4) 人工浇灌。用盛水桶、勺等向绿地浇水称为人工浇灌。

3．绿化供水管网的组成、布置及敷设

漫灌、滴灌、喷灌系统常由管道和阀门等组成。

(1) 漫灌系统。漫灌系统由管道和阀门组成，如图4-5所示。

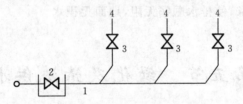

图 4-5 漫灌系统
1—管道；2—总阀门；3—分阀门；4—出水口

管道可布置在绿化带边，也可布置在绿化带中间；可敷设在绿地上，也可敷设在绿地下。对于临时用漫灌系统，管道敷设在绿地上，对于经常用的漫灌系统，管道敷设在绿地下。埋于绿地下的管道，埋设深度常为0.3~0.5m，管道低处应安装泄水阀门，以便放水防冻。

出水口处应安装阀门，用于调节关闭出水口。出水口的数量根据绿地用水点、绿地面积确定，在有坡度的绿地上，出水口应安装在用水绿地的高处，以便出水漫流。

(2) 滴灌系统。滴灌系统由多孔管和阀门组成。阀门安装在专用阀门井内，为防泥沙堵塞，埋于地下的多孔管应外包尼龙丝网或金属网，可直接埋于地下或敷设在地沟内，让出水渗流。

敷设在绿地上的多孔管也应外包尼龙丝网或金属网，以免堵塞。多孔管布置应保证绿地滴灌均匀且能使水滴灌到所需的绿化带上，这样用水量少。

(3) 喷灌系统。喷灌系统由喷头、管道、阀门等组成。

喷灌系统是常用的喷水管道系统，其中，喷灌喷头分固定喷头和旋转喷头两种。

固定喷头一般包括喷嘴和喷体,喷嘴和喷体多数采用螺纹连接,其喷头在喷洒时是不动的(除头部外没有可移动部件),当供水系统的阀门关闭后,随着水压的消失,喷头的头部会自动退回喷体。与固定喷头相比,旋转喷头可以转动一圈,其喷射水域半径有的最大可达到24m,在浇灌大面积的草坪时,旋转喷头更为经济而有效。

喷灌喷头有圆形、弧形、部分圆形等,具有0°~360°的可调弧度,其中以圆形喷头最为常用。

① 喷射轨线。水从喷头喷射出来经过一定的轨线到达绿地,该轨线即为喷射轨线。水离喷头的角度决定轨线的情况,常见的轨线有0°、10°、25°~28°等,其中0°轨线又称平射轨线,用于低灌木和山顶的喷灌;10°轨线用于有风情况下的灌木、地被及草坪的喷灌;25°~28°轨线又称标准轨线,常用于草坪的喷灌。

② 喷射强度。它是指在某绿地区域每小时降水的毫米数。在设计喷灌系统时,不能将不同种类的喷头混用(如固定喷头和旋转喷头),否则不均衡的喷洒强度会造成某些绿地浇灌不足而另一些区域浇灌过量,不利于植物的生长,因此应按准确的喷洒强度进行设计。其喷洒强度为

$$Q = 100np/S \tag{4-1}$$

式中:Q——喷洒强度,单位为 mm/s;

n——设计区域喷头个数,单位为个;

p——单个喷头出水量,由喷头产品样本提供,单位为 m³/h;

S——设计区域总面积,单位为 m²。

③ 喷头的配置形式。由于单个喷头只能给喷洒半径2/3范围内的绿地提供充足的水分,靠外缘1/3范围内的绿地则不能得到足够的水分,所以喷头配置设计时应保证喷头洒出的水能交替覆盖。

在无风时,喷头布置间距宜为喷头洒水直径的66%;当有微风时,喷头布置间距为喷头洒水直径的55%;当具有和风时,喷头布置间距为喷头洒水直径的50%。在对某绿地进行喷头配置时,喷头布置宜采用等边三角形。当无法采用等边三角形时,也可进行适当调整,使其类似于等边三角形。

对于方形或矩形区域的绿地,首先应根据区域大小及风的情况选定喷头的类型,其次沿着不能超出的边界(如道路或建筑物外墙等)配置喷头,该边界就是控制界。用控制界的总长度除以理想喷头间距,就可以得出控制界上的喷头数量,最后以等边三角形的形式布置区域内的其他喷头,待整个区域内布置初步完成后,再对不合适的地方进行适当的调整,以达到合理的喷头配置形式。

对于不规则的绿地区域,首先应根据其大小及风的情况计算理想的喷头配置间距,其次沿最需要均匀喷洒的边界配置喷头,该边界即为控制界。然后在其他边界上配置喷头,并在控制界和其他边界之间找出第三个喷头位置。最后在剩余区域内按

等边三角形配置喷头,如有不合适的绿地区域,再根据实际情况进一步调整完善喷头的布局。

④ 影响喷头布置的因素。在进行喷头布置时,应充分考虑到影响喷头布置的因素,其中影响较大的因素有下面三个。

风。风对喷头布置影响最大,设计时应根据当地的实际情况,按前面所提的无风、微风、和风三种情况来合理地选择喷头布置间距。

供水压力。高压会使喷头喷出的水过度雾化而缩小喷洒面积,并使喷头附近的水量增多;低压则不能使水充分雾化,从而使整个喷洒面积上的水量减少。

旋转喷头的旋转速度。喷头的旋转速度会直接影响喷洒效果,若旋转速度不均匀,转数慢的地方会有过多的水,而转速快的地方则水会过少。

⑤ 喷灌系统管道布置。系统管道的布置应紧凑,管道长度在保证充分均匀浇水的情况下,应尽量短。管道的布置应合理,要尽量做到整齐美观、灌水方便;系统管道的连接应严格按照产品的说明进行。对于整个系统而言,一般每一支管都应安装一个阀门,以便切断或开通管路,最常用的阀门有电控阀和手操作阀。

⑥ 喷灌系统管材的选择。在喷灌系统中,管材、管径的不同,其费用、使用年限、水力损失也各不相同。其中最常用的管材是给水塑料管,其质轻、耐腐蚀、搬运方便、流动阻力小、机械强度大、具有良好的水密性等。除塑料管外,也有用铸铁管和钢管的,在使用金属管材时,应考虑防腐,避免在有盐分和硫含量高的土壤中使用。

二、清洗供水工艺

小区清洗用水有道路、汽车、建筑外墙等清洗。

清洗用水源有小区给水管网内水、小区中水管网内水、贮水池内水以及小区内的自然地表水、地下水。

小区道路清洗常用洒水车,取自水源内水存贮在车上贮水箱内,由车上水泵加压送到洒水头部喷头对道路进行冲洗。

汽车冲洗可用小区给水管网、中水管网内的压力水,连接装有冲洗喷头的软性管冲洗汽车,也可建立专门的汽车清洗站;在清洗站内有地下水池,安装水泵和处理设备,并与安装有喷头的冲洗管道连接;启动水泵后,水由地下水池流经水泵、水处理设备、管道、喷头向汽车冲洗。

建筑外墙冲洗采用专用冲洗车,冲洗车上安装有高压冲洗水泵、贮水箱,连接高压冲洗水泵的有消防专用的帆布管,帆布管上接有冲洗喷头。其工作过程是启动高压冲洗水泵,水泵抽取冲洗车上的贮水箱内水,再加压送到帆布软管和由人控制的喷头,用喷头冲洗墙面。

本章综合思考题

1. 简述城镇给水系统的任务及其组成部分。
2. 简述小区给水系统的组成。
3. 什么叫排水体制？排水体制分几种类型？
4. 简述小区排水系统的组成。
5. 简述室内游泳池的几种给水方式。
6. 小区常用的水景供排水有哪几种工艺？
7. 简述绿化供水方式。

第五章

消防设施

本章学习要点

掌握消防给水系统中的消火栓给水系统和自动喷水灭火系统。了解干粉灭火系统、泡沫灭火系统、二氧化碳灭火系统、烟雾灭火系统、惰性气体及烟烙尽灭火系统，以及建筑消防给水方式和配管方法。

第一节 概 述

建筑物发生火灾，根据建筑物性质、功能及燃烧物，可以通过水、泡沫、干粉、气体（二氧化碳）等作为灭火剂来扑灭火灾。不同类型火灾，具有不同的特点，应采取不同的灭火措施。

建筑消防系统根据使用灭火剂的种类和灭火方式可分为下列三种灭火系统。

（1）消火栓给水系统。

（2）自动喷水灭火系统。

（3）其他使用非水灭火剂的固定灭火系统，如二氧化碳灭火系统、干粉灭火系统、卤代烷灭火系统等。

水是不可燃液体，在与燃烧物接触后会通过物理、化学反应从燃烧物中摄取热量，对燃烧物起到冷却作用；同时水在被加热和汽化的过程中所产生的大量水蒸气，能够阻止空气进入燃烧区，并能稀释燃烧区内氧的含量从而减弱燃烧强度。另外，经水枪喷射出来的压力水流具有很大的动能和冲击力，可以冲散燃烧物，使燃烧强度显著减弱。

在水、泡沫、酸碱、卤代烷、二氧化碳和干粉等灭火剂中，水具有使用方便、灭火效果好、来源广泛、价格便宜、器材简单等优点，是目前建筑消防的主要灭火剂。按照其使用形态，室内消防给水系统有室内消火栓、自动喷水灭火、水幕消防和蒸汽灭火系统等。

在物业设备工程中，消防设备有着十分重要的作用，特别是在高层建筑中。在民用建筑中,目前使用最广泛的仍是水消防系统。因为以水作为灭火工质,用于扑灭建筑物中一般物质的火灾,是最经济有效的方法。火灾统计资料表明,设有室内消防给水设备的建筑物内,在火灾初期,主要是用室内消防给水设备控制和扑灭的。以水为灭火剂的消防给水系统,可由城市给水管网、天然水源和消防水池供给,也可由吸水井或其他水源供给,能保证相应的水量和水压的要求。

建筑消防给水可按以下不同方法分类。

(一) 按我国目前消防登高设备的工作高度和消防车的供水能力分为低层建筑消防给水系统和高层建筑消防给水系统

9层及9层以下的住宅及建筑高度小于24m的低层民用建筑,室内消火栓系统主要是扑灭建筑物的初期火灾,后期火灾可依靠消防车扑救。对于高层建筑而言,因我国目前登高消防车的最大工作高度约为24m,大多数通用消防车直接从室外消防管道或消防水池抽水的灭火高度也近似为24m,不能满足高层建筑上部灭火要求。所以高层建筑消防给水系统要立足于自救,不但要扑救初期火灾,还应具有扑救大火的能力。

当建筑物的高度超过50m或消火栓处的静水压力超过800kPa时,须考虑麻质水龙带和普压钢管的耐压强度,应采用分区供水的室内消火栓给水系统,即各区组成各自的消防给水系统。分区方式有并联分区和串联分区两种。

(二) 按消防给水系统的救火方式分为消火栓系统和自动喷水灭火系统

消火栓给水系统由水枪喷水灭火,系统简单,工程造价低,是我国目前各类建筑普遍采用的消防给水系统。自动喷水灭火系统由喷头喷水灭火,该系统自动喷水并发出报警信号,灭火、控火成功率高,是当今世界上广泛采用的固定灭火设施,但因工程造价高,目前在我国主要用于建筑内消防要求高、火灾危险性大的场所。

(三) 按消防给水压力分为高压、临时高压和低压消防给水系统

消防管网内经常保持能够满足灭火用水所需的压力和流量,扑救火灾时不需要启动消防水泵可直接使用灭火设备进行灭火,这种系统称为高压消防给水系统。消防管网平时水压和流量不满足灭火需要,起火时启动消防水泵,使管网内的压力和流量达到灭火要求,这种系统称为临时高压消防给水系统。

(四) 按消防给水系统的供水范围分为独立消防给水系统和区域集中消防给水系统

区域集中是指某个区域内数幢建筑共用一套消防水池和消防水泵设备,各幢建筑内的消防管网由区域集中消防水泵房的出水管引入并自成环状布置。

第二节 消火栓给水系统

一、消火栓给水系统的组成

建筑消火栓给水系统是将室外给水系统提供的水量,经过加压(外网压力不满足需要时)输送到用于扑灭建筑物内的火灾而设置的固定灭火设备中的最基本的灭火系统。消火栓给水系统由水枪、水龙带、室内消火栓、消防管道、消防水池、消防水泵、增压设备等组成。

水枪是灭火的重要工具,一般用铜、铝合金等制成,它的作用在于产生灭火需要的充实水柱。充实水柱是指消防水枪射出的有足够力量扑灭火焰的那一段射流长度。消防水枪喷口直径有 13mm、16mm、19mm 三种。喷嘴口径为 13mm 的水枪配有 50mm 的接口;喷嘴口径为 16mm 的水枪配有 50mm 和 65mm 的接口;喷嘴口径为 19mm 的水枪配有 65mm 的接口。采用何种规格的水枪,要根据消防水量和充实水柱长度的要求确定。

水龙带有麻织、棉织和衬胶三种。衬胶的压力损失小,但抗折叠性能不如麻织的和棉织的好。室内常用的消防水龙带有 $\phi 50$ 和 $\phi 65$ 两种规格,其长度不宜超过 25m。

室内消火栓有一个带内扣式接头的角形截止阀,按其出口形式分直角单出口式、45°单出口式、直角双出口式三种,如图 5-1 所示。

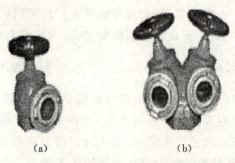

(a)　　　　　(b)

图 5-1　角形截止阀
(a) 直角单阀单出口　(b) 直角双阀双出口

室内消火栓、水龙带、水枪一般安装在消防箱内。消防箱一般用木材、铝合金或钢板制作而成,外装玻璃门,门上应有明显的标志。

室内消火栓应布置在建筑物内各层明显、易于使用和经常有人出入的地方,如楼梯间、走廊、大厅、车间的出入口，电梯的前室等处。消火栓阀门中心高度距地面1.2m，出水方向宜向下或与设置消火栓的墙面成90°角。室内消火栓的布置，应保证有两支水枪的充实水柱能同时达到室内任何部位。

二、消防用水量

室内消防用水量为同时使用的水枪数量和每支水枪用水量的乘积。根据灭火效果统计，在火灾现场出一支水枪的控制率为40%，同时出两支水枪的控制率为65%。因而初期火灾一般不宜少于两支水枪同时出水，只有建筑物容积较小时才考虑用一支水枪。

根据防火要求，从水枪喷口射出的水流，不但要能射及火焰，而且还应有足够的力量扑灭火焰，因此计算时只采用射流中最有效的一段作为消防射流，此段射流称为充实水柱。水枪的充实水柱长度应由计算确定，应保证能射到室内任何部位。

充实水柱按规定应在26～38mm直径的圆断面内，包含全部水量的75%～90%，充实水柱的上部一段在灭火时不起作用，计算时不予考虑。按一般规定，在居住、公共建筑内，充实水柱长度不小于7m；六层以上的单元式住宅、六层的其他民用建筑、超过四层的库房内充实水柱长度不小于10m。

室内消火栓给水系统的用水量与建筑类型、大小、高度、结构、耐火等级和生产性质有关，其数值不能小于表5-1、表5-2内所列的数值。

表5-1 多层建筑室内消火栓的用水量

建筑物名称	高度、层数、体积或座位数	消火栓用水量/(L/s)	同时使用水枪数/支	每支水枪最小流量/(L/s)	每根立管最小流量/(L/s)
科研、试验楼	高度≤24m，体积≤10 000m³	10	2	5	10
	高度≤24m，体积＞10 000m³	15	3	5	10
厂房	高度≤24m，体积≤10 000m³	5	2	2.5	5
	高度≤24m，体积＞10 000m³	10	2	5	10
库房	高度≤24m，体积≤5 000m³	5	1	5	5
	高度≤24m，体积＞5 000m³	10	2	5	10

续表

建筑物名称	高度、层数、体积或座位数	消火栓用水量/(L/s)	同时使用水枪数/支	每支水枪最小流量/(L/s)	每根立管最小流量/(L/s)
车站、码头、机场建筑物和展览馆等	5 001m³～25 000m³	10	2	5	10
	25 001m³～50 000m³	15	3	5	10
	≥50 000m³	20	4	5	15
商店、病房楼、教学楼等	5 001m³～10 000m³	5	2	2.5	5
	10 001m³～25 000m³	10	2	5	10
	≥25 000m³	15	3	5	10
剧院、电影院、俱乐部、礼堂、体育馆等	801～1 200个	10	2	5	10
	1 201～5 000个	15	3	5	10
	5 001～10 000个	20	4	5	15
	≥10 000个	30	6	5	15
住宅	7～9层	5	2	2.5	5
其他民用建筑	≥6层或体积≥10 000m³	15	3	5	10
国家级文物保护单位和重点砖木、木结构的古建筑	体积≤10 000m³	20	4	5	10
	体积＞10 000m³	25	5	5	15

注：①丁、戊类高层工业建筑室内消火栓的用水量可按本表减少10L/s；同时使用水枪数可按本表减少2支；②增设消防水喉设备，可不计入消防用水量。

表 5-2 高层民用建筑室内消火栓给水系统用水量

建筑物名称	建筑高度/m	消火栓消防用水量/(L/s)		每根立管最小流量/(L/s)	每支水枪最小流量/(L/s)
		室外	室内		
普通住宅	≤50m	15	10	10	5
	＞50m	15	20	10	5
高级住宅、医院、教学楼、普通旅馆、办公楼、科研楼、档案楼、图书楼、省级以下的邮政楼	≤50m	20	20	10	5
每层建筑面积≤1 000m²的百货楼、展览楼，每层建筑面积≤800m²的电信楼、财贸金融楼、市级和县级的广播楼、电视楼以及地区级和市级的电力调度楼	＞50m	20	30	15	5

续表

建筑物名称	建筑高度/m	消火栓消防用水量/(L/s)		每根立管最小流量/(L/s)	每支水枪最小流量/(L/s)
		室外	室内		
高级旅馆、重要的办公楼、科研楼、档案楼、图书楼、每层建筑面积超过 1 000m² 的百货楼、展览楼、综合楼、每层建筑面积超过 800m² 的电信楼、财贸金融楼、中央和省级的广播楼和电视楼、地区级和省级的电力调度楼、防洪指挥楼	≤50m	30	0	15	5
	>50m	30	40	15	5

消防用水与生活、生产用水统一的室内给水管网,当生活、生产用水达到最大用水量时,应仍能保证供应全部消防用水量。

三、消防给水管道设计

室内消火栓超过 10 个,且室外消防用水量大于 15L/s 时,室内消防管网至少应有两条进水管与室外管网相连,并将室内管网连成环状或将进水管与室外管网连成环状。

高层民用建筑室内消防管道应布置成环状,进水管不少于两条。当环状管网的一条进水管发生故障时,其余进水管应仍能通过全部设计流量。两条进水管应从建筑物的不同侧引入。

超过六层的塔式住宅和通廊式住宅、超过五层或体积超过 10 000m³ 的其他民用建筑,以及超过四层的厂房和库房,室内消防竖管为两条或两条以上时,至少每两条竖管组成环状。

高层工业建筑室内消防竖管应组成环状,且管道直径不小于 100mm。七至九层的单元式住宅,室内消防给水管道可设计成枝状,设一根进水管。

室内消防给水管网应用阀门分隔成若干独立的管段。当某管段损坏或检修时,停止使用的消火栓在同一层内不超过 5 个,关闭的竖管不超过一条;当竖管为 4 条或 4 条以上时,可关闭不相邻的两条竖管。一般按管网节点的管段数为 $n-1$ 的原则设置阀门,如图 5-2 所示。消防阀门平时应开启,并有明显的启闭标志。室内消火栓给水系统与自动喷水灭火系统宜分开设置。

消防管网的水力计算方法与给水管网的计算相同,仅消防立管的管径上下不变,按"防火规范"规定直径≥50mm,因此仅需将实际消防流量通过管道计算其水头损失。当设计水柱股数为 2 或大于 2 时,应以最不利情况考虑,按一根消防立管上相邻两层两个消火栓同时使用供水计算。在生活给水和生产、消防给水共用系统中,设计

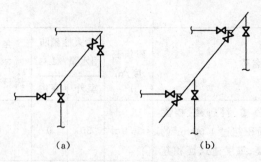

图 5-2 消防管网节点阀门布置图
(a) 三通节点 (b) 四通节点

流量为两者流量之和。按生活和生产用水时的管中流速计算管径,并按消防时计算的管路损失选择消防泵。

在建筑物层数较多时,上下层消火栓所受水压相差悬殊,必须采取降低下层压力的措施(如设置阻力隔片),因为下层消耗的水量比上层要大得多。例如9～10层的建筑物,下层消火栓流量可达到上层的2～2.5倍,远远超过规定的设计流量,尤其在设有消防水箱的建筑物内,将使贮存于水箱中10min的消防水量,在4～5min内用完,这是不允许的。

第三节 自动喷水灭火系统

灭火的手段有两种,一种是人工灭火,即动用消防车、消火栓、灭火器、灭火弹等器械进行灭火。这种方法的优点是直观、灭火灵活、工程造价低;缺点是只能进行外围灭火,难以深入到火场中心灭火,同时灭火缓慢,人身危险大。另一种是自动灭火,自动灭火又可以分为自动喷水灭火和固定式喷洒灭火剂灭火两种。这些自动灭火系统一般与火灾报警系统实行联动控制,可以在火场中心实施有效灭火,它不但能保障人身安全,而且灭火效率高,灭火速度快,但其工程费用较高。

自动灭火系统包括自动喷水灭火系统、干粉灭火系统、二氧化碳灭火系统、泡沫灭火系统等。

根据被保护建筑物的性质和火灾发生、发展特性的不同,自动喷水灭火系统可以有不同的形式。通常根据系统中所使用的喷头形式的不同,可以分为闭式自动喷水灭火系统和开式自动喷水灭火系统两大类。其中,前者可以进一步分为湿式、干式、干湿式自动喷水灭火系统,预作用自动喷水灭火系统;后者也可以进一步分为雨淋灭火系统、水幕防火系统、水喷雾灭火系统。

自动喷水灭火系统是一种利用固定管网、喷头能自动喷水灭火,并同时发出火警信号的灭火系统。它利用火灾时产生的光、热、可见或不可见的燃烧生成物及压力等信号传感而自动启动(在某些类型中,当火灾被扑灭后,能自动停止喷水),将水和以水为主的灭火剂洒向着火区域,用来扑灭火灾或控制火势的蔓延。由于在火灾初期此种系统即起作用,而且只启动火灾燃烧地点的喷头,能把水直接喷向最需要的地方,因此,这种系统具有效率高、用水量小、水渍损害少的优点,应用也日趋广泛。据美国消防协会(NFPA)调查统计,装有这种系统的建筑物比没有安装这种系统的建筑物在火灾中的生命损失要减少1/3～2/3,财产损失要减少1/2～2/3。

一、闭式自动喷水灭火系统

闭式自动喷水灭火系统是利用火场达到一定温度时,能自动地将喷头打开,扑灭和控制火势并发出火警信号的室内消防给水系统。它具有良好的灭火效果,火灾控制率达到97%以上。

闭式自动喷水灭火系统应布置在火灾危险性较大、起火蔓延快的场所;容易自燃而无人管理的仓库;对消防要求较高的建筑物或个别房间内,如大于或等于50 000纱锭的棉纺厂的开包、清花车间;面积超过1 500m^{2}的木器厂房;可燃、易燃物品的高架库房和高层库房(冷库除外);超过1 500个座位的剧院的观众厅、舞台上部、化妆室、道具室、储藏室、贵宾室;超过3 000个座位的体育馆的观众厅的吊顶上部、器材间、运动员休息室、贵宾室;每层面积超过3 000m^{2}或建筑面积超过9 000m^{2}的百货商场、展览大厅;设有空调系统的旅馆和综合办公楼的走廊、办公室、餐厅、商店、库房和客房等处。

闭式自动喷水灭火系统由闭式喷头、管网、报警阀门系统、探测器、加压装置等组成。发生火灾时,建筑物内温度升高,达到作用温度时自动打开闭式喷头灭火,并发出信号报警。

(一)闭式自动喷水灭火系统的类型

闭式自动喷水灭火系统主要有以下四种类型。

1. 湿式自动喷水灭火系统

在自动灭火系统中,湿式系统是应用最广泛的一种。平时其管网内充满水,一旦喷头感受到火灾发生,水就会从喷头里喷出。由于是以水作工质,这就使安装系统的场所环境温度有了限制,环境温度必须保持在4～70℃之间,低于4℃系统将受冻,高于70℃系统将失控,会因误动作而造成水灾。因此在这一规定的温度之外,可以选用干式系统。

湿式系统构成的必要条件是:足够的水源;可靠的供水设备;成套的阀门、报警与联动设施、管线和自动喷头。以上三个条件的组合必须通过细致的设计,使得被保护对象能在火灾发生后获得可靠的灭火效果。

湿式自动喷水灭火系统如图 5-3 所示。管网中平时充满了有压力的水,发生火灾时,闭式喷头一经打开,则立即喷水灭火。这种系统适用于常年温度不低于 4℃ 的

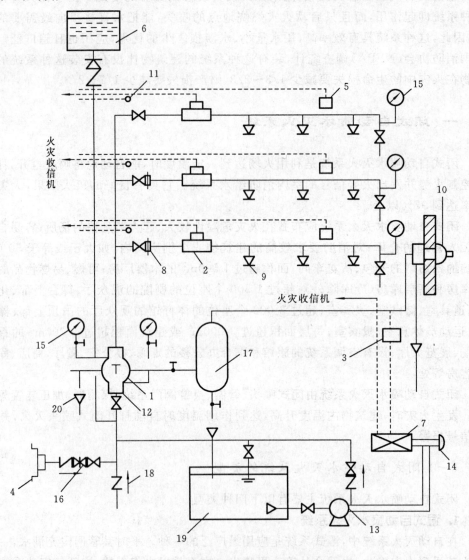

图 5-3　湿式自动喷水灭火系统

1—湿式报警阀;2—水流指示器;3—压力继电器;4—水泵接合器;5—感烟探测器;6—高位水箱;
7—自动控制箱;8—减压孔板;9—喷头;10—水力警铃;
11—火灾报警装置;12—闸阀;13—水泵;14—按钮;15—压力表;16—安全阀;
17—延迟器;18—止回阀;19—水池;20—排水漏斗

房间,系统结构简单,使用可靠,比较经济,因此应用广泛。

2. 干式自动喷水灭火系统

干式系统是由湿式系统发展而来的,平时其管网内充满压缩空气或氮气,因此,适用于环境温度低于 4℃ 或高于 70℃ 的场所。由于干式系统的报警阀是差动型的,压缩气体的压力大小根据报警阀的气压面与水压面的差动比例的大小而定,一般为 1∶5 或 1∶6,气压面的压力为 0.25~0.30MPa。最简单的干式系统就是将干式报警阀取代湿式报警阀,并附加一套灌水设备和输送压缩气体的机件和管件。

干式系统的动作要比湿式系统慢约 50%,因为喷头开启后首先排放压缩气体,然后报警阀启动并需等待水流流至喷头,这样势必造成管网布置面积越大、延迟时间则越长的后果。因此,设计规范中都有管网容积超过一定容量时必须安装加速器的规定。

干式系统由闭式喷头、干式报警阀、报警装置、管道系统、充气设备和供水设施等组成。

干式自动喷水灭火系统的管网中平时充满压缩空气,只在报警阀前的管道中充满了有压力的水。发生火灾时,闭式喷头打开,首先喷出压缩空气,配水管网内气压降低,利用压力差将干式报警阀打开,水流入配水管网,再从喷头流出,同时水流到达压力继电器命令报警装置发出报警信号。在大型系统中,还可以设置快开器,以加速打开报警阀的速度。干式自动喷水灭火系统适用于供暖期超过 240 天的不供暖房间和温度在 70℃ 以上的场所,其喷头宜向上设置。

3. 干湿式自动喷水灭火系统

干湿式自动喷水灭火系统适用于供暖期少于 240 天的不供暖房间。冬季管网中充满了有压气体,而在温暖季节则改为充满水,其喷头宜向上设置。

4. 预作用自动喷水灭火系统

预作用系统通常安装在那些既需要用水灭火,但又绝对不允许发生非火灾跑水的地方,因为那些地方对水渍损害非常顾忌,例如,储藏珍稀善本的图书馆、档案馆、计算机房等。

这种系统的管道内,通常充有约 7 000Pa 的低压空气或氮气以供监测。其喷头一般采用带可熔元件的标准喷头,由橡胶盖面的止回阀和标准雨淋阀控制供水,并以常用的探测系统作为报警和启动装置。在管道充气系统中,有一个监测气体压力损耗的故障报警器,当管道系统内的严密性受到破坏时,故障报警器自动报警。

预作用系统的独有特征是:当平常因发生火灾后由探测系统开启雨淋阀门使压力水流进管网变成湿式喷水系统的同时,发出水流报警信号。此时,由于管道所安装的标准闭式喷头尚未释放,所以还不立刻喷水,而值班人员得到报警信号后,可以主动采取适当行动进行灭火。一些小火也许可以被手提灭火器所扑灭,喷水系统的喷水动作得以免除,水渍损害得以减少。但如因探测系统的误动作或因管道式喷头漏气而导致雨淋阀门的误开启,在管网充水过程的警报信号下,值班人员同样可以采取适当措施,制止或减少非火灾的水渍损害。

如雨淋阀门的开启确因探测系统的误动作,由于喷头是闭式的,不会使受保护的场所遭受水害。预作用系统的管网平时并不充水,实质上是一种具有预报喷水的干式自动喷水灭火系统,可以在寒冷地区作为有效的自动灭火设备。

预作用系统由火灾探测系统、闭式喷头、预作用阀、报警装置、管道系统和供水设施组成。正常时预作用阀前安装喷头的配管内充满有压或无压气体,发生火灾时,火灾探测系统自动开启作用阀,压力水迅速充满管道,喷头受热后即打开喷水。该系统具有湿式和干式系统的长处,设置温度不受限制。

预作用自动喷水灭火系统的显著特征是喷水管网中平时不充水,而充以有压或无压的气体,发生火灾时,由火灾探测器接到信号后,自动开启预作用阀而向配水管网充水。当起火房间内温度继续升高,闭式喷头的闭锁装置脱落,喷头则自动喷水灭火。预作用自动喷水灭火系统一般适用于平时不允许有水渍损害的重要建筑物或干式自动喷水灭火系统适用的场所。

(二) 闭式喷头

闭式喷头是闭式自动喷水灭火系统的重要设备,由喷水口、控制器和溅水盘三部分组成。其形状和式样较多,如图5-4所示。闭式喷头是用耐腐蚀的铜质材料制成,喷水口平时被控制器所封闭。

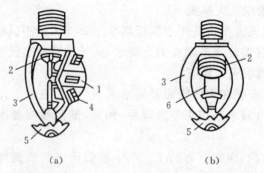

图5-4 闭式喷头
(a) 易熔合金闭式喷头 (b) 玻璃球闭式喷头
1—易熔合金锁闸;2—阀片;3—喷头框架;4—八角支撑;5—溅水盘;6—玻璃球

1. 易熔合金闭式喷头

喷头动作温度为72℃、98℃及142℃等。易熔元件是用来作为焊固支撑喷水口盖的关键组件。组成易熔焊料的金属主要是锡、铅、铋等的合金,但也可用其他易熔物。易熔元件根据不同的配方可以取得不同的熔化温度。

2. 玻璃球闭式喷头

用内装高膨胀性液体的玻璃球封闭喷头,当火灾发生时,室温升高到一定程度,液体膨胀,破坏玻璃球,打开封口喷水灭火。喷头动作温度有 57℃、68℃、79℃、93℃及 141℃等,设置在环境温度不宜小于 0℃的建筑物内。由于玻璃球感温元件具有稳定性好、耐腐蚀、表面光滑不易积尘等优点,故目前生产厂家都趋向于生产这类喷头。这类喷头最适用于有腐蚀介质存在的场所,如化工厂、印染厂等。

3. 快速反应喷头

为了更好地保护人身安全,许多场所需要安装反应迅速的喷头,如在人数众多的高层办公楼、公寓、保健设施中就有这样的需要。不同类型的喷头即使具有同样的额定动作温度,而往往在启动时间上相差悬殊,其主要原因取决于感温元件的动作温度和其表面积的相对比率,该相对比率越小,则启动时间越短。

具有叶片导热的快速反应喷头是一种新型喷头,其封闭和释放阀盖改用有机的或易熔的小球。通过风洞试验,它的动作时间缩短至 11s,比一般喷头约快6倍。

4. 自动启闭式喷头

自动启闭式喷头在环境达到一定温度时使喷头喷水;当环境温度下降到一定温度时又会使喷头停止喷水。它在火灾现场只使水喷洒在燃烧的地方,当火在一些地点被扑灭时,温度下降地点上方的喷头即停止喷水,这样不但节约了用水,而且加强了其他仍需用水灭火的喷头效果。

5. 装饰型喷头

在讲究美观的场所,如大饭店的接待室、宴会厅及公共活动场所,需要安装自动喷水灭火系统时,有装饰的顶棚或吊顶上就有必要安装与其相匹配的装饰型喷头。这类喷头有全隐蔽型和半隐蔽型两种。

全隐蔽型喷头完全隐藏在顶棚里,所属的孔眼由喷头附带的盖板遮没,当火灾发生时,盖板首先脱落,然后喷头在感受额定温度后动作。

半隐蔽型喷头一般只有感温元件部分暴露于顶棚或吊顶下,在火灾发生后,当到达额定温度时,封闭球阀的易熔环即行熔化,释放了球阀和连在一起的溅水盘和感温元件,由两根滑杆支持着从喷头下降到喷洒位置。这种喷头的优点是感温元件不受任何构件的遮蔽影响,而且采用叶片快速感温,因此,动作时间比一般喷头至少快 5 倍。

在不同环境温度场所内设置喷头时,喷头公称动作温度应比环境温度高 30℃左右。喷头之间的水平距离应根据不同火灾危险等级确定(见表 5-3)。其布置形式,可采用正方形、长方形、菱形或梅花形。喷头与吊顶、楼板、屋面板的距离不宜小于 7.5cm,也不宜大于 15cm,但楼板、屋面板如为耐火极限不低于 0.5h 的非燃烧体,其距离可为 30cm。

表 5-3　不同火灾危险等级的喷头布置

建(构)筑物危险等级分类		每只喷头最大保护面积/m²	喷头最大水平间距/m	喷头与墙柱最大间距/m
严重危险等级	生产建筑物	8.0	2.8	1.4
	贮存建筑物	5.4	2.3	1.1
中危险等级		12.5	3.6	1.8
轻危险等级		21.0	4.6	2.3

注：①表中是标准喷头的保护面积和间距；②表间距是正方形布置时的喷头间距；③喷头与墙壁的间距不宜小于0.6m。

(三) 控制信号阀

控制信号阀的作用是当系统中闭式喷头自动开启后，此阀即自动送水和报警。

普通用的控制信号阀实际是一种直立式的鞍状单向阀。在洒水喷头未打开之前，阀内铜圆盘前后压力相等，打开一个喷头后，阀的上面压力降低，于是铜圆盘在供水设备的水压下沿导杆升起，水即进入管网，同时，鞍状阀上的圆孔被打开，水沿直径15mm的管子流向信号阀叶轮，叶轮不断旋转，带动轮轴上小锤敲打警铃发出报警信号。

除上述机械信号外，也可采用电信号(用水力继电器)，以便把信号传送至很远或同时传送至几个地点。

控制信号阀一般设置在靠近建筑物出入口或放在消防人员值班室中。对火灾危险性较大，或对消防要求较高的极重要场所，最好设置感温式火灾报警器(恒温器)，这样在温度升高时，在洒水喷头打开之前就能发出警报。

(四) 管网的布置和敷设

供水管网应布置成环状，进水管不少于两根。环状管网的供水干管上应设分隔阀门。当某一段管网损坏或检修时，分隔阀门所关闭的报警装置不得多于3个，分隔阀门应设在便于管理、维修和容易接近的地方。在报警阀的供水管上，应设置阀门，其后面的配水管上不得设置阀门和其他用水设备。

自动喷水灭火系统报警阀以后的管道，应采用镀锌钢管或无缝钢管。湿式系统的管道，可用丝扣连接或焊接。对于干式、干湿式或预作用系统管道，宜用焊接方法连接，避免采用补心，而应采用异径管。在弯头上不得采用补心，在三通上至多用一个补心，四通上至多用两个补心。

(五) 报警和报警控制装置

报警阀的主要功能是开启后能够接通管中水流，同时启动报警装置。有湿式报警阀、干式报警阀和雨淋阀三种,分别适用于湿式、干式和雨淋、预作用、水幕、水喷雾自动喷水灭火系统。

水力警铃是与湿式报警阀配套的报警器,当报警阀开启通水后,在水流冲击下,能发出报警铃声。水力警铃安装在采用闭式喷头的自动喷水灭火系统的水平干管上,当报警阀开启,水流通过管道时,水流指示器中的叶片将产生摆动以接通电信号,可直接报知喷水的部位。

延时器安装在湿式报警阀和水力警铃之间的管道上,以防止管道中压力不稳定而产生误报警现象。当报警阀受管网水压冲击开启,少量水进入延时器后,即由泄水孔排出,故水力警铃不会动作。

压力开关一般安装在延时器与水力警铃之间的信号管道上,当水流流经信号管时,压力开关动作,发出报警信号并启动增压供水设备。

电动感烟、感光、感温火灾测控器的作用能分别将物体燃烧产生的烟、光、温度的敏感反应转化为电信号,传递给报警器或启动消防设备的装置,属于早期报警设备。火灾探测器在预作用灭火系统中是不可缺少的重要组成部分,也可与自控装置组成独立的火灾探测系统。

此外,室内消防给水系统中还应安装用以控制水箱和水池水位、干式和预作用喷水灭火系统中的充气压力以及水泵工作等情况的监测装置,以消除隐患,提高灭火的成功率。

二、开式自动喷水灭火系统

开式自动喷水灭火系统,按其喷水的形式不同而分为雨淋灭火系统、水幕灭火系统和水喷雾灭火系统,通常布置在火势猛烈、蔓延迅速的严重危险级别的建筑物和场所。

按照淋水传动管网的充水与否,开式自动喷水灭火系统又分为开式充水系统和开式空管系统。开式充水系统用于易燃易爆的特殊危险场所;开式空管系统则用于一般火灾危险场所。

开式自动喷水灭火系统由火灾探测自动控制传动系统、自动控制成组作用阀系统、带开式喷头的自动喷水灭火系统等三部分组成。系统管网可设计成枝状或环状,如图 5-5 所示。

开式自动喷水灭火系统的火灾延续时间按 1h 计算,火灾初期 10min 消防用水量可来自消防水箱、水塔或贮水池。若室外管网的流量和水压均能满足室内最不利点的消防用水量和水压要求时,可不设消防水箱、水池等贮水设备。

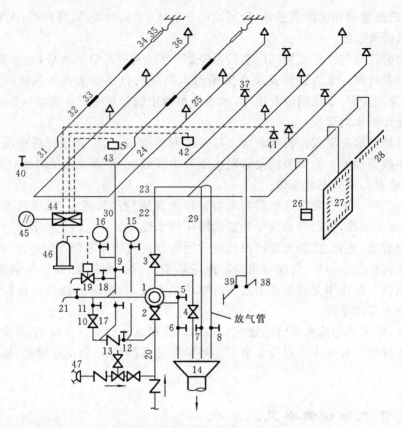

图 5-5 开式自动喷水灭火系统

1—雨淋阀；2、3、4、10—闸阀；5、6、7、8、9、11、12、17、18、40—截止阀；13—止回阀；14—漏斗；
15、16—压力表；19—电磁阀；20—供水干管；21—水嘴；22—配水立管；23—配水干管；24—配水支管；
25—开式喷头；26—淋水器；27—淋水环；28—水幕；29—溢流管；30—传动管；
31—传动阀门；32—钢丝绳；33—易熔锁封；34—拉紧弹簧；35—拉紧连接器；
36—钢丝绳钩子；37—闭式喷头；38—手动开关；39—长柄手动开关；
41、42、43—感光探测器；44—收信机；45—报警装置；46—自控箱；47—水泵结合器

(一) 雨淋灭火系统

雨淋灭火系统是湿式和干式系统的改装型。本系统有两个重要和明显的改动：系统所装备灭火喷头都是开式的；由于喷头没有感温释放元件而系统又必须是自动操作的，所以系统必须装备独立的探测系统，并由它来启动雨淋阀门。

该系统的特点是，系统一旦动作，在所保护的面积内的喷头同时喷水，适用于火灾危险性严重的建筑场所，譬如贮存和加工易燃、易爆物品的建筑场所，其包含的火灾因素和燃烧猛烈和蔓延迅速的程度为一般湿式系统所不能应付的场合。

该系统由火灾探测系统、开式喷头、雨淋阀、报警装置、管道系统和供水设施等组成。发生火灾时由火灾报警装置自动开启雨淋阀,使喷头迅速喷水。它适用于火灾危险性大、火势蔓延快的场所。

雨淋灭火系统用于扑灭大面积火灾。如火柴厂的氯酸压碾车间;建筑面积超过 $60m^2$ 或贮存量超过 2t 的硝化棉、喷漆棉、火胶棉、赛璐珞胶片、硝化纤维库房;超过 1 200 个座位的剧院和超过 2 000 个座位的会堂舞台的葡萄架下部;建筑面积超过 $400m^2$ 的演播室,建筑面积超过 $500m^2$ 的电影摄影棚等。

(二)水幕防火系统

水幕防火系统是由水幕喷头、管道和控制阀等组成的阻火、隔火喷水系统。该系统宜与防火卷帘或防火幕配合使用,起防火隔断作用,还可以单独用来保护建筑物门窗洞口等部位。其主要作用是使被保护物体的表面温度不至于过高及阻止热辐射的袭击。如果无保护物的抵御,单靠水幕本身来阻止火势蔓延的效果并不可靠,除非在大面积的洞孔双面都布置有水幕喷头,甚至多排的喷头,使它能构成一幅完整的水幕,否则,在淋水缝隙中火焰的辐射仍能通过,甚至燃烧的火苗也有可能随着热流透过水幕。这样,处于水幕后面的物品仍会受到高温与火焰的威胁。

这种系统采用的喷头一般都是开式的,带有铲形反射或缝隙喷口,供水由雨淋阀及探测系统控制。

为了使水幕有较好的效果,必须有充分的水量供应以满足系统上所带的喷头能均匀地配水,防止局部喷水过激或局部喷水稀疏,因此,每组水幕系统安装的喷头数目不宜超过 72 个。

该系统由开式水幕喷头、控制阀、管道系统、供水设施及火灾探测和报警系统等组成。该系统不能直接扑灭火灾,主要起冷却和防火、阻火作用,适用于建筑内需要保护和防火隔断的部位。

水幕灭火系统用于阻火、隔火、冷却防火隔断物和局部灭火。如设置在应设防火墙等隔断物而无法设置的开口部分;大型剧院、会堂、礼堂的舞台口;防火卷帘或防火幕的上部。

水幕喷头分为大型和小型两种。公称通径为 10mm 及以下的为小型喷头,15~20mm 的喷头为大型喷头,主要用于窗口、檐口和燃烧体构造的墙面及对建筑内所设防火卷帘进行冷却保护。水幕喷头口径一般为 12.7mm、10mm、8mm、6mm,喷口处压力不低于 3 kPa,以保证出水量不小于 0.6L/s。喷头可以向上或向下安装。

水幕喷头系统使用不带合金锁闸的普通开口喷头,其端部装有布水盘。布水盘的喷水角度按所需喷水方向而定。水幕喷头有两种:一种用于保护立面或斜平面(如墙、窗、门、帷幕）的喷头称窗口水幕喷头，其布水盘一般为铲形，喷出的水流集中在一个面上形成水幕，如图5-6(a)所示；一种用于保护上方（屋檐、吊平顶等）的喷头称檐口水幕喷头，其布水盘多用双面坡的三角形或铲形，喷出的水流散水角度较大，可在几方面形成水幕，如图5-6(b)、(c)所示。

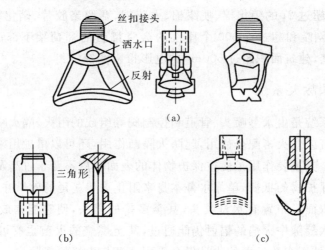

图 5-6　水幕喷头
(a) 窗口水幕喷头　(b) 檐口水幕喷头（三角形）　(c) 檐口水幕喷头（铲形）

（三）水喷雾灭火系统

水喷雾灭火系统是一种自动的或人工启动的固定消防管道系统，它装配有专门设计的开式喷头，能喷出一定速度、密度和水滴大小的水，提供有效的火势控制、灭火、阻燃或冷却等功能。水雾喷头的种类很多，由自动或手动的雨淋阀控制着水源。雨淋阀的启动是由与喷头安装在同一区域内的传动管网或电子探测系统来控制的，因此，在设计上有很多处与雨淋灭火系统相类似。

虽然水雾一般不用于保护建筑物或结构的整个面积，但在建筑物暴露面上的窗洞、运物洞和防火墙上不可封闭的豁口等，常用它来进行保护。它在作用时，不仅能冷却暴露面，而且还可引导气流向着火方向流动，保护未着火部分的安全。

为了合理使用水雾，必须对被保护材料的物理性能和化学性能作认真的研究，必须考虑材料的闪点、密度、黏度、可混性、可溶性和水雾的温度，以及待保护材料发生火灾时的温度等。某些材料和水雾接触会产生高温且产生大量蒸汽，从而形成水的大量飞溅或起泡沫，这些均应引起注意。对于某些遇水会有强烈反应的材料，如金属钠或碳化钙等要尤为注意。

还有些材料与水雾直接接触会产生大量挥发物，或由于热蒸汽的扩散增加了危险性,这一点也要引起注意。

对于水溶性物质(如酒精)要掌握适当的喷水速度和覆盖能力,它们引发的火通常都能被水雾所控制,直至将其稀释而灭火,但使用时必须有现成的可靠资料,否则应对这些可溶性物质进行试验,确定水雾密度的适应范围。对于闪点低于60℃的易燃、可燃液体,用水雾采取表面冷却的方法来灭火,其效果是不能令人满意的;对于气体或闪点低于水雾本身温度的易燃液体,表面冷却是无效的。

水喷雾灭火系统由喷雾喷头、雨淋阀、管道系统、供水设施及火灾探测和报警系统等组成。该系统的工作程序与雨淋系统一致。喷头喷出的水雾对燃烧物能起冷却窒息作用,对燃烧的油类及水溶性液体能起乳化和稀释作用,同时水雾绝缘性强,适用于存放或使用易燃体和电器设备的场所。该系统灭火效果好,用水量少,水渍损害也小。

水喷雾喷头有冲击成雾、直流冲击螺旋形叶片成雾、冲击外部齿形反射成雾等多种成雾形式,它取决于喷头的设计,而其流量和水流有效半径则主要取决于工作压力,大部分喷头喷出的水雾形成锥形或扇形。

第四节 其他消防灭火系统

因各建筑物与构筑物的功能不一样,其中贮存的可燃物质和设备的可燃性也不同。有时,仅使用水作为消防手段并不能满足扑灭火灾的目的,或用水扑救会造成很大损失,故需根据可燃物性质,分别采用不同的方法和手段。

一、干粉灭火系统

以干粉作为灭火剂的系统称为干粉灭火系统。干粉灭火剂是一种干燥的、易于流动的细微粉末。当干粉灭火剂用于扑救燃烧物时会形成粉雾而扑灭燃烧物料表面的火灾。干粉有普通型干粉(BC类干粉)、多用途干粉(ABC类干粉)和金属专用灭火剂(D类火灾专用干粉)。

BC类干粉根据其制造基料的不同,有钠盐、钾盐、氨基干粉。BC类干粉适用于扑救易燃、可燃液体(如汽油、润滑油)等火灾,也可用于扑救可燃气体(如液化气、乙炔气)和带电设备的火灾。

ABC类干粉按其组成的基料有磷酸盐、硫酸铵与磷酸铵混合物和聚磷酸铵之分。这类干粉适用于扑救易燃液化、可燃气体、带电设备和一般固体物质(如木材、棉、麻、竹)等形成的火灾。

由此可见,干粉灭火主要是对燃烧物质起到化学抑制作用,使燃烧熄灭。

干粉灭火具有灭火时间短、效率高、绝缘好、灭火后损失小、不怕冻、不用水及可长期贮存等优点。

干粉灭火系统按其安装方式的不同,可分为固定式、半固定式;按其控制启动方法的不同又有自动控制、手动控制之分;按其喷射感应的方式不同,有全淹没和局部应用之分。

设有干粉灭火系统的建筑物,其干粉灭火剂的贮存装置应靠近其防护区,但不能对干粉贮存器有形成着火的危险,干粉还应避免潮湿和高温。输送干粉的管道宜短而直、光滑、无焊瘤、缝隙,管内应清洁、无残留液体和固体杂质,以便喷射干粉时提高效率。

二、泡沫灭火系统

泡沫灭火的工作原理是应用泡沫灭火剂,使其与水混合后产生一种可漂浮且粘附在可燃、易燃液体或固体表面,或者充满某一着火物质的空间,达到隔绝、冷却燃烧物质灭火的目的。泡沫灭火剂有化学泡沫灭火剂、蛋白泡沫灭火剂、合成型泡沫灭火剂等。泡沫灭火系统广泛应用于油田、炼油厂、油库、发电厂、汽车库等场所。

泡沫灭火系统按其使用方式有固定式、半固定式和移动式之分。选用和应用泡沫灭火系统时,首先应根据可燃物的性质选用泡沫液;其次是泡沫罐的贮存应置于通风、干燥场所,温度应在 0～40℃ 范围内。此外,还应保证泡沫灭火系统所需足够的消防水量、一定的水温(4～35℃)和必需的水质。

三、二氧化碳灭火系统

二氧化碳灭火系统属于液化气体洁净灭火系统,对绝大多数物质没有破坏作用。其原理主要是通过窒息作用和少量的冷却作用来达到灭火的目的。二氧化碳灭火系统是一种物理的、没有化学变化的气体灭火系统,具有不污染保护物、灭火快、空间淹没效果好等优点。

二氧化碳灭火系统可以用于扑灭某些气体、固体表面、液体和电器火灾,一般可以使用卤代烷灭火系统的场所均可采用二氧化碳灭火系统。但这种系统造价高,灭火时对人体有害。二氧化碳灭火系统不适用于扑灭含氧化剂的化学制品如硝酸纤维、赛璐珞、火药等物质燃烧所造成的火灾,不适用于扑灭活泼金属如锂、钠、钾、镁、铝、锑、钛、镉、铀、钚所造成的火灾,也不适用于扑灭金属氢化物类物质燃烧所造成的火灾。

二氧化碳灭火剂是液化气体型,以液相二氧化碳贮存于高压(5.17MPa)容器内。当二氧化碳以气体喷向某些燃烧物时,能对燃烧物产生窒息和冷却作用。

二氧化碳灭火系统有全淹没系统、半固定系统、局部应用系统和移动式系统。全淹没二氧化碳灭火系统适用于无人居留或火灾发生时,人员能在30s内迅速撤离的防护区;局部应用二氧化碳灭火系统适用于经常有人的较大防护区,扑灭个别易燃设备或室外设备火灾;半固定二氧化碳灭火系统常用于增援固定二氧化碳灭火系统。

四、烟雾灭火系统

烟雾灭火系统的灭火原理是烟雾灭火剂在灭火器内进行燃烧反应,产生大量的二氧化碳、水蒸气、氮气,然后喷射到被保护空间或液面上,形成均匀而浓厚的灭火气体层,起到稀释、覆盖和化学抑制等灭火作用。

五、惰性气体及烟烙尽灭火系统

烟烙尽为惰性气体灭火剂,能冲淡燃烧区的氧气浓度,将空气中氧气的浓度由21%降低至12.5%,隔绝燃烧区的空气,燃烧就不能持续。其灭火为纯物理过程。氮气等惰性气体,能冲淡燃烧区的氧气浓度,将空气中氧气的浓度降低,并能隔绝燃烧区的空气,使用的气体量非常大。烟烙尽为氮气、氩气和二氧化碳按52:40:8的比例组成的混合气体,灭火后不留痕迹,无毒无害。烟烙尽价格高,使用量大,其最小灭火设计浓度为37.5%。

第五节　建筑消防给水方式及配管方法

一、建筑消防给水方式

(一) 低层建筑

根据建筑物高度、室外管网压力、流量和室内消防水压、流量等要求,室内消防给水方式可分为三类。

1. 无加压水泵和水箱的室内消火栓给水系统

这种给水方式常用在建筑物不太高,室外给水管网的压力和流量完全能满足室内最不利点消火栓的设计水压和流量时采用,如图 5-7 所示。

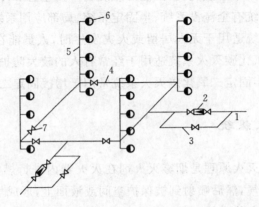

图 5-7　无加压水泵和水箱的室内消火栓给水系统
1—进水管;2—水表;3—旁通管及阀门;4—水平干管;
5—室内消火栓立管;6—室内消火栓;7—消防阀门

2. 设有水箱的室内消火栓给水系统

这种给水方式常用在水压变化较大的城市或居住区,当生活、生产用水量达到最大时,室外管网不能保证室内最不利点消火栓的压力和流量;而当生活、生产用水量较小时,室外管网的压力较大,能保证各消火栓的供水并能向高位水箱补水,如图5-8所示。因此,常设水箱调节生活、生产用水量,同时水箱中应储存 10min 的消防用水量。

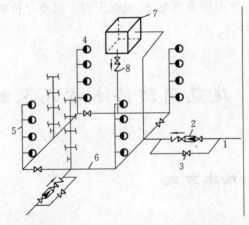

图 5-8　设有水箱的室内消火栓给水系统
1—进户管;2—水表;3—旁通阀;4—水泵;5—竖管;
6—干管;7—水箱;8—单向阀

3. 设置消防水泵和水箱的室内消火栓给水系统

室外管网压力经常不能满足室内消火栓给水系统的水量和水压要求时,宜设置消防水泵和水箱。消防水泵应保证供应生活、生产、消防用水的最大秒流量,并应满足室内管网最不利点消火栓的水压,同时水箱应储存10min的消防用水量。

(二)高层建筑

1. 不分区的室内消火栓给水系统

这种系统属于临时高压消防给水系统,平时管网中的水压由高位水箱提供,压力不足时,可设补压设备,水箱中储存10min的消防用水量,发生火灾时靠水泵供水。这种系统不作竖向分区,只适用于消防泵至屋顶高位水箱的几何高差小于80m的建筑。

2. 分区给水的室内消火栓给水系统

分区给水的室内消火栓给水系统分为并联和串联两种。当建筑高度高,消火栓系统的最大静水压力超过0.8MPa时,应当采用分区消防系统,使每个消防区内的最高静水压不超过0.8MPa。

二、消火栓给水系统的布置

设置消火栓给水系统的建筑各层均设消火栓,并保证有两支水枪的充实水柱同时到达室内任何部位。只有建筑高度小于或等于24m,且体积小于或等于5 000m³的库房,可采用1支水枪的充实水柱到达任何部位。

消火栓应设在明显易取用地点,如耐火的楼梯间、走廊、大厅和车间出入口等。电梯前室应设消火栓,以便为消防人员救火打开通道和淋水降温减少辐射热的影响。

冷库的消火栓应设在常温的走道或楼梯间内。

消火栓的间距应由计算确定。同一建筑内采用统一规格的消火栓、水枪和水带,每根水带的长度不应超过25m。

屋顶上应有试验和检查用的消火栓,采暖地区也可在顶层出口处或水箱间内,但要有防冻措施。高位水箱不能满足最不利点消火栓水压要求的建筑,应在每个室内消火栓处设置直接启动消防泵的按钮,并应有保护措施。消火栓口离安装处地面高度应为1.1m,其出口宜向下或与设置消火栓的墙面成90°。

高层建筑消火栓给水系统应独立设置,其管网要布置成环状,使每个消火栓得到双向供水。引入管不应少于2条。一般建筑室内消火栓超过10个,室外消防用水量大于15L/s时,引入管也不应少于2条,并应将室内管道连成环状或将引入管与室外管道连成环状。但七至九层的单元式住宅和不超过九层的通廊式住宅,设置环管有一定困难时,允许消防给水管枝状布置和采用一条引入管。

三、消防管道配管方式

消防管道配管的计算是在绘出管道平面布置图和系统图后进行的,计算内容同室内给水系统,包括确定各管段管径和消防给水系统所需的压力。

消火栓是具有内扣式接口的环形阀式龙头,单出口消火栓直径有 50mm 和 65mm 两种,双出口消火栓直径为 65mm。当水枪射流量小于 5L/s 时,采用 50mm 口径消火栓,配用喷嘴为 13mm 或 16mm 的水枪;当水枪射流量大于或等于 5L/s 时,应采用 65mm 口径消火栓,配用喷嘴为 19mm 的水枪。

消火栓、水龙带、水枪均设在消火栓箱内。临时高压消防给水系统的每个消火栓处应设直接启动消防水泵的按钮,并应有保护按钮设施。消火栓箱有双开门和单开门;又有明装、半明装和暗装三种形式,但在同一建筑内,应采用同一规格的消火栓、水龙带和水枪,以便于维修、保养。

消防卷盘是一种重要的辅助灭火设备。它由口径为 25mm 或 32mm 的消火栓和内径 19mm、长度 20～40m 且卷绕在右旋转盘上的胶管及喷嘴口径为 6～9mm 的水枪组成,可与普通消火栓设在同一消防箱内,也可单独设置。该设备操作方便,便于非专职消防人员使用,对及时控制初起火灾有特殊作用。在高级宾馆、综合楼和建筑高度超过 100m 的超高层建筑内均应设置,因用水量较少,且消防队不使用该设备,故其用水量可不计入消防用水总量。

 本章综合思考题

1. 试述建筑消防给水的分类。
2. 建筑消火栓给水系统有哪些主要组成部分?各组成部分的作用是什么?
3. 闭式自动喷水灭火系统分为哪几类?各自的特点是什么?分别适用于什么场合?
4. 开式自动喷水灭火系统分为哪几类?各自的特点是什么?分别适用于什么场合?
5. 简述消防水泵、消防水箱、消防水池和水泵结合器的设置要求。
6. 干粉灭火系统、泡沫灭火系统和二氧化碳灭火系统分别适用于哪些建筑物?

第六章

建筑给排水工程的验收与系统的维护管理

本章学习要点

了解给排水设备验收接管的依据,掌握接管验收应提交的资料,并熟悉接管验收的工作程序。掌握给排水系统维护管理的内容和要求。

第一节 建筑给排水工程的验收

建筑给排水工程的质量关系着日后管理工作的难易,因此,必须从接管开始就应严格履行国家有关规定,仔细验收。要规范物业管理公司验收程序,确保验收工作得到有效控制,以便对物业进行全面接管,保证物业入住工作顺利进行。

一、给排水工程项目验收依据

(1)验收规范和质量标准。
(2)给排水工程施工图、竣工图纸,设计变更单。
(3)设备、材料等的技术说明书,安装使用说明书及设备、设备制品和主要材料等的清单、合格证等。
(4)隐蔽工程验收记录和中间试验记录,设备试压、试运行的合格报告等。
(5)前期施工阶段竣工验收报表(包括政府部门和监理公司出具的资料);分项、分部、单位工程质量检验评定记录。

二、给排水工程接管验收应提交资料

(1)设备及隐蔽管线的全套竣工图纸、隐蔽工程验收签证、竣工验收证明书。
(2)图纸会审记录、工程设计变更通知及技术核定单(包括质量事故处理记录)。

(3) 新材料的鉴定合格证书，给排水、卫生器具等设备的检验合格证书。
(4) 试压报告。

三、给排水工程接管验收工作程序

1. 验收的准备

验收小组根据竣工图纸，按设计及施工要求编制验收计划和验收标准。

2. 验收的实施

(1) 验收小组依据验收计划、标准，按专业分工进行预验收。

(2) 在预验收过程中，检查出未达到验收标准的设施、设备，提出书面整改报告，由发展商督促施工单位进行整改。

(3) 对在验收中未达到验收要求的设施、设备，整改实施后，验收小组进行检查、验证，整改合格后进行正式验收。

(4) 设备的实物验收，要做到符合以下要求。

① 图样上的设计与设备的规格、型号、数量应符合使用要求。

② 主要设备、设施的安装位置与安装质量符合设计要求。

③ 检查设备与连接整个系统的技术性能，应符合设计要求，检查结果应记录在设施、设备接管验收清单中。

对物业的其他配套系统、设施进行验收，验收结果记录在设施、设备接管验收清单相应的表格内。

工程验收流程如图 6-1 所示。

第二节　建筑给排水系统的维护管理

建立正常给排水系统的维护保养制度是物业管理公司室内给排水维护保养的基本要求，具体要做到加强给排水系统的管理，搞好给排水设备和设施的维护。

一、建筑给水系统的维护保养

(一) 建筑给水系统的管理范围

建筑给水系统的管理范围通常以水表节点为界。界线以外（含计费水表）的供水管线及设备由供水部门负责维护、管理；界线以内至用户的供水管线及设备由物业管理公司负责维护、管理。

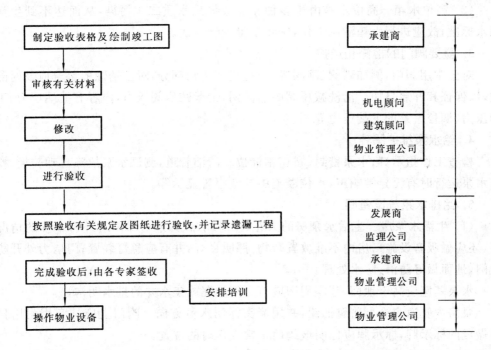

图 6-1 工程验收流程图

供水管线及管线上设置的消火栓等消防设施,由供水部门负责维护管理,公安消防部门负责监督检查;建筑消防供水系统,包括泵房、管道、消防设施设备等,由物业管理公司负责维护、管理,并接受公安消防部门的检查。

(二)建筑给水系统的维护保养内容

1. 给水管道的维护与保养

漏水是给水管道及配件常见的主要问题。渗漏管道的维修常用以下方法。

(1)哈夫夹堵漏法 用铅楔或木楔打入洞眼内,然后垫上 2~3mm 厚的橡皮垫料,最后用哈夫夹夹固。

(2)换管法 对于严重锈蚀的管段则需进行更换。地下水管的更换有时需锯断管子的一头或两头,再截取长度合适的新水管,用活接头予以重新连接。

2. 给水水池、水箱等的维护与管理

(1)给水水池 对于建筑物内的水池,根据国家标准《二次供水设施卫生规范》(GB17051—1997)中的规定,每年应对水池进行清洗,且清洗不得少于 1 次。清洗人员必须经过专业清洗培训,并应取得当地卫生防疫站的卫生健康证,以确保水质要求。

(2) 高位水箱　高位水箱由于多种原因会导致水质二次污染,从而达不到生活用水标准,故应进行水箱清洗工作,每年不得少于4次。

3. 重要阀门的检修和维护

对于常用阀门,例如碟阀、闸阀等,应检查其传动部分,对已锈蚀的部分应及时除锈,以保证其开启自如。清洗减压阀的隔滤网,记录减压阀压力,内容有上端压力、下端压力、调校偏差的下端压力等。

4. 给水泵维护保养

检查工作指示灯、水泵密封、减速箱油位。清洁管道,测试水泵故障自动转换,检查水泵运行时有无异常响声,水位溢流中控室报警显示等。

5. 给排水系统设备间

(1) 生活水泵房　生活水泵房的天花、墙身刷白(如泵房噪声对外有干扰的情况下,还应做吸音设施);房内不准放置杂物,照明良好,并有应急灯装置;门扇为外开防火门,地面做好防滑、防水处理。

水泵基座应高于地面,基座周围应有通至地漏或集水井的排水明沟。

泵房内管道应涂上防腐油漆,并用箭头标明水流方向。阀门上应挂有用耐用材料做成的标示牌,标示牌应标明该阀门正常工作时的位置。

水泵的泵体、电动机外壳支架和水泵的电源箱(柜)或控制柜的保护油漆面应保持良好,不应有锈蚀。但对电动机的表面油漆不宜加厚,避免造成散热不良。

(2) 减压阀房　减压阀房的天花、墙身刷白,房内不准放置杂物,且照明良好,门扇为外开门,应设置不低于100mm的防水门坎。室内必须设置地漏,地面应有通至地漏的排水明沟,地面做好防滑、防水处理。

减压阀阀体油漆应保持良好,不得有锈蚀,并挂有用耐用材料做成的标示牌,标示牌上要标明阀前压力和阀后压力等重要技术指标。在阀前或阀后压力表上,应在设定值的位置上用红油漆标明明显的警戒红线。

减压阀房内管道应涂上防腐油漆,并标注水流方向。

(3) 水表房　水表房的天花、墙身刷白,不准放置任何杂物,且照明良好。门扇完好,门前不应放置障碍物。

水表房内所有阀门应无漏水现象,水表油漆良好无锈蚀,在干管管道上应涂有水流流向的箭头。

水表面板无积尘,表内数字清晰易读。

(三) 消防系统的维护保养

(1) 消防中心门外应挂有"消防中心"、"非值班工作人员禁止入内"的白底红字标示牌。BTM气瓶间门外应挂有"BTM气瓶间"标示牌,气瓶上应悬挂"保护"的标示牌。

(2) 室内消火栓箱应在适当位置上挂有标注内容包括"消火栓"的标示牌。消防管道的主管应涂为红色，并标有工作介质流向的箭头。

(3) 阀门应挂有标注内容包括"系统、状态、上一级阀门位置"的标示牌。减压阀应挂有标注"供水范围"标示牌。

(4) 消防泵应在适当位置上挂有标注内容包括"功能、技术参数、保护范围"的标示牌和电动机运转方向的"箭头"指示。

(5) 水泵接合器应挂有"送水楼层范围"的标示牌，湿式报警阀也应挂有"送水楼层范围"的标示牌。

(四) 规范工作程序

在完成设备维护、保养工作的同时，还要规范给水排水系统运行、操作的工作程序，制定行之有效的设备管理制度、设备操作规程，并编制与之配套的各类记录表格，做到有章可循、有表可查。

二、排水系统的维护与管理

1. 室内排水系统的管理范围

室内排水系统的管理范围分界如下。

(1) 以道路宽度为界，凡道路宽度在 3.5m(含 3.5m)以上的，埋设在道路下的市政排水设施由市政工司负责；在 3.5m 以下的，由有关产权单位负责。

(2) 对居住小区内各种地下设施的检查井的维护，分别由地下设施检查井的产权单位负责，有关产权单位也可委托物业管理公司管理。

2. 室内排水系统的维护管理

室内排水管道最常见的问题是管道堵塞。造成堵塞的原因多为使用不当，如硬杂物进入管道，停在管道中部、拐弯处、排水管末端等处。

疏通时，可根据具体情况，判断堵塞物的位置，在靠近的检查口、清扫口、屋顶通气管等处，采用人工或机械清通，如无效时，则采用尖錾剔洞清通，或采用开天窗的方法进行大开挖。

物业设备管理部门应重视排水设施的管理工作，保证室内排水系统的通畅。应定期对排水系统进行养护、清通，检查楼板、墙壁、地面等处有无滴水、积水等异常现象。如发现管道确有漏水情况，应及时修理，发现隐患及时处理。厕所、盥洗室是卫生设施比较集中和管道布置密集的地方，应作为检查的重点，而且每次检查的时间间隔以不超过一周为宜。应提醒住户不要把杂物投入下水道。

3. 小区排水系统的维护与管理

小区排水管道要定期检查和冲洗。排水管道周围长有树木时,每年应至少两次检查排水管道内是否有树根渗入。在夏季,暴雨过后要检查和清理排水和雨水管内的淤泥杂物。

定期检查检查井的井盖是否严密,检查雨水井及其附件是否完好,以防管道被堵塞。

 本章综合思考题

1. 给排水工程接管验收时应提交哪些资料?
2. 室内给水系统主要有哪些管理内容?
3. 室内排水系统有哪些管理要求?
4. 给水系统的维护有哪些主要内容?

第七章

室内供暖

本章学习要点

掌握室内供暖系统的分类；掌握机械循环热水供暖系统的主要形式；掌握膨胀水箱及集气罐的工作原理；掌握各种散热器的结构特点；熟悉补偿器的工作原理及基本形式；了解室内供暖系统热负荷的计算方法；了解自动排气阀的工作原理。

第一节 室内供暖系统及其分类

室内供暖技术是指向室内供给热量，保持一定的室内温度，创造适宜的生活条件或工作条件的技术。

一、室内供暖系统的分类

所有供暖系统都由热媒制备（热源）、热媒输送（管网）和热媒利用（散热设备）三个主要部分组成。根据三个主要组成部分的相互位置关系来分，供暖系统可分为局部供暖系统和集中式供暖系统。

1. 局部供暖系统

热媒制备、热媒输送和热媒利用三个主要组成部分在构造上都在一起的供暖系统，称为局部供暖系统，如烟气供暖（火炉、火墙和火炕等）、电热供暖和燃气供暖等。虽然燃气和电能通常都由远处输送到室内来，但热量的转化和利用都是在散热设备上实现的。

2. 集中式供暖系统

热源和散热设备分别设置，用热媒管道将其连接，由热源向各个房间或各个建筑物供给热量的供暖系统，称为集中式供暖系统。

图 7-1 所示为集中式热水供暖系统示意图。热水锅炉 1 与散热器 2 分别设置，通过热水管道（供水管和回水管）3 相连接。循环水泵 4 使热水在锅炉内加热，在散

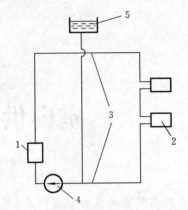

图 7-1 集中式热水供暖系统示意图
1—热水锅炉；2—散热器；3—热水管道；
4—循环水泵；5—膨胀水箱

热器冷却后返回锅炉重新加热。膨胀水箱5用于容纳热水系统升温时的膨胀水量，并使系统保持一定的压力。图 7-1 所示的热水锅炉，可以向单幢建筑物供暖，也可以向多幢建筑物供暖。对一个或几个小区多幢建筑物的集中式供暖方式，在国内也惯称连片供暖（热）。

以热水或蒸汽作为热媒，由热源集中向一个城镇或较大区域供应热能的方式称为集中供热。目前，集中供热已成为现代化城镇的重要基础设施之一，是城镇公共事业的重要组成部分。集中供热系统由三大部分组成：热源、热力网和热用户。供热系统的热源是指供热热媒的来源，目前最广泛应用的是区域锅炉房和热电厂。在热源内，应用燃料燃烧产生的热能可将水加热或产生蒸汽。此外，也可以利用核能、地热、电能、工业余热作为集中供热系统的热源。热力网是指由热源向热用户输送和分配供热介质的管线系统。热用户是指集中供热系统利用热能的用户，如室内供暖、通风、空调、热水供应以及生产工艺用热系统等。

二、室内供暖系统的热负荷

1. 供暖系统的设计热负荷

供暖系统的热负荷是指供暖系统应向建筑物供给的热量。供暖系统的设计热负荷是指在室外设计温度下，为达到要求的室内温度，供暖系统在单位时间内向建筑物供给的热量。它是设计供暖系统的最基本依据。

在供暖系统设计时应详细计算建筑物的热负荷。在初步设计阶段，可用热指标估算建筑物的供暖热负荷。

常用的热指标有两种形式：一种是单位面积热指标；另一种是在室内外温差为 1℃ 时的单位体积热指标。热指标是在调查了同一类型建筑物的供暖热负荷后，得出的该类型建筑物每平方米建筑面积或在室内外温差为 1℃ 时每立方米建筑物体积的平均供暖热负荷。

用单位面积供暖热指标估算建筑物的热负荷时，供暖热负荷等于单位面积供暖热指标与总建筑面积的乘积。民用建筑的单位面积供暖热指标见表 7-1。

用单位体积供暖热指标估算建筑物的热负荷时，供暖热负荷计算公式为

$$Q = qV(t_N - t_w) \tag{7-1}$$

式中：q——单位体积供暖热指标，单位为 $W/m^3 \cdot ℃$；

V——建筑物的体积(按外部尺寸计算),单位为 m^3;
t_N——冬季室内计算温度,单位为℃;
t_w——冬季供暖室外计算温度,单位为℃。

表 7-1 民用建筑单位面积供暖热指标

建筑物名称	单位面积供暖热指标/(W/m²)	建筑物名称	单位面积供暖热指标/(W/m²)
住宅	46.5~70	商店	64~87
办公楼、学校	58~84.5	单层住宅	81.5~104.5
医院、幼儿园	64~84.5	食堂、餐厅	116~139.6
旅馆	58~70	影剧院	93~116
图书馆	46.5~75.6	大礼堂、体育馆	116~163

2. 供暖室外计算温度和室内计算温度

(1) 供暖室外计算温度。

室外计算温度不是室外最低温度。我国确定供暖室外计算温度的方法是,以实际 30 年的气象数据为基础,进行概率统计,得到日平均不保证时间为五天的温度值作为供暖室外计算温度。

(2) 室内计算温度。

室内计算温度是指室内离地面 1.5~2.0m 高处的空气温度,它取决于建筑物的性质和用途。对于工业企业建筑物,确定室内计算温度应考虑劳动强度的大小以及生产工艺提出的要求。对于民用建筑,确定室内计算温度应考虑到房间的用途、生活习惯等因素。表 7-2 为民用及工业辅助建筑的室内计算温度。

表 7-2 民用及工业辅助建筑的室内计算温度

序号	房间名称	室温/℃	序号	房间名称	室温/℃
1	卧室和起居室	16~18	6	存衣室	16
2	厕所、盥洗室	12	7	哺乳室	20
3	食堂	14	8	淋浴室	25
4	办公室、休息室	16~18	9	淋浴室的换衣室	23
5	技术资料室	16	10	女工卫生室	23

第二节 室内热水供暖系统

以热水为热媒的供热系统称为热水供暖系统。
热水供暖系统可按下述方法分类。

(1) 按系统循环动力的不同,可分为重力(自然)循环系统和机械循环系统。靠水的密度差进行循环的系统,称为重力循环系统;靠机械(水泵)力进行循环的系统,称为机械循环系统。

(2) 按供、回水方式的不同,可分为单管系统和双管系统。热水经立管或水平供水管顺序流过多组散热器,并顺序地在各散热器中冷却的系统,称为单管系统。热水经供水立管或水平供水管平行地分配给多组散热器,冷却后的回水自每个散热器直接沿回水立管或水平回水管流回热源的系统,称为双管系统。

(3) 按系统管道敷设方式的不同,可分为垂直式和水平式系统。

(4) 按热媒温度的不同,可分为低温水供暖系统和高温水供暖系统。在我国,习惯认为:水温低于或等于100℃的热水,称为低温水;水温超过100℃的热水,称为高温水。室内热水供暖系统,大多采用低温水作为热媒。设计供/回水温度多采用95℃/70℃。

一、自然循环热水供暖系统

自然循环热水供暖系统靠水的密度差进行循环,它无须水泵为热水循环提供动力。但它作用压力小(供水温度95℃,回水温度70℃,每米高差产生的作用压力仅为156Pa),因此仅适用于一些较小规模的建筑物。

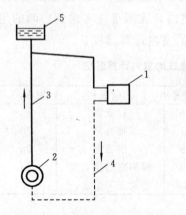

图7-2 自然循环热水供暖系统工作原理图
1—散热器;2—热水锅炉;3—供水管路;
4—回水管路;5—膨胀水箱

图7-2所示为自然循环热水供暖系统工作原理图。在图中,假设整个系统只有一个放热中心1(散热器)和一个加热中心2(锅炉),用供水管3和回水管4将锅炉与散热器相连接。在系统的最高处连接一个膨胀水箱5,用它容纳水在受热后膨胀而增加的体积。在系统工作之前,先将系统中充满冷水。当水在锅炉内被加热后,密度减小,同时受从散热器流回密度较大的回水的驱动,使热水沿供水干管上升,流入散热器。在散热器内水被冷却,再沿回水干管流回锅炉。这样形成如图7-2所示箭头方向的循环流动。

自然循环热水供暖系统主要分双管和单管两种形式。图7-3(a)所示为双管上供下回式系统,图7-3(b)所示为单管上供下回顺流式系统。

上供下回式自然循环热水供暖系统管道布置的一个主要特点是:系统的供水干

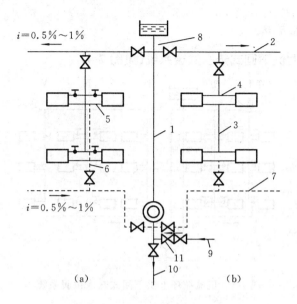

图 7-3 重力循环供暖系统
(a) 双管上供下回式系统 (b) 单管上供下回顺流式系统
1—总立管；2—供水干管；3—供水立管；4—散热器供水支管；5—散热器回水支管；6—回水立管；
7—回水干管；8—膨胀水箱连接管；9—充水管(接上水管)；10—泄水管(接下水管)；11—止回阀

管必须有向膨胀水箱方向上升的坡度。其坡度为 0.5%～1.0%，散热器支管的坡度一般取 1%。这是为了使系统内的空气能顺利地排除，因系统中若积存空气，就会形成气塞，影响水的正常循环。在自然循环系统中，水的流速较慢，水平干管中流速小于 0.2m/s，而在干管中空气气泡的浮升速度为 0.1～0.2 m/s，在立管中约为 0.25m/s。因此，在上供下回自然循环热水供暖系统充水和运行时，空气能逆着水流方向，经过供水干管汇集到系统的最高处，通过膨胀水箱排除。

为使系统顺利排除空气和在系统停止运行或检修时能通过回水干管顺利地排水，回水干管应有沿水流向锅炉方向的向下坡度。

二、机械循环热水供暖系统

机械循环热水供暖系统在系统中设置有循环水泵，靠水泵的机械能，使水在系统中强制循环。由于水泵运行时的压力很大，因而供热范围可以扩大。机械循环热水供暖系统不仅可用于单幢建筑物中，也可以用于多幢建筑物中，甚至可发展为区域热水供暖系统。

机械循环热水供暖系统的主要形式有以下几种。

（一）垂直式系统

1. 机械循环上供下回式热水供暖系统（见图7-4）

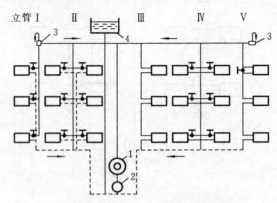

图7-4　机械循环上供下回式热水供暖系统

机械循环系统除膨胀水箱的连接位置与自然循环系统不同外，还增加了循环水泵和排气装置。

（1）关于系统排气问题。

在机械循环系统中，水流速度较高，供水干管应按水流方向设上升坡度，使气泡随水流方向流动汇集到系统的最高点，通过在最高点设置排气装置，将空气排出系统外。回水干管的坡向与自然循环系统相同，其坡度宜采用0.003。

（2）水泵的连接点。

水泵应装在回水总管上，使水泵的工作温度相对降低，以改善水泵的工作条件，延长水泵的使用寿命。这种连接方式还能使系统内的高温部分处于正压状态，不致使热水因压力过低而汽化，有利于系统正常工作。

（3）膨胀水箱的连接点与安装高度。

对热水供暖系统来说，当系统内水的压力低于热水水温对蒸汽的饱和压力或者出现负压时，会出现热水汽化、吸入空气等问题，从而破坏系统运行。系统内压力最不利点往往出现在最远立管的最上层用户上。为避免出现上述情况，系统内需要保持足够的压力。由于系统内热水都是连通在一起的，只要使系统内某一点的压力恒定，则其余点的压力也自然保持恒定。因此，可以选定一个定压点，根据最不利点的压力要求，推算出定压点要求的压力，这样就可解决系统的定压问题。定压点通常选择在循环水泵的进口侧，定压装置由膨胀水箱兼任。根据要求的定压压力确定膨胀水箱的安装高度，系统工作时，维持膨胀水箱内的水位高度不变，则整个系统的压力得到恒定。在机械循环系统中，膨胀水箱除容纳系统加热后的膨胀水量之外，还有排气和定压的作用。

在机械循环系统中,系统的主要作用压力由水泵提供,但自然压力仍然存在。单、双管系统在自然循环系统中的特性,在机械循环系统中同样会反映出来,即双管系统存在垂直失调和单管系统不能局部调节、下层水温较低等。在实际工程中,仍以采用单管顺流式居多。

上供下回式管道布置合理,是最常用的一种供水系统。

2. 机械循环下供下回式热水供暖系统(见图7-5)

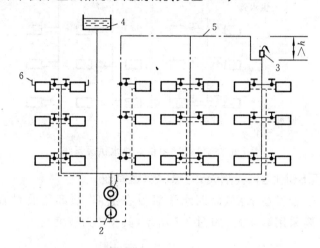

图7-5 机械循环下供下回式热水供暖系统
1—热水锅炉;2—循环水泵;3—集气罐;4—膨胀水箱;5—空气管;6—冷风阀

系统的供水和回水干管都敷设在底层散热器下面。在设有地下室的建筑物,或在平屋顶建筑顶棚下难以布置供水干管的场合,常采用下供下回式系统。

机械循环下供下回式热水供暖系统在地下室布置供水干管,通过管路直接散热给地下室,无效热损失小。在施工中,每安装好一层散热器即可供暖,给冬季施工带来很大方便。但它排除系统中的空气较困难。下供下回式系统排除空气的方式主要有两种:通过顶层散热器的冷风阀手动分散排气或通过专设的空气管手动或自动集中排气。

3. 机械循环中供式热水供暖系统(见图7-6)

系统总水平供水干管水平敷设在系统的中部。下部系统呈上供下回式;上部系统可采用下供下回式,也可采用下供上回式。中供式系统可避免由于顶层梁底标高过低,致使供水干管挡住顶层窗户的不合理布置,并减轻了上供下回式楼层过多,易出现垂直失调的现象,但上部系统要增加排气装置。

中供式系统可用于加建楼层的原有建筑物或"品"字形建筑(上部建筑面积少于下部的建筑)供暖上。

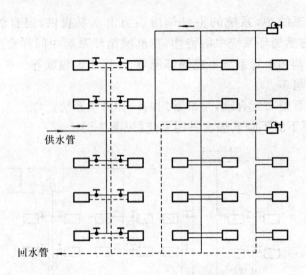

图 7-6 机械循环中供式热水供暖系统

4. 机械循环下供上回式(倒流式)热水供暖系统

系统的供水干管设在下部,而回水干管设在上部,顶部还设置有顺流式膨胀水箱。立管布置主要采用顺流式,如图 7-7 所示(其中 i 为坡度)。

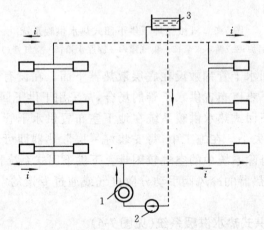

图 7-7 机械循环下供上回式热水供暖系统
1—热水锅炉;2—循环水泵;3—膨胀水箱

倒流式系统具有如下特点。

(1) 水在系统内的流动方向是自下而上流动的,与空气流动方向一致。空气可通过顺流式膨胀水箱排除,无须设置集气罐等排气装置。

(2) 对热损失大的底层房间,由于底层供水温度高,底层散热器的面积减少,便于布置。

(3) 当采用高温水供暖时,由于供水干管设在底层,这样可防止高温水汽化所需的水箱标高,减少布置高架水箱的困难。

(4) 倒流式系统散热器的供暖系统远低于上供下回式系统。散热器热媒的平均温度几乎等于散热器的出水温度。在相同的立管供水温度下,散热器的面积要比上供下回顺流式系统的面积大。

5. 异程式系统与同程式系统

在供暖系统供、回水干管布置上,通过各个立管的循环环路的总长度不相等的布置形式称为异程式系统,而通过各个立管的循环环路的总长度相等的布置形式则称为同程式系统。

在机械循环系统中,由于作用半径较大,连接立管较多,异程式系统各立管循环环路长短不一,各个立管环路和压力损失较难平衡,会出现近处立管流量超过要求、而远处立管流量不足的情况。因远近立管处出现流量失调而引起在水平方向冷热不均的现象,称为系统的水平失调。

为了消除或减轻系统的水平失调,可采用同程式系统,如图 7-8 所示。通过最近立管的循环环路与通过最远立管的循环环路的总长度相等,因而压力损失易于平衡。由于同程式系统具有上述优点,在较大的建筑物中,常采用同程式系统。但同程式系统的管道消耗量通常要多于异程式系统。

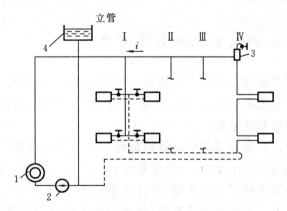

图 7-8 同程式系统
1—热水锅炉;2—循环水泵;3—集气罐;4—膨胀水箱

(二) 水平式系统

水平式系统按供水管与散热器的连接方式不同,可分为顺流式(见图 7-9)和跨越式(见图 7-10)两类。

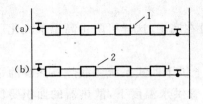 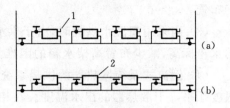

图 7-9　单管水平顺流式　　　　　　　图 7-10　单管水平跨越式
(a) 散热器集中排气　(b) 散热器分散排气　　(a) 散热器集中排气　(b) 散热器分散排气
1—冷风阀；2—空气管　　　　　　　　　1—冷风阀；2—空气管

水平式系统的排气方式要比垂直式上供下回系统复杂些。它需要在散热器上设置冷风阀分散排气，或在同一层散热器上部串联一根空气管集中排气。对散热器较少的系统，可用分散排气方式；对散热器较多的系统，宜用集中排气方式。

水平式系统与垂直式系统相比，具有如下优点。

① 系统的总造价，一般要比垂直式系统低。

② 管路简单，无穿过各层楼板的立管，施工方便。

③ 有可能利用最高层的辅助空间（如楼梯间、厕所等）架设膨胀水箱，不必在顶棚上专设安装膨胀水箱的房间。

④ 对于一些各层有不同使用功能或不同温度要求的建筑物，采用水平式系统，更便于分层管理和调节。

三、室内热水供暖系统的管道布置

室内热水供暖系统管道布置合理与否，直接影响到系统造价和使用效果。管道布置时应力求系统管道走向布置合理，节省管材，便于调节和排除空气，而且要求各并联环路的阻力损失易于平衡。

供暖系统的引入口宜设置在建筑物热负荷对称分配的位置，一般宜在建筑物中部。系统应合理地设置若干支路，而且尽量使各支路的阻力易于平衡。

室内热水供暖系统的管道应明装，有特殊要求时，方采用暗装。尽可能将立管布置在房间的角落。对于上供下回式系统，供水干管多设在顶层顶棚下。回水干管可敷设在地面上，地面上不容许敷设（如过门时）或净空高度不够时，回水干管应设置在半通行地沟或不通行地沟内。地沟上每隔一定距离应设活动盖板（过门地沟也应设活动盖板），以便于检修。当敷设在地面上的回水干管过门时，回水干管可从门下小管沟内通过，此时要注意干管坡度应便于排气。

为了有效地排除系统内的空气，所有水平供水干管应具有不小于 0.002 的坡度（坡向根据自然循环或机械循环而定）。如因条件限制，机械循环系统的热水管道可无坡度敷设,但管中的水流速度不得小于 0.25m/s。

第三节 热水供暖系统中的主要设备与附件

一、膨胀水箱

膨胀水箱的作用是用来贮存热水供暖系统加热后的膨胀水量。在自然循环上供下回式系统中,它还起着排气作用。膨胀水箱的另一作用是恒定供暖系统压力。

膨胀水箱一般用钢板制成,通常是圆形或矩形。图 7-11 所示为圆形膨胀水箱构造,箱体上连有膨胀管、溢流管、信号管、排水管及循环管等管道。

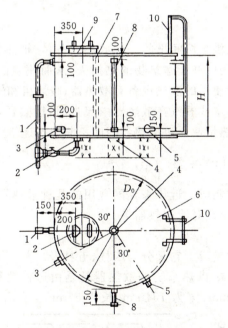

图 7-11 圆形膨胀水箱构造图
1—溢流管;2—排水管;3—循环管;4—膨胀管;5—信号管;6—箱体;
7—内人梯;8—玻璃管水位计;9—入孔;10—外人梯

当系统充水的水位超过溢流水管口时,溢流管可将水自动排出。溢流管一般可接到附近下水道。

信号管的作用是用来检查膨胀水箱是否存水。一般应将其接到管理人员容易观

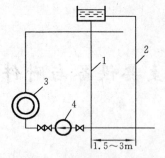

图 7-12 膨胀水箱与机械循环
系统的连接方式
1—膨胀管;2—循环管;
3—热水锅炉;4—循环水管

察到的地方(如接回锅炉房或建筑物底层的卫生间等)。排水管是用来清洗水箱时放空存水和污垢,它可与溢流管一起接至附近下水道。

在机械循环系统中,循环管应接到系统定压点前的水平回水干管上(见图7-12)。该点与定压点(膨胀管与系统的连接点)之间应保持 1.5～3m 的距离。这样可让少量热水能缓慢地通过循环管和膨胀管而流过水箱,以防止水箱里的水冻结。同时,膨胀水箱应考虑保温。

在膨胀管、循环管和溢流管上,严禁安装阀门,以防止系统超压、水箱里的水冻结或水从水箱溢出。

二、散热器

散热设备是安装在供暖房间里的一种放热设备,它把热媒(热水或蒸汽)的部分热量传递给室内空气,用以补偿建筑物的热损失,从而使室内维持所需要的温度,达到供暖目的。我国大量使用的散热设备有散热器、暖风机和辐射板三大类。

具有一定温度的热水或蒸汽在散热器内流过时,散热器内部的温度高于室内空气温度,热水或蒸汽的热量便通过散热器表面不断地传递给室内空气。

(一)常见散热器的类型

散热器用铸铁或钢制成。近年来我国常用的几种散热器有柱形散热器、翼形散热器及光管散热器、钢串片对流散热器等。

1. 柱形散热器

柱形散热器由铸铁制成。它又分为四柱、五柱及二柱三种。图 7-13 是四柱 800 型散热片简图。有些集中供热系统的散热器就是由这种散热片组合而成的。四柱 800 型散热片高为 800mm,宽为 164mm,长为 57mm。它有四个中空的立柱,柱的

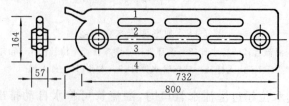

图 7-13 四柱 800 型散热片
1—第一柱;2—第二柱;3—第三柱;4—第四柱

上、下端全部互相连通。在散热片顶部和底部各有一对带丝扣的穿孔供热媒进出,并可借正、反螺丝把单个散热片组合起来。在散热片的中间有两根横向连通管,以增加结构强度,并且两端散热片必须是带足的。当组装片数较多时,在散热器中部还应多用一个带足的散热片,以避免因散热器过长而产生中部下垂的现象。

我国现在生产的四柱和五柱散热片,有高度为 700mm、760mm、800mm 及 813mm 四种尺寸。

2. 翼形散热器

翼形散热器由铸铁制成,分为长翼形和圆翼形两种。长翼形散热片(见图 7-14)是一个在外壳上带有翼片的中空壳体。在壳体侧面的上、下端各有一个带丝扣的穿孔,供热媒进出,并可借正、反螺丝把单个散热器组合起来。这种散热器有两种规格,由于其高度为 600mm,所以习惯上称这种散热器为"大60"及"小60"。"大60"的长度为 280mm,带有 14 个翼片;"小60"的长度为 200mm,带有 10 个翼片。除此之外,其他尺寸完全相同。

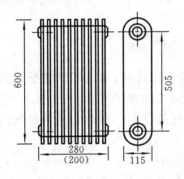

图 7-14 长翼形散热片

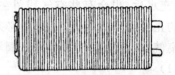

图 7-15 钢串片对流散热器

3. 钢串片对流散热器

钢串片对流散热器是在连通的两根(或两根以上)钢管上串上许多长方形薄钢片而制成的(见图 7-15)。这种散热器的优点是承压高,体积小,重量轻,容易加工,安装简单和维修方便。其缺点是薄钢片间距离小,不易清扫以及耐腐蚀性能不如铸铁。薄钢片因热胀冷缩而容易松动,故日久其传热性能严重下降。

除上述散热器外,还有钢制板式散热器、钢制柱形散热器等,在此不一一介绍。

(二)散热器的选择

在选择散热器时,除要求散热器能供给足够的热量外,还应综合考虑经济、卫生、运行安全可靠以及与建筑物相协调等因素。例如,常用的铸铁散热器不能承受过大的工作压力;钢制散热器虽能承受较高的工作压力,但耐腐蚀能力却比铸铁散热器的差等。

(三) 散热器的布置与安装

散热器设置在外墙窗口下最为合理。经散热器加热的空气沿外窗上升，能阻止渗入的冷空气沿外墙及外窗下降，因而防止了冷空气直接进入室内工作区。对于要求不高的房间，散热器也可靠内墙设置。

在一般情况下，散热器在房间内敞露设置，这样散热效果好，且易于清除灰尘。当建筑方面或工艺方面有特殊要求时，就要将散热器加以围挡。例如，某些建筑物为了美观，可将散热器装在窗下的壁龛内，外面用装饰性面板把散热器遮住。

安装散热器时，有脚的散热器可直立在地上；无脚的散热器可用专门的托架挂在墙上，在现砌墙壁内埋托架，应与土建平行作业。对预制装配建筑，应在预制墙板时即埋好托架。

楼梯间内散热器应尽量放在底层，因为底层散热器所加热的空气能够自行上升，从而补偿上部的热损失。为了防止冻裂，在双层门的外室以及门斗中不宜设置散热器。

三、排气设备

系统的水被加热时，会分离出空气；在系统停止运行时，通过不严密处也会渗入空气；充水后，也会有些空气残留在系统内。系统中如果积存空气，就会形成气塞，影响水的正常循环。因此，系统中必须设置排除空气的设备。目前常见的排气设备主要有集气罐、自动排气阀和冷风阀等几种。

(1) 集气罐。

集气罐用直径 $\phi 100 \sim 250 \text{mm}$ 的短管制成，它有立式和卧式两种（见图 7-16，图中尺寸为国标图中最大型号的规格），顶部连接 $\phi 15$ 的排气管。

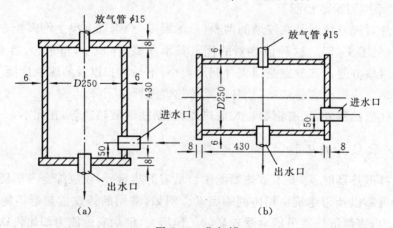

图 7-16 集气罐

在机械循环上供下回式系统中,集气罐应设在系统各分环环路的供水干管末端的最高处。在系统运行时,需定期手动打开阀门,将热水中分离出来并聚集在集气罐内的空气排除。

(2) 自动排气阀。

目前国内生产的自动排气阀形式较多。它的工作原理多是依靠水对浮体的浮力,通过杠杆机构传动力,使排气孔自动启闭,实现自动阻水排气的功能。

图 7-17 所示为 B11-X-4 型立式自动排气阀。当阀体内无空气时,水将浮子浮起,通过杠杆机构将排气孔关闭,而当空气从管道进入,积聚在阀体内时,空气将水面压下,浮子的浮力减小,依靠自重下落,排气孔打开,使空气自动排出,空气排除后,水再将浮子浮起,排气孔重新关闭。

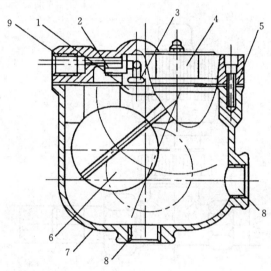

图 7-17 立式自动排气阀
1—杠杆机构;2—垫片;3—阀堵;4—阀盖;5—垫片;6—浮子;
7—阀体;8—接管;9—排气孔

(3) 冷风阀。

冷风阀(见图 7-18)多用在水平式和下供下回式系统中,它旋紧在散热器上部专设的丝孔上,以手动方式排除空气。

四、散热器温控阀

散热器温控阀是一种自动控制散热器散热量的设备,如图 7-19 所示。它由两部分组成:一部分为阀体部分;另一部分为感温元件控制部分。当室内温度高于给定的温度值时,感温元件受热膨胀,其顶杆就压缩阀杆,将阀孔关小,使进入散热器的水流

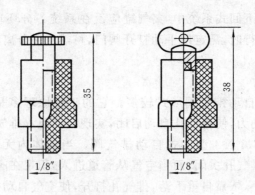

图 7-18 冷风阀

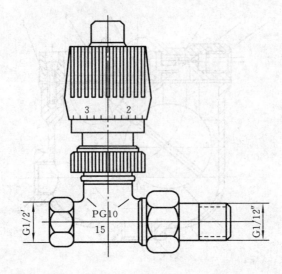

图 7-19 温控阀外形图

量减小,散热器的散热量因而减小,室温下降。当室内温度下降到低于设定值时,感温元件开始收缩,其阀杆靠弹簧的作用抬起,阀孔开大,水流量增大,散热量增加,室内温度开始升高,从而保证室温处在设定的温度值上。温控阀控温范围在 13~28℃ 之间,控温误差为±1.0℃。

五、补偿器

为了防止供热管道升温时,由于热伸长或温度应力而引起管道变形或破坏的情况发生,需要在管道上设置补偿器,以补偿管道的热伸长,从而减小管壁的应力和作用在阀件或支架结构上的作用力。

供热管道上采用补偿器的种类很多,主要有管道的自然补偿、方形补偿器、波纹管补偿器、套筒补偿器和球形补偿器等。前三种是利用补偿器材料的变形来吸收热伸长,后两种是利用管道的位移来吸收热伸长。

(一) 自然补偿

利用供热管道自身的弯曲管段(如"L"形或"Z"形等)来补偿管段的热伸长的补偿方式,称为自然补偿。自然补偿不必特设补偿器,因此考虑管道的热补偿时,应尽量利用其自然弯曲的补偿能力。自然补偿的缺点是管道变形时会产生横向位移,而且补偿的管段不能很长。

(二) 方形补偿器

方形补偿器是由四个 90°弯头构成"U"形的补偿器,靠其弯管的变形来补偿管段的热伸长。方形补偿器通常用无缝钢管煨弯或机制弯头组合而成。此外,也有将钢管弯成"S"形或"Ω"形的补偿器。这种采用与供热直管同径的钢管构成弯曲形状的补偿器,总称为弯管补偿器。

方形补偿器的优点是制造方便,不用专门维修,因而不需要为它设置检查室,工作可靠,且作用在固定支架上的轴向推力相对较小。因此,方形补偿器在供热管道上应用很普遍。其缺点是介质流动阻力大,占地面积大。

本章综合思考题

1. 什么是室内供暖系统?室内供暖系统由哪几个部分组成?
2. 什么是供暖系统的设计热负荷?在初步设计阶段,用来估算建筑物热负荷的指标有哪几种形式?
3. 什么是供暖室外计算温度及供暖室内计算温度?
4. 什么是自然循环热水供暖系统和机械循环热水供暖系统?
5. 膨胀水箱的作用是什么?
6. 散热器的作用是什么?在我国常见的散热器有哪些类型?

第八章

燃气供应

本章学习要点

掌握常用燃气的种类及其特点；掌握常用燃气用具的工作原理及使用方法；掌握室内燃气系统常见故障及处理方法；掌握燃气安全使用常识；熟悉城市燃气的供应方式；熟悉室内燃气管道系统及其敷设方式；了解燃气表的工作原理。

第一节 燃气的种类及供应方式

燃气是各种气体燃料的总称，它能燃烧而放出热量，供城市居民和工业企业使用。

燃气通常由一些单一气体混合而成，其组分主要是可燃气体，同时也含有一些不可燃气体。可燃气体有碳氢化合物、氢及一氧化碳。不可燃气体有氮、二氧化碳及氧；此外，燃气中还含有少量的混杂气体及其他杂质，例如水蒸气、氨、硫化氢、萘、焦油和灰尘等。

气体燃料较之液体燃料和固体燃料而言，具有更高的热能利用效率，燃烧温度高，火力调节容易，使用方便，燃烧时没有灰渣，清洁卫生，而且可以采用管道和装瓶供应。在日常生活中应用燃气作为燃料，对改善居民生活条件，减少空气污染和保护环境，都具有重大的意义。

燃气易引起燃烧或爆炸，火灾危险性较大。人工煤气具有强烈的毒性，容易引起中毒事故。所以，对于燃气设备及管道的设计、加工和敷设，都有严格的要求，同时必须加强维护和管理工作，防止漏气。

一、燃气的种类

燃气根据来源的不同，主要有人工煤气、液化石油气和天然气三大类。

1. 人工煤气

人工煤气是将矿物燃料（如煤、重油等）通过热加工而得到的。通常使用的有干馏煤气（如焦炉煤气）和重油裂解气。人工煤气具有强烈的气味和毒性，含有硫化氢、萘、苯、氨、焦油等杂质，极易腐蚀和堵塞管道，因此人工煤气需加以净化后才能使用。

供应城市的人工煤气要求低发热量在 14 654 kJ/Nm³ 以上。一般焦炉煤气的低发热量为 17 585～18 422 kJ/Nm³，重油裂解气的低发热量为 16 747～20 515 kJ/Nm³。

2. 液化石油气

液化石油气是在对石油进行加工处理中（例如减压蒸馏、催化裂化、铂重整等）所获得的副产品。它的主要成分是丙烷、丙烯、正（异）丁烷、正（异）丁烯、反（顺）丁烯等。这种副产品在标准状态下呈气相，而当温度低于临界值时或压力升高到某一数值时则呈液相。它的低发热量通常为 83 736～113 044 kJ/Nm³。

3. 天然气

天然气是从钻井中开采出来的可燃气体，一种是气井气，一种是石油伴生气。它的主要成分是甲烷，低发热量为 33 494～41 868 kJ/Nm³。天然气通常没有气味，故在使用时需混入某种无害而又有臭味的气体（如乙硫醇，C_2H_5SH），以便发现漏气现象，避免发生中毒或爆炸燃烧事故。

二、城市燃气的供应方式

（一）天然气、人工煤气的管道输送

天然气或人工煤气经过净化后即可输入城市燃气管网。城市燃气管网根据输送压力不同可分为低压管网、中压管网、次高压管网、高压管网和超高压管网。

城市燃气管网通常包括街道燃气管网和小区燃气管网两部分。

在大城市里，街道燃气管网大都布置成环状，只在边缘地区，才采用枝状管网。燃气由街道高压管网或次高压管网，经过燃气调压站，进入街道中压管网，然后，经过区域的燃气调压站，进入街道低压管网，再经小区管网接入用户。临近街道的建筑物也可直接由街道管网引入。在小城市里，一般采用中-低压或低压燃气管网。

小区燃气管道是指燃气总阀门井以后至各建筑物前的户外管道。

小区燃气管道应敷设在土壤冰冻线以下 0.1～0.2 m 的土层内。根据建筑群的总体布置，小区燃气管道宜与建筑物轴线平行，并埋在人行道或草地下；管道距建筑物基础应不小于 2 m，与其他地下管道的水平净距为 1 m；与树木应保持 1.2 m 的水平距离。小区燃气管道不能与其他室外地下管道同沟敷设，以免管道发生漏气时经地沟渗入建筑物内。根据燃气的性质及含水状况，当有必要排除管网中的凝结水时，管道中应具有不小于 0.003 坡度的坡向凝水器，使凝结水定期排除。

（二）液化石油气的供应

液化石油气在制造单位生产后，可用管道、汽车或火车槽车、槽船运输到储配站或灌瓶站后，再用管道输送或钢瓶灌装，经供应站供应给用户。

供应站到用户的输送方式根据供应范围、户数、燃烧设备的需用量大小等因素，可采用单瓶、瓶组和管道系统。其中单瓶常采用一个15kg钢瓶供应给居民使用。瓶组供应常采用钢瓶并联供应给公共建筑或小型工业建筑的用户。管道供应方式适用于居民小区、大型工厂职工住宅区或锅炉房。

钢瓶内液态液化石油气的饱和蒸气压按绝对压力计一般为 70~800kPa，靠室内温度可自然气化。但供燃气燃具及燃烧设备使用时，还要经过钢瓶上的调压器减压到(2.8 ± 0.5)kPa。单瓶系统一般将钢瓶置于厨房内，而瓶组供应系统的并联钢瓶、集气管及调压阀等应设置在单独房间内。

管道供应系统是指液化石油气经气化站（或混气站）转换成气态液化石油气（或混合气），经调压设备减压后经输配管道、用户引入管、室内管网、燃气表输送到燃具使用的供气系统。

第二节　燃气管网及设备

一、城市燃气管网

（一）城市燃气管网的类型

城市燃气管网包括分配管道、用户引入管道及室内燃气管道等。

分配管道是指在供气地区将燃气分配给工业企业用户、公共建筑用户和居民用户的管道。分配管道包括街区和庭院的分配管道。

用户引入管道将燃气从分配管道引入到用户室内管道引入口处的总阀门。

室内燃气管道是指通过用户管道引入口的总阀门将燃气引向室内，并分配到每个燃气用具的管道。

根据管道中压力的不同，城市燃气管道可以分为低压燃气管道（压力小于5kPa）、中压燃气管道（压力为5kPa~0.15MPa）、次高压燃气管道（压力为0.15~0.3MPa）、高压燃气管道（压力为0.3~0.8MPa）及超高压燃气管道（压力大于0.8MPa）。

燃气管道之所以要根据输气压力来分级，是因为燃气管道的气密性与其他管道相比有特别严格的要求，漏气可能导致火灾、爆炸、中毒或其他事故。燃气管道中的压力越高,管道接头脱开或管道本身出现裂缝的可能性和危险性也越大。当管道内燃气的压力不同时,对管道材质、安装质量、检验标准和运行管理的要求也不同。

居民用户和小型公共建筑用户一般直接由低压管道供气。用低压管道输送人工煤气时,压力不大于 2kPa;输送天然气时,压力不大于 3.5kPa;输送气态液化石油气时,压力不大于 5kPa。当连在低压燃气管道上的用户安装有用户调压器时,压力也不应大于 5kPa。

中压和次高压管道必须通过区域调压室或用户专用调压室才能给城市分配管网中的低压和中压管道供气,或给工厂企业、大型公共建筑用户以及锅炉房供气。

一般由城市高压燃气管道构成大城市输配管网系统的外环环网,高压燃气管道也是绝大部分城市供气的主动脉。高压燃气必须通过调压室才能送入次高压或中压管道、高压储气罐站以及工艺需要高压燃气的大型工厂企业。

超高压输气管道通常是贯穿省、地区或连接城市的长输管线,它有时也构成大型城市输配管网系统的外环环网。

城市燃气管网系统中各级压力的干管特别是中压以上压力较高的管道,应连成环网,初建时也可以是半环形或枝状布置,但应逐步构成环网。

(二) 城市燃气输配系统的构成

现代化的城市燃气输配系统是复杂的综合设施,主要由下列几部分构成。
(1) 低压、中压(或次高压)以及高压等不同压力的燃气管网。
(2) 城市燃气分配站或压送机站、调压计量站或区域调压室。
(3) 储气站。
(4) 通信设施与自动化设备、电子计算机中心。

输配系统应保证不间断地、可靠地给用户供气,在运行管理方面应是安全的,在维修检测方面应是简便的。还应考虑到在检修或发生故障时可关断某些部分或管段而不致影响全系统的工作。

二、室内燃气管道

室内燃气管道系统由用户引入管、干管、立管、用户支管、燃气计量表、用具连接管和燃气用具所组成(见图 8-1)。

用户引入管与城市或庭院低压分配管道连接,在分支管处设阀门。输送湿燃气的引入管一般由地下引入室内,当采取防冻措施后也可由地上引入。在非采暖地区或输送干燃气时,且管径不大于 75mm 时,则可由地上直接引入室内。输送湿燃气的引入管应有不小于 0.005 的坡度,坡向城市分配管道。引入管穿过承重墙、基础或管沟时,均应设置在套管内(图 8-2 所示为用户引入管的一种做法),并应考虑沉降的影响,必要时应采取补偿措施。

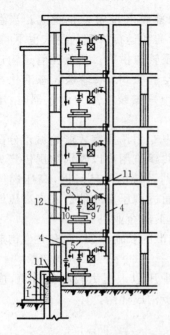 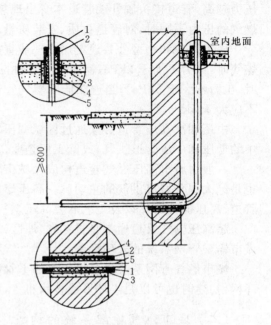

图 8-1 室内燃气管道系统剖面图
1—用户引入管;2—砖台;3—保温层;4—立管;
5—水平干管;6—用户支管;7—燃气计量表;
8—表前阀门;9—燃气灶具连接管;10—燃气灶;
11—套管;12—燃气热水器接头

图 8-2 用户引入管的设置
1—沥青密封层;2—套管;3—油麻填料;
4—水泥砂浆;5—燃气管道

引入管上既可连一根燃气立管,也可连若干根立管,后者则应设置水平干管。水平干管可沿楼梯间或辅助房间的墙壁敷设,坡向引入管,坡度应不小于 0.002。管道经过的楼梯间和房间应有良好的自然通风。

燃气立管一般应敷设在厨房或走廊内。当由地下引入室内时,立管在第一层处应设阀门。阀门一般设在室内,对重要用户尚应在室外另设阀门。立管的上下端应装丝堵,其直径一般不小于 25mm。立管通过各层楼板处应设套管,套管高出地面至少 50mm,套管与燃气管道之间的间隙应用沥青和油麻填塞。由立管引出的用户主管在厨房内其高度不低于 1.7m。敷设坡度不小于 0.002,并由燃气计量表分别坡向立管和燃具。主管穿过墙壁时也应安装在套管内。

用具连接管(又称下垂管)是在主管上连接燃气用具的垂直管段,其上的旋塞应距地面 1.5m 左右。

室内燃气管道一般应明管敷设。为了满足安全、防腐和便于检修的需要,室内燃气管道不得敷设在卧室、浴室、地下室、易燃易爆品仓库、配电间、通风机室及潮湿或有腐蚀性介质的房间内。当燃气管道必须穿过没有用气设备的卧室或浴室时,该管段的长度应尽量短,且必须设置在套管内。当输送湿燃气的室内管道敷设在可能冻结的地方时,应采取防冻措施。

室内燃气管道的管材应采用低压流体输送钢管,并应尽量采用镀锌钢管。

对于高层建筑的室内燃气管道系统还应考虑下列问题。

(1) 补偿高层建筑的沉降。

高层建筑物自重大,沉降量显著,易在引入管处造成破坏。可在引入管处安装伸缩补偿接头以消除建筑物沉降的影响。伸缩补偿接头有波纹管接头、套筒接头和铅管接头等形式。

(2) 克服高程差引起的附加压头的影响。

燃气与空气密度不同时,随着建筑物高度的增加,附加压头也增加,而民用和公共建筑物燃具的工作压力是有一定的允许压力波动范围的。当高程差过大时,为了使建筑物上下各层的燃具都能在允许的压力波动范围内正常工作,可采取下列措施以克服附加压头的影响。

① 如果该项压头增值不大,可采取增加管道阻力的办法以降低其增值。例如,在燃气总立管上每隔若干层增设一分段阀门,作调节用。

② 分开设置高层供气系统和低层供气系统,以分别满足不同高度的燃具工作压力的需要。

③ 设用户调压器。各用户由各自的调压器将燃气降压,达到稳定燃烧所需的压力值。

三、调压器

(一) 调压器的分类

通常调压器分为直接作用式和间接作用式两种。直接作用式调压器依靠敏感元件(薄膜)所感受的出口压力的变化移动来调节阀门。敏感元件就是传动装置的受力元件,使调节阀门移动的能量是被调介质的压力。在间接作用式调压器中,燃气出口压力的变化使操纵机构(例如指挥器)动作,驱动机构(可为外部能量驱动,也可为被调介质的压力驱动)使调节阀门移动。间接作用式调压器的敏感元件和传动装置的机械部分是分开的。

调压器按用途或使用对象也可以分为区域调压器、专用调压器及用户调压器。按进出口压力分为高高压、高中压、高低压调压器和中中压、中低压调压器及低低压调压器。按结构可以分为浮筒式及薄膜式调压器,后者又可分为重块薄膜式和弹簧薄膜式调压器。

若调压器后的燃气压力为被调参数,则这种调压器为后压调压器;若调压器前的压力为被调参数,则这种调压器为前压调压器。城市燃气供应系统通常多用后压调压器来调节燃气压力。

（二）用户调压器

用户调压器广泛适用于集体食堂、饮食服务行业、用量不大的工业用户及居民点,它可以将用户和中压或高压管道直接连接起来,其构造如图 8-3 所示。

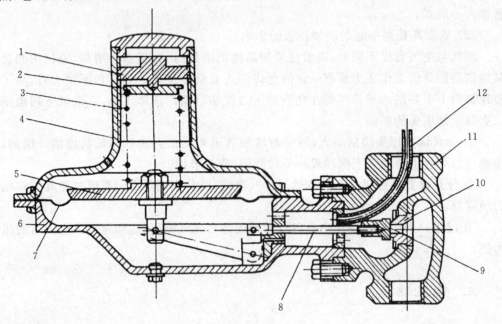

图 8-3　用户调压器

1—调节螺钉;2—定位压板;3—弹簧;4—上体;5—托盘;6—下体;
7—薄膜;8—横轴;9—阀垫;10—阀座;11—阀体;12—导压管

这种用户调压器具有体积小、重量轻的优点。为了提高调节质量,在结构上采取了一些措施,如增加薄膜上托盘的重量,减少了弹簧力变化给出口压力所带来的影响;导压管引入点置于调压器出口管的流速最大处,当出口流量增加时,该处动压增大而静压减小,使阀门有进一步开大的趋势,能够抵消由于流量增加弹簧推力降低和薄膜有效面积增加而造成的出口压力降低的变化。这种调压器通过调节阀门的气流不直接冲击到薄膜上。

调压器可以安装在燃烧设备附近的挂在墙上的金属箱中,也可安装在靠近用户的独立的调压室中。

四、燃气表

燃气表是计量燃气用量的仪表。我国目前常用的是一种干式皮囊燃气流量表(见图8-4)。这种燃气表适用于室内低压燃气供应系统中。各种规格燃气表计量范围在 $2.8 \sim 260 m^3/h$。为保证安全,小口径燃气表一般挂在室内墙壁上,表底距地面 $1.6 \sim 1.8m$。燃气表到燃气用具的水平距离不得小于 $0.8 \sim 1m$。

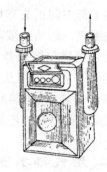

图 8-4　干式皮囊燃气流量表

第三节　燃气用具

一、燃气烹饪用具

烹饪分蒸、煮、烤、炸、炒等工艺方法,其相应的燃气用具也是多种多样的,如家用燃气灶、烘烤器、烤箱、烤箱灶、中餐灶和西餐灶等。

(一) 家用燃气灶

家用双眼燃气灶为最常用的燃气烹饪用具。家用双眼燃气灶由进气管、开关钮、燃烧器、火焰调节器、盛液盘、灶面、锅支架和框架所组成。家用燃气灶采用多火孔头部的大气式燃烧器。火孔多为圆形或方形,火孔中心线与水平面夹角为 $40°\sim 50°$。锅支架高度(火孔端面至锅支架最高部位的距离)一般取 $25 \sim 35mm$ 为宜。至少有一个火孔的锅支架能适应 $100mm$ 直径的平底锅。为了提高燃气灶的安全性,防止意外中途熄火而引发的灾害,可在燃烧器头部装设熄火安全装置。

(二) 家用燃气烤箱

家用燃气烤箱的固定容积(加热室)在 $40 \sim 55L$ 之间,即宽为 $400 \sim 500mm$,深为 $400 \sim 500mm$,高为 $300mm$。加热形式分有自然对流循环式和强制对流循环式两种。前者是利用热烟气的升力在箱内(直火式)或在箱外(间接式)循环加热,然后由排烟口逸出;后者是利用风机强制烟气循环,其优点是可充分利用加热室的空间,缩短了加热室的预热时间,从而缩短了烤制时间。烤箱由外部围护结构和内箱组成。内箱包有绝热材料层以减少热损失。箱内设有承载物品的托网和托盘,顶部设置排烟口。

在内箱上部空间里装有恒温器的感温元件(敏感元件),它与恒温器联合工作,控制烤箱内的温度。烤箱的玻璃门上装有温度指示器。

燃气管道和燃烧器置于烤箱底部。燃气由进气管经阀门、恒温器、燃气管和喷嘴进入燃烧器实现燃烧。点火采用压电自动点火装置,由内压电陶瓷、点火电极和点火辅助装置(燃烧器)所组成;燃气燃烧生成的高温烟气通过对流和辐射换热方式用煮、烤或蒸的工艺加热食品。最后烟气由排烟口排入大气中。

二、燃气热水器

燃气热水器分直流式热水器(快速热水器)和容积式热水器两种。

(一)快速热水器

快速热水器是指冷水在流经筒体的瞬间被加热至所需要温度的热水的加热器。它能快速、连续供应热水,热效率比容积式热水器高出5%～10%。

快速热水器按筒体结构分有水套式和水管式两类。用铜板制成的双层筒的间隙为水套,冷水由水套下部进入,热水从上部流出,在内筒烟侧自上而下分2～3段,布置向心翼片并作锡浸镀处理。下段翼片可厚些,间距亦大些。水套的容量不宜过大。水管式是用铜管($\phi 8$～$\phi 16$)以管距30～50mm自下而上盘绕铜板制成的筒体(燃烧室)外侧,然后与设在筒体顶部的带有翼片的铜管相接,冷水从下部进入,热水由翼片换热器流出。

水管式快速热水器的换热工作主要依靠翼片来完成,约占总换热量的85%,筒体外侧的盘管换热量约占总换热量的15%。如果为提高热效率而进一步加大翼片的换热面积,则当停供热水时翼片的余热会导致管内发生"后沸"现象,这对后制式热水器是很不利的。根据经验数据,对水管式快速热水器的热负荷每10kW可取换热面积0.34～$0.52m^2$,其中翼片面积占70%左右。

翼片用0.4～0.6mm厚的铜片制成,翼片间距为3～5mm。穿入翼片的铜管直径比盘绕筒体的铜管直径略大些。绕于筒体的铜管用锡焊或钎焊以使其与筒体紧密贴合。铜管弯曲部位不宜多,否则管内流动阻力增大会影响自动燃气阀的动作,使热水器不能正常工作。翼片与燃烧器之间距不能太小,否则温度较高的烟气将与之接触,热水器运行中由于热负荷及水压的变化,可导致产生蒸汽,使水管与翼片过热而明显缩短热水器的使用寿命。

快速热水器按控制形式有压力式(前制式)和压差式两种。图8-5(a)所示为压力式热水器的工作原理图。在气-水连锁阀的水膜阀里,将水腔与供水管相连,在水管内设一节流孔。在供热水时薄膜受压向左位移克服弹簧作用力而将燃气阀盘顶开,燃气进入主燃烧器燃烧,当停供热水时,水腔压力消失,在燃气阀的弹簧力作用下将燃气阀关闭。因为此种控制形式的进水阀必须设在供水侧的水膜阀之前,故此种控制形式亦称前制式。它适用于小型快速热水器。

图 8-5(b)所示为压差式热水器的工作原理图。在供水管中设一节流孔将气-水连锁阀的水膜阀内两个腔分别接到节流孔前后位置上。当冷水流过节流孔时,薄膜两侧产生压差致使薄膜向左位移克服燃气阀的弹簧力顶开燃气阀盘,燃气进入主燃烧器燃烧;水流停止时节流孔前后压差消失,在弹簧力作用下关闭燃气阀。此种控制形式的水阀既可设在热水出口侧,也可设在冷水进口侧。因为水阀可设在热水出口侧,故此控制形式被称为后制式。后制式热水器可设置供水管道,热水出口可设在远离热水器的地方,同时可多点供应热水。

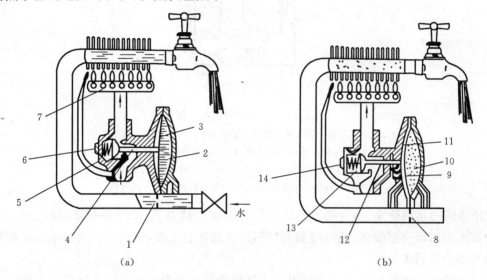

图 8-5 燃气快速热水器工作原理图
(a) 压力式(前制式)热水器 (b) 压差式(后制式)热水器
1、8—节流孔;2—水腔;3、11—薄膜;4、12—阀杆;5、13—燃气阀;
6、14—弹簧;7—燃烧器;9—水腔(低压侧);10—水腔(高压侧)

(二)容积式热水器

容积式热水器能储存较多的水,间歇将水加热到所需要的温度。容积式热水器的储水筒分为开放式(常压式)和封闭式两种。前者是在常压下把水加热,热损失较大,但易除水垢;后者是在承受一定蒸汽压力下将水加热。这种方式热损失较小,但筒壁较厚,除水垢也较困难。图 8-6 为封闭式容积热水器(快速加热型)。

容积式热水器的燃气系统包括:燃气引入管、燃气阀装置、电气点火装置、火焰检测装置(燃烧器安全装置)和主燃烧器等。

水路系统包括给水阀、减压逆止阀、大小储水箱、回流管、出水阀和排水阀等。热

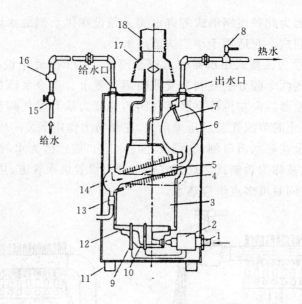

图 8-6 封闭式容积热水器

1—燃气引入管；2—燃气阀装置；3—燃烧室；4—回流管；5—热交换器；
6—储水箱(大)；7—恒温器；8—出水阀；9—火焰检测装置(燃烧器安全装置)；
10—电气点火装置；11—支脚；12—主燃烧器；13—排水阀；14—储水箱(小)；
15—给水阀；16—减压逆止阀；17—安全排烟罩；18—排气筒

交换系统包括燃烧室、热交换器。烟气排除系统包括烟管、安全排烟罩、排气筒。在大储水箱内设有恒温器，通过它和燃气阀门装置联合工作，根据水温变化情况来控制燃气供应量的多少。

火焰检测装置起熄火保护作用。一旦燃烧器中途熄火则立即关断燃气通路。

三、燃气用具的安全使用

燃气燃烧需要消耗氧气，燃气燃烧后排出的废气中含有浓度不同的一氧化碳，当其容积浓度超过 0.16% 时，呼吸 20min，人就会在 2h 内死亡。因此，凡是设有燃气用具的房间，都应设有良好的通风排烟措施。

一般地说，设置燃气热水器的浴室，房间体积应不小于 $12m^3$；当燃气热水器每小时消耗燃气约为 $4m^3$ 时，需要保证每小时有 3 倍房间体积，即 $36m^3$ 的通风量。故设置小型燃气热水器的房间应保证有足够的容积，并在房间墙壁下面及上面，或者门扇的底部或上部，设置不小于 $0.2m^2$ 的通风窗，且通风窗不能与卧室相通，门扇应朝外开，以保证安全。

在楼房内，为了排除燃烧烟气，当层数较少时，应设置各自独立的烟囱。砖墙内烟道的断面应不小于140mm×140mm。对于高层建筑,可设置总烟道排烟。

第四节 室内燃气系统的常见故障及处理

一、概述

随着居民生活水平的不断提高和城市建设的不断发展,我国的城市燃气供应将越来越普及,绝大部分的城市住宅将铺设燃气供应管道。因此对燃气供应系统的管理和维护就显得尤其重要,这就要求物业管理公司提高管理水平,使城市居民能放心使用燃气。

在对室内燃气供应系统进行维护和管理的过程中,物业管理公司的主要对象为燃气供应系统和燃气用户。对燃气供应系统的维护和管理来说,首先是保证系统安全运行。燃气是易燃、易爆和有毒的危险气体,因而,首先要保证燃气管道及设备不漏气,避免发生燃气的中毒或爆炸事故是十分重要的;其次要保证系统正常供气。城市燃气正常供应是关系到国计民生的大事,物业管理部门的职责之一就是要使燃气管道畅通无阻,阀门开关灵活,燃气用具燃烧正常,燃气表计量准确等;最后,还要做好燃气用户的管理。要保证燃气用户能熟练掌握燃气用具的操作方法,熟悉安全操作规程,以避免发生操作事故。

二、室内燃气供应系统的维护与管理

1. 燃气设施的检查和报修

通常采用巡回检查和用户报修相结合的方法,以便及时了解燃气系统的运行状况,发现和处理燃气设备的故障。

2. 燃气设施的保养和维修

对室内燃气管道和设备的养护维修,可以减少管道设备的机械和自然损坏,提高燃气的安全可靠性,并可延长管道和设备中修、大修的周期。

3. 安全用气宣传

通过宣传资料、技术咨询服务等形式,广泛宣传燃气安全使用,使用户了解燃气设施养护等方面的知识,自觉配合专业管理部门保护好室内燃气系统。

4. 室内燃气系统的安全管理

燃气系统的安全管理,是关系到保护国家和人民生命财产不受损失的重要环节。

为了使燃气不发生或少发生燃气事故,必须严格按照国家有关部门颁布的《城市燃气管理规定》,从燃气的使用和燃气设备的销售等方面,切实做好管理,杜绝燃气事故的发生。

三、室内燃气管道及部件的维护

1. 室内燃气管道的外观检查
① 管道的固定是否牢靠,管道有没有锈蚀或机械损伤,管卡、托钩有没有脱落。
② 管道的坡度、坡向是否正确。

2. 室内燃气管道的漏气处理
当室内出现异味时,应意识到可能是燃气系统漏气。

正确查找燃气泄漏点的方法是:用肥皂水涂抹在可能出现漏气的地方,连续起泡,就可以断定此处是燃气泄漏点。查找时可用软毛刷、毛笔或画笔蘸肥皂水涂抹。绝对禁止用明火查找漏气点。

燃气泄漏是很危险的,用户发现漏气应及时采取堵漏应急措施。如遇到室内燃气管道漏气,可用湿布把漏气处的燃气管道包好扎紧;如果漏气点在阀门后,先要将燃气阀门关闭,同时立即报告燃气公司。燃气泄漏很容易在室内形成燃气和空气混合的爆炸性气体,遇明火就会引起燃气爆炸,后果不堪设想;同时,还有引起燃气着火的可能性,若人身躲闪不及也会烧伤。

3. 燃气表的养护与维修
燃气表的维修工作有地区校验和定期检修。按照计量部门的要求,燃气表的地区校验每年进行一次,其使用误差不大于 4%。当用户对燃气表的计量有疑问时也要采用地区校验,以检查计量是否有误差。燃气表的地区校验采用特制的标准喷嘴或标准表进行。

① 标准喷嘴校验。把燃烧器的头部取下来,用标准喷嘴和燃烧器的喷嘴连接,然后点燃标准喷嘴,记录燃气通过的时间,计算出燃气流量后与燃气表的读数比较,两者在±4%的范围内即为合格。

② 标准表校验。把标准表接在要检查的燃气表后面,点燃灶具观测,记录标准表和燃气表的读数,被校验的燃气表与标准表的误差不大于±4%时为合格。有故障的燃气表要及时更换。更换时先关断燃气表前的阀门,再拆下旧表换上新表。在打开阀门检查燃气表无漏气后,点燃灶具工作一会,观测新表是否工作正常。

燃气表在运转过程中会发生各种各样的故障。常见的故障有:漏气、不通气、走慢、走快、指针不动、运行有响声、燃气表爆表等。

燃气表漏气主要是由于表壳开裂、接头松动、填料失去密封性等原因造成的。

燃气表不通气的原因如下。
- 燃气管中的污物堵塞表的入口。
- 表内传动装置发生故障,如牵动臂与膜板开裂;装配不良或折断损坏;翼轴、摇杆、连杆、曲柄轴等处铰链的焊口断裂;曲柄组装不良;气门盖上的焊锡开裂,气门盖生锈、冻结;气门杆折断、损坏等。

燃气表走慢的原因如下。
- 燃气表内部漏气,指针装置发生故障。
- 气门盖与气门座粘连,传动部分阻力增加,牵动臂或活动连杆磨损,使皮膜的膜板冲程增大等造成燃气表走慢。

燃气表走快的主要原因如下。
- 皮膜收缩,皮膜硬化,使计量体积减小而造成燃气表走快。
- 燃气表内部传动装置的机械磨损、运动阻力减小导致燃气表走快。

燃气表指针不动的原因如下。
- 燃气表内部严重漏气。
- 指针装置发生故障。
- 供给的燃气流量过小。

燃气表运行时有响声是因为表内机械系统传动发生故障。这种响声有时随着表内机械传动恢复正常而消失。

燃气表的爆表原因很多,最根本的一条是因为燃气表在室内燃气设施中最为薄弱。当燃气调压器失灵,燃气压力由低压变为中压时,突破口就在燃气表上,引发燃气表爆表。

使用燃气表必须注意以下几点。
- 国家有关部门对燃气表的使用管理有严格的规章规程,当地燃气公司都应将这些规章规程印发给各用户。用户在使用燃气表时一定要按国家有关部门的规定执行。
- 根据国家有关部门规定,燃气表的使用周期最长不超过 3 年,燃气表使用期满时,为了保证用户人身和财产安全及正常用气,燃气公司要定期检修,用户应予密切配合。
- 发现燃气表有漏气或其他不正常现象时,应立即报告燃气公司,千万不可擅自处理,以免发生危险。
- 不得擅自改装燃气管道,移动燃气表的位置,更不准私自拆卸、改装燃气表。私自拆卸、改装燃气表,燃气公司将视为违章行为,应处以罚款。
- 要保持燃气表的外部清洁、卫生。燃气表不能与带腐蚀性的物质接触。燃气表表面的油污、灰尘要随时用湿布轻轻擦拭干净。严禁用酸碱等腐蚀性液体擦洗,或用自来水冲刷。

● 燃气表上禁放物品,避免重物碰撞。

四、室内燃气安全

1. 室内燃气作业注意事项和安全措施

① 作业人员要严格遵守各项燃气操作规程,熟悉所维护的燃气系统情况。

② 室内燃气设施维修通常不允许带气作业,要关闭引入管总阀门,并把管道中的燃气排到室外。维修作业过程中要加强室内的通风换气。

③ 未经主管部门批准,已供气的室内燃气管道,一律不准采用气焊切割和电、气焊作业。必须采用时,要事先编制作业方案。

④ 维修结束后,用燃气置换管道中的空气时,作业范围及周围严禁一切火种。置换时的混合气体不准在室内排放,要用胶管接出排到室外,并应注意周围的环境和风向,避免发生人员中毒或其他事故。

⑤ 室内管道重新供入的燃气在没有放散合格前,不准在燃气灶上点火试验。而应当从管道中抽取气样,在远离作业现场的地方点火试验。

⑥ 带有烟道和炉膛的燃气用具,不准在炉膛内排放所置换的混合气体。燃气用具如果一次点火不成功,应当关闭燃气阀门,在停留几分钟后再进行第二次点火。

⑦ 对引入管的清通和总入口阀门的检修是危险的带气作业,要严格按操作规程作业。

2. 燃气使用的注意事项

① 当燃气与空气混合达到一定浓度时,遇明火即可燃烧或爆炸。地下室发生燃气爆炸时,能使整幢楼房遭受严重破坏。用户要有具备使用燃气条件的厨房,禁止厨房和居室并用;燃气灶不能与取暖炉并用;厨房必须通风,一旦燃气泄漏能及时排出室外。

② 装有燃气设施的厨房切忌住人。燃气中的一氧化碳和某些碳氢化物有毒,一旦燃气发生泄漏,睡在厨房中的人不能及时发现,很容易导致中毒身亡。

③ 使用燃气的厨房里不准堆放易燃易爆物品。在燃气设施上禁止拴绑绳索、吊挂物品,以免造成燃气的泄漏。

④ 使用燃气灶时,要有人在旁看守,防止沸水溢出将火焰浇灭。用小火时防止被风吹灭。

⑤ 要经常检查燃气胶管是否老化、破损。由于温度的影响、重物挤压等因素,都能使胶管产生裂缝而使燃气泄漏。遇到此种情况时应及时更换新管。

⑥ 用完燃气后关闭燃气灶具开关。睡觉之前要检查灶具开关是否关好,并将接入管末端的阀门关闭,不得疏忽大意。

⑦ 在使用燃气时,一定要按程序操作。带有自动点火的灶具一次点不着时,应立即关闭灶具开关,不得将开关打开时间过长,以免燃气外漏。点燃灶具后要观察火焰燃烧是否稳定、正常。火焰燃烧不正常时要调节风门。

⑧ 教育儿童不要随意乱动燃气灶具开关,更不要在有燃气设施的房间内玩火。

⑨ 燃气泄漏时,闻到燃气味道后应立即打开门窗。发现漏气点及时处理,处理不了的应立即报告燃气公司或有关部门采取措施。

3. 安装热水器应注意的事项

目前我国城市有很多直接排气式燃气热水器仍在使用。直排式燃气热水器的燃烧产物均直接排放在室内,给室内使用热水器的人员造成很大危害。因此,安装直排式热水器的房间必须符合以下条件:①房间空间不宜过小;②房间内应具有良好的通风条件,最好装有排风扇或百叶窗(房间的门或墙的上部应有面积不小于 $0.02m^2$ 的百叶窗,门与地面之间留有不小于 30mm 的间隙);③房间墙壁应是耐火墙壁;房间墙壁为非耐火材料时,要加垫隔热板,隔热板每边应比热水器外部尺寸大 10cm;④安装热水器的房间,不得有电力明线和易爆物品。

我国目前已不再生产和销售直排式燃气热水器,取而代之的是烟道式燃气热水器,它把燃气热水器在燃烧过程中所产生的燃烧产物通过烟道直接排向室外,大大增强了使用燃气热水器的安全性。在烟道式热水器中有一类称为强排式燃气热水器,它的燃烧产物是通过设置在热水器排烟口的小风机将燃烧后的烟气强制排放到室外。

 本章综合思考题

1. 常用的燃气有哪几种?各有什么特点?
2. 城市燃气管网根据输送压力不同可分为哪几类?
3. 室内燃气管网由哪几部分构成?
4. 室内调压器的作用是什么?它如何工作?
5. 家用燃气烤箱是如何工作的?
6. 家用燃气热水器有哪几种类型?它们分别是如何工作的?
7. 室内燃气管道发生漏气时如何处理?
8. 燃气表在运转过程中会发生哪些故障?这些故障分别是由什么原因造成的?
9. 室内燃气作业的注意事项和安全措施有哪些?
10. 燃气使用过程中要注意哪些事项?
11. 安装热水器时应注意哪些事项?

第九章

建筑通风及防火排烟系统

本章学习要点

掌握自然通风的基本形式；掌握机械通风的基本概念；掌握离心风机和轴流风机的基本结构；掌握高层建筑防火分区和防烟分区的基本概念；掌握高层建筑机械加压送风防烟的系统构成；掌握高层建筑机械排烟的系统构成；熟悉风管材料及其特性；熟悉高层建筑自然排烟的基本方式；熟悉高层建筑机械排烟系统设计的一般规定；了解热压及风压的基本概念；了解《高层民用建筑设计防火规范》对自然排烟开口面积的规定。

第一节 建筑通风概述

通风是改善室内空气环境的一种重要手段。建筑通风就是把建筑物室内被污染的空气直接或经过净化处理后排至室外，再把新鲜的空气补充进来，从而保持室内的空气环境符合相关标准。前者称为排风，后者称为进风。工程上把为实现进风或排风而采用的一系列设备、装置的总体称为通风系统。

根据空气流动的动力不同，通风方式可分为自然通风和机械通风两种。

一、自然通风

自然通风是利用室外风力造成的风压，或者由室内外温差和空气密度的大小差所产生的热压使空气流动，从而达到室内通风的目的。这种通风系统形式简单，不需要消耗动力，是一种经济的通风方式。其主要缺点是其通风效果受外界自然条件的限制。

1. 热压作用下的自然通风

热压作用下的自然通风，是利用室内外空气温差形成的密度差所产生的热压使室内外空气交换。当室内空气的温度高于室外时，室外空气的密度较大，便从房屋下部的门、窗、孔口进入室内，室内空气则从上部的窗口排出，如图9-1所示。

在进行自然通风的计算中，通常把外墙内外两侧的压差称为余压。当某窗孔余压为正时,窗孔排风;余压为负时,窗孔则进风。当窗孔位于余压为零的等压面上时,则窗孔的上部进风,下部排风。在建筑物中,将余压为零的平面称为中和面,因此位于中和面以下窗孔是进风窗,位于中和面以上的窗孔是排风窗。

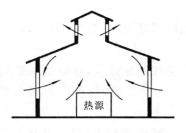
图 9-1　热压作用下的自然通风

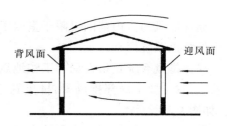
图 9-2　风压作用下的自然通风

2. 风压作用下的自然通风

室外气流与建筑物相遇时,将发生绕流,如图 9-2 所示。由于建筑物的阻挡,建筑物周围的空气压力将发生变化。在迎风面,空气流动受阻,速度减小,静压升高,室外压力大于室内压力。在背风面和侧面,由于空气绕流作用的影响,静压降低,室外压力小于室内压力。与远处未受干扰的气流相比,这种静压的升高或降低称为风压的升高或降低。静压升高,风压为正,称为正压;静压降低,风压为负,称为负压。

如果在风压不同的迎风面和背风面外墙上开两个窗孔,在室外风速的作用下,在迎风面,由于室外静压大于室内空气的静压,室外空气从窗孔流入室内。在背风面,由于室外静压小于室内空气的静压,室内空气从窗孔流向室外,直到流入室内的空气量等于流到室外的空气量时,室内静压保持为某个稳定值。

3. 风压、热压共同作用下的自然通风

当建筑物受到风压和热压的共同作用时,在建筑物外围护结构各窗孔上作用的内外压差等于其所受到的风压和热压之和。由于室外风速、风向经常变化,不是一个稳定可靠的作用因素,为了保证自然通风的效果,在实际的自然通风设计中,通常只考虑热压的作用,但要定性地考虑风压对自然通风效果的影响。

充分利用风压、热压作用下的自然通风是现代绿色建筑的重要内容之一,是改善室内空气品质,创造舒适、健康的室内空气环境应优先采用的技术措施。

二、机械通风

所谓机械通风是指依靠风机作为空气流动的动力来进行的通风。与自然通风相比,机械通风作用范围大,可采用风道把新鲜空气送到任何指定地点或者把任何指定地点被污染的空气直接或经处理后排到室外,前者称为机械进风,后者称为机械排风。同时机械通风的效果可人为控制,几乎不受自然条件的限制。机械通风系统的主要缺点是系统复杂,运行时需要消耗能量,系统需要配置风机、风道、阀门及各种空气处理设备,初始投资较大。

根据通风系统作用的范围不同,机械通风可分为局部通风和全面通风两种。

（一）局部通风

局部通风的作用范围仅限于室内工作地点或局部区域,它包括了局部送风系统和局部排风系统两种。

局部排风系统是指在局部工作地点将污浊的空气就地排除,以防止其扩散的排风系统,它主要由局部排风罩、排风管道系统、空气净化装置、排风机等四大部分组成,如图9-3所示。

局部送风系统是指向局部地点送入新鲜空气或经过处理的空气,以改善该局部区域的空气环境的系统。它又分为系统式和分散式两种。系统式局部送风系统可以对送出的空气进行过滤、加热或冷却处理,如图9-4所示。分散式局部送风系统一般采用循环的轴流风扇或喷雾风扇。

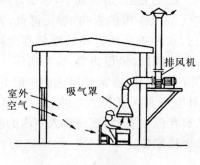

图9-3　局部排风系统

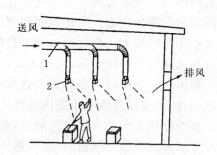

图9-4　局部送风系统
1—风管；2—风口

（二）全面通风

全面通风系统是对整个房间进行通风换气,用新鲜空气把整个房间的有害物浓度冲淡到允许浓度以下,或改变房间的温度、湿度。全面通风所需的风量大大超过局部通风,其相应的设备也较大。

全面通风分为全面送风、全面排风以及全面送风和全面排风都具有的联合通风三大类。

全面送风系统由进风百叶窗、过滤器、空气加热器(冷却器)、通风机、送风管道和送风口等组成,如图9-5所示。通常把进风过滤器、加热设备或冷却设备与通风机集中设置于一个专用的机房内,称为通风室。这种系统适用于有害物发生源比较分散,并且需要保护面积比较大的建筑物。送入室内的空气在完成通风任务后,在室内正压作用下从门、窗自然排出。

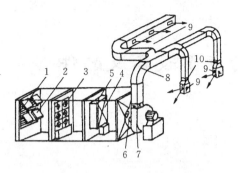 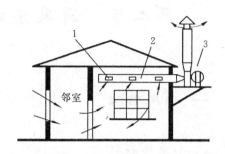

图 9-5 全面送风系统
1—百叶窗；2—保温阀；3—过滤器；4—空气加热器；
5—旁通阀；6—启动阀；7—风机；
8—风道；9—送风口；10—调节阀

图 9-6 全面排风系统
1—排风口；2—排风管道；3—风机

全面排风系统由排风口、排风管道、风机等组成，适用于有害物发生源比较分散的场合，如图 9-6 所示。全面排风系统使室内呈负压，室外新鲜空气通过门、窗进入室内，以维持空气平衡。

送、排风联合作用的通风系统适用于通风面积大，室内有害物发生源多而散，房间密闭性好或无法实现自然进、排风（如地下室）的建筑。这种通风系统的气流组织效果更能保证，但其系统投资和运行费用都较高。

三、通风方式的选择

室内散发热、蒸汽或有害物发生源相对较集中的建筑物，宜优先采用局部排风；当局部排风达不到卫生要求时，应辅以全面排风或采用全面排风。设计局部排风或全面排风时，宜优先采用自然通风。当自然通风达不到卫生或生产要求时，才考虑采用机械通风或自然与机械的联合通风方式。

民用建筑的厨房、厕所、盥洗室和浴室等，宜设置自然通风或机械通风，以进行局部排风或全面换气。普通民用建筑的居住、办公用房等，宜设置自然通风或机械通风，以进行局部排风或全面换气。当建筑物位于严寒地区或寒冷地区时，尚应设置可开启的气窗进行定期换气。

设置机械通风的民用建筑和生产厂房以及辅助建筑中要求清洁的房间，当其周围的空气环境较差时，室内应保持正压；当室内的有害气体和粉尘有可能污染相邻的房间时，室内应保持负压。设置集中供暖且有排风的建筑物，应考虑自然补风（包括利用相邻房间的清洁空气）的可能性。当自然补风达不到室内卫生条件、生产要求或技术经济不合理时，宜设置机械送风系统。对可能突然散发大量有害气体或有爆炸危险气体的生产厂房，应设置事故排风装置。

第二节 通风系统的主要设备及配件

一、通风管道

（一）风管材料

风管的材料有金属材料和非金属材料两大类。金属材料有薄钢板、不锈钢板（防腐）、铝板（防爆）等；非金属材料有玻璃钢板、硬聚氯乙烯塑料板、混凝土风道等。需要经常移动的风管，则大多用柔性材料制成各种软管，如塑料软管、橡胶软管及金属软管等。下面介绍薄钢板风管及其连接方式。

1. 酸洗薄钢板、镀锌薄钢板风管材料

薄钢板用于制作风管及部件、配件，对酸洗薄钢板应先做防锈处理；镀锌薄钢板表面的锌层有防锈性能，使用时应注意保护镀锌层。通风工程所用的薄钢板要求表面光滑平整、厚薄均匀，允许有紧密的氧化铁薄膜，但不得有裂纹、结疤等缺陷。薄钢板可采用咬口连接、铆钉连接和焊接。

（1）咬口连接。咬口采用各种不同规格的咬口机完成，适合于厚度不大于1.2mm的钢板。

（2）铆钉连接。将要连接的板材板边搭接，用铆钉穿边铆在一起。在风管的连接上较少用，但其广泛应用于风管与角钢法兰之间的固定连接。常用的设备有手提式电动液压铆钳机。

（3）焊接。一般有电焊、气焊、锡焊、氩弧焊。电焊适用于厚度大于1.2mm的板材连接和风管与法兰之间的连接。气焊适用于厚度在0.8～3mm之间的薄钢板板间连接，厚度小于0.8mm的钢板用气焊易变形。锡焊仅用于厚度小于1.2mm的薄钢板连接，焊接强度低，耐低温。一般在用镀锌钢板制作风管时，把锡焊作为咬口连接的密封用。

2. 垫料

当风管采用法兰连接时，两法兰片之间应加衬垫。垫料应具有不吸水、不透气和良好的弹性，以保持接口处的严密性。衬垫的厚度为3～5mm，衬垫材质应根据所输送气体的性质来定。输送空气温度低于70℃，即一般通风空调系统时，用橡胶板、闭孔海绵橡胶板等；输送空气或烟气温度高于70℃时，用石棉绳或石棉橡胶板。除尘系统的风管用橡胶板，洁净系统的风管采用软质橡胶板或闭孔海绵橡胶板。高效过滤器的垫料厚度为6～8mm，禁用厚纸板、石棉绳等易产生尘粒的材料作为垫料。

目前国内广泛推广应用的法兰垫料为泡沫氯丁橡胶垫，这种橡胶可以加工成扁条形，宽为20～30mm，厚为3～5mm，其一面带胶，用时扯去胶面上的纸条，将其粘紧在法兰上。使用这种垫料操作方便，密封效果较好。

（二）风管的断面形状

风管的断面形状有圆形和矩形两种。两者相比，在相同断面积时，圆形风管的阻力小、材料省、强度大。圆形风管直径较小时比较容易制造，保温也方便。但圆形风管管件的放样、制作较矩形风管困难，布置时不易与建筑、结构配合。因此在通风除尘工程中常采用圆形风管，在民用建筑空调工程中常采用矩形风管。

矩形风管的宽高比最高可达8∶1，但自1∶1至8∶1，表面积要增加60%。因此，设计风管时，除特殊情况外，宽高比应尽可能接近1∶1，这样可以节省运行能耗和制作安装费用。在工程应用上，一般宽高比应尽可能控制在4∶1以下。

二、风机

风机是通风系统中为空气的流动提供动力，以克服输送过程中的阻力损失的机械设备。在通风工程中应用最广泛的是离心风机和轴流风机。

离心风机主要由叶轮、机壳、机轴、吸气口、排气口等部件组成，如图9-7所示。

离心风机的工作原理是：当装在机轴上的叶轮在电动机的带动下作旋转运动时，叶片间的空气在随叶轮旋转所获得的离心力的作用下，从叶轮中心高速抛出，压入螺旋形的机壳中，随着机壳流通断面的逐渐增加，气流的动压减小，静压增大，以较高的压力从排气口流出。当叶片间的空气在离心力的作用下，从叶轮中心高速抛出后，叶轮中心形成负压，把风机外的空气吸入叶轮，形成连续的空气流动。

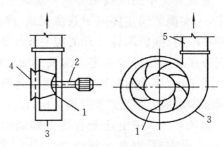

图9-7 离心风机构造示意图
1—叶轮；2—机轴；3—机壳；
4—吸气口；5—排气口

轴流风机的叶轮安装在圆筒形的外壳内，如图9-8所示。当叶轮在电动机的带动下作旋转运动时，空气从吸风口进入，轴向流过叶轮和扩压管，静压升高后从排气口流出。

与离心风机相比，轴流风机产生的压头小，一般用于不需要设置管道或管路阻力较小的场合。对于管路阻力较大的通风系统，应当采用离心风机提供动力。

在排风系统中，为了防止有害物质对风机的腐蚀和磨损，通常把风机布置在空气

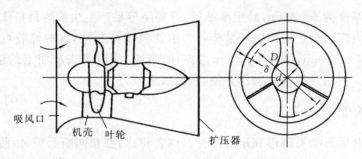

图 9-8　轴流风机构造示意图

处理设备的后面。

风机的主要性能参数如下。

① 风量 L：指风机在工作状态下，单位时间输送的空气量，单位为 m^3/s 或 m^3/h。

② 全压 P：指每立方米空气通过风机后所获得的动压和静压之和，单位为 Pa。

③ 轴功率 N：指电动机加在风机轴上的功率，单位为 kW。

三、风口和风阀

通风系统的末端装置为送、回风口。送、回风口可用铝合金、镀锌钢板、喷漆钢板、塑料等材料制成。送、回风口有许多种，具体参见第七章相关内容。

通风系统中的风阀可分为一次调节阀、开关阀、自动调节阀和防火阀、排烟阀等。其中，一次调节阀主要用于系统调试，调好阀门位置后就保持不变，如三通阀、蝶阀、对开多叶阀、插板阀等。开关阀主要用于系统的启闭，如风机启动阀、转换阀等。自动调节阀是系统运行中需经常调节的阀门，它要求执行机构的行程与风量成正比或接近成正比，多采用顺开式多叶调节阀和密闭对开多叶调节阀；新风调节阀、加热器混合调节阀常采用顺开式多叶调节阀；系统风量调节阀一般采用密闭对开多叶调节阀。

通风系统风道上还要有防火排烟阀门。防火阀应用于有防火要求的通风管道上，发生火灾时，温度熔断器动作，阀门关闭，切断火势和烟气沿风管蔓延的通路，其动作温度为 70℃。排烟阀应用于排烟系统的风管上，火灾发生时，烟感探头发出火灾信号，控制中心接通排烟阀上的直流 24V 电源，将阀门迅速打开进行排烟。当排烟温度达到 280℃时排烟阀自动关闭，排烟系统停止运行。

第三节　高层建筑的防火排烟系统

由于现在高层建筑物的装修中使用了大量可燃有机材料，这些有机材料在发生火灾时会燃烧放出大量有毒烟气。据测定分析,这些烟气中含有 CO、HF、HCl 等多种有毒成分。同时,烟气本身具有遮光作用,使人的能见度下降,而且烟气也会使人产生心理恐慌,这也对疏散和救援活动造成很大的障碍。从而造成大量人员伤亡。据国外对火灾中造成人员伤亡的原因统计表明,在火灾总死亡人数中,40%～50%是被有毒烟气熏死的,而在被火烧死的人中,多数是先中毒窒息晕倒后被烧死的。

因此,高层建筑的防火排烟功能十分重要。高层建筑的排烟一般可采取自然排烟、机械加压送风排烟以及机械排烟。

一、防火分区和防烟分区

为了在火灾发生时,阻止火势、烟气的蔓延和扩散,便于消防人员灭火和扑救,建筑设计时需对建筑区域进行防火分区和防烟分区。所谓防火分区和防烟分区,就是把建筑物划分为若干个防火、防烟单元,当有火灾发生时,把火势和烟气控制在一定的范围内,以减少火灾的危害。

1. 防火分区

根据我国高层建筑设计防火规范的规定:一类高层建筑每个防火分区最大允许面积为 1 000m^2,二类高层建筑 1 500m^2,地下室 500m^2。如果防火分区内设有自动灭火设备,防火分区的面积可增加一倍。

高层建筑的竖直方向通常每层划分为一个防火分区,以楼板为分隔。对于在两层或多层之间设有各种开口,如设有开敞楼梯、自动扶梯的建筑,应把连通部分作为一个竖向防火分区的整体考虑,且连通部分各层面积之和不应超过允许的水平防火分区的面积。

防火分区一般采用防火墙分隔,在商场等大开间的建筑物内则一般采用防火卷帘,为了避免在火灾发生时,防火卷帘不致被高温烘烤,一般在防火卷帘两侧加装水幕系统。

2. 防烟分区

火灾发生时,为了控制烟气的流动和蔓延,确保人员疏散和消防扑救的工作通道,需对建筑进行防烟分区。规范规定:设置排烟设施的走道和净高不超过 6m 的房间,应采用挡烟垂壁、隔墙或从顶棚下突出不小于 0.5m 的梁划分防烟分区。每个防烟分区的面积不宜超过 500m^2,且防烟分区的划分不能跨越防火分区。

在防火、防烟分区的划分中,还应当根据建筑物的具体情况,从防火防烟的角度把建筑物中不同用途的部分划分开。特别是高层建筑中通风空调系统的管道,火灾发生时容易成为烟气扩散的通道,在开始进行设计时就要考虑尽量不要让通风空调管道穿越防火防烟分区。

二、高层建筑的自然排烟

自然排烟是利用风压和热压作动力的排烟方式。它利用房间内可开启的外窗、排烟口、屋顶的天窗、阳台，依靠火灾时所形成的热压或自然界本身的风压将室内所产生的烟气排出。自然排烟具有不需要动力和复杂的装置、结构简单、经济实用等优点。其主要缺点是当利用风压进行自然排烟时，会受室外风力不稳定因素的制约。

（一）高层建筑自然排烟的方式

高层建筑自然排烟的方式主要是利用建筑物的阳台、凹廊或在外墙上设置便于开启的外窗或排烟窗进行排烟。

这种排烟方式是利用高温烟气产生的热压和浮力及室外风压造成的抽力，把火灾产生的高温烟气通过阳台、凹廊或在楼梯间外墙上设置的外窗和排烟窗排至室外，如图 9-9 所示。

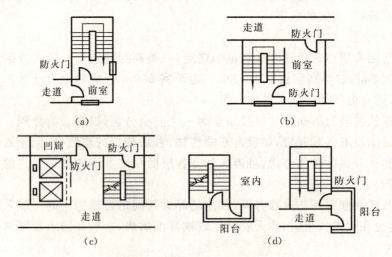

图 9-9　自然排烟方式示意图
(a)靠外墙的防烟楼梯间及其前室　(b)靠外墙的防烟楼梯间及其前室
(c)带凹廊的防烟楼梯间　(d)带阳台的防烟楼梯间

采用自然排烟时，热压的作用较稳定，而风压因受风向、风速和周围遮挡物的影响变化较大。当自然排烟口的位置处于建筑物的背风侧（负压区），烟气在热压和风压造成的抽力作用下，迅速排至室外。但自然排烟口如果位于建筑物的迎风侧（正压区），自然排烟的效果会因风压的大小而不同。当自然排烟口处的风压大于或等于热压时，烟气将无法从排烟口排至室外。因此，采用自然排烟方式时，应结合相邻建筑物对风的影响，将排烟口设在建筑物常年主导风向的负压区内。

从影响高层建筑烟气流动的风压和热压的分布特点可知,采用自然排烟的高层建筑前室或合用前室,如果在两个或两个以上不同朝向上有可开启的外窗(或自然排烟口),火灾发生时,通过有选择地打开建筑物背风面的外窗(或自然排烟口),则可利用风压产生的抽力获得较好的自然排烟效果,图 9-10 所示的是两个不同布置前室自然排烟外窗的建筑平面示意图。

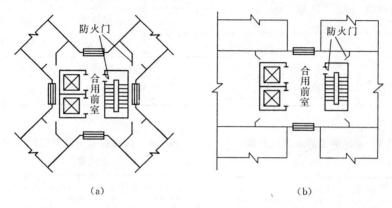

图 9-10　在多个朝向上有可开启外窗的前室示意图
(a)四周有可开启外窗的前室　(b)两个不同朝向有可开启外窗的前室

(二)高层建筑自然排烟开口面积

《高层民用建筑设计防火规范》对自然排烟开口面积有如下规定。

① 防烟楼梯间前室、电梯间前室的可开启外窗面积不应小于 $2m^2$,合用前室的不应小于 $3m^2$。

② 靠外墙的防烟楼梯间每五层内可开启外窗总面积之和不应小于 $2m^2$。

③ 长度不超过 60m 的内走道可开启外窗面积不应小于走道面积的 2%。

④ 需要排烟的房间可开启外窗面积不应小于该房间面积的 2%。

⑤ 净空高度不超过 12m 的中庭可开启的天窗或高侧窗的面积不应小于该中庭面积的 5%。

三、高层建筑的机械加压送风防烟系统

机械加压送风防烟系统在高层建筑中应用最为广泛。主要设置在不具备自然排烟条件的防烟楼梯间、电梯间前室或合用前室;采用自然排烟措施的防烟楼梯间,而不具备自然排烟条件的前室;封闭的避难层等。

高层建筑机械加压送风防烟系统由加压送风机、送风道、加压送风口等几部分组成。

1. 加压送风机

加压送风机可采用轴流风机或中、低压离心风机,风量可按表9-1～表9-4确定。

表9-1　防烟楼梯间(前室不送风)的加压送风量

系统负担层数	加压送风量/(m³/h)
<20 层	25 000～30 000
20～32 层	35 000～40 000

表9-2　防烟楼梯间及其合用前室的分别加压送风量

系统负担层数	送风部位	加压送风量/(m³/h)
<20 层	防烟楼梯间	16 000～20 000
	合用前室	12 000～16 000
20～32 层	防烟楼梯间	20 000～25 000
	合用前室	18 000～22 000

表9-3　电梯前室的加压送风量

系统负担层数	加压送风量/(m³/h)
<20 层	15 000～20 000
20～32 层	22 000～27 000

表9-4　合用前室不具备自然排烟条件时的加压送风量

系统负担层数	加压送风量/(m³/h)
<20 层	22 000～27 000
20～32 层	28 000～32 000

注:① 表9-1～表9-4中的风量按开启 2m×1.6m 的双扇门确定,当采用单扇门时,其风量可乘以 0.75 的系数;当有两个或两个以上的出入口时,其风量应当乘以 1.50～1.75 的系数,开启门洞处的风速不宜小于 0.70m/s。

② 风量上下限的选取应根据楼层数、风道材料、防火门的漏风量等因素综合比较确定。

③ 楼层数超过 32 层时,机械加压送风系统及加压送风量分段设置。

④ 剪刀楼梯间可合用一个风道,其风量按两个楼梯间风量计算,送风口应分别设置。

⑤ 封闭避难层的加压送风量按避难层净面积每平方米不小于 30 m³/h 计算。

全压等于加压送风系统最不利计算管路的压力损失与需送风地点的设计余压之和。

设计余压:防烟楼梯间要求的余压值为 50Pa;防烟楼梯间前室、合用前室、电梯间前室、封闭避难层要求的余压值为 25Pa。

2. 加压送风口

楼梯间的加压送风口应采用自垂式百叶风口或常开的百叶风口。当采用常开的百叶风口时,应在加压送风机出口处设置止回阀。楼梯间的加压送风口一般每隔 2～3 层设置一个。

前室的加压送风口为常开的双层百叶风口,应在每层均设一个。送风口风速不宜大于 7m/s。

3. 加压送风道

加压送风道应采用密实不漏风的非燃烧材料。采用金属风道时,其风速不应大于 20m/s;采用非金属风道时,其风速不应大于 15m/s。

四、高层建筑的机械排烟

机械排烟就是使用排烟风机进行强制排烟,以确保足够的疏散时间和疏散通道的畅通。机械排烟可分为局部排烟和集中排烟两种方式。局部排烟是在每个房间内设置排烟风机进行排烟,适用于不能设置竖风道的空间或旧建筑。集中排烟是将建筑物分为若干个分区,在每个分区内设置排烟风机,通过排烟风道排出各房间内的烟气。

机械排烟的主要优点是:①不受排烟风道内温度的影响,性能稳定;②受风压的影响小;③排烟风道断面小,可节省建筑空间。主要缺点是:①设备要耐高温;②需要有备用电源;③管理和维修复杂。

(一) 机械排烟的设置部位

根据《高层民用建筑设计防火规范》的规定,对一类高层建筑和建筑高度超过 32m 的二类高层建筑的下列部位应设置机械排烟设施。

(1) 无直接自然通风且长度超过 20m 的内走道,或虽然有直接自然通风,但长度超过 60m 的内走道。

(2) 面积超过 100 m^2,且经常有人停留或可燃物较多的无窗房间或设固定窗的房间。

(3) 不具备自然排烟条件或净空超过 12m 的中庭。

(4) 除利用窗井等进行自然排烟的房间外,各房间总面积超过 200m^2 或一间房间面积超过 50m^2,且经常有人停留或可燃物较多的地下室。

(二) 机械排烟系统设计

1. 机械排烟量

根据《高层民用建筑设计防火规范》规定,排烟量的计算按如下要求进行。

(1) 当排烟风机负担一个防烟分区时(包括不划分防烟分区的大空间房间),应按防烟分区面积每平方米不小于 60m^3/h 计算;当负担两个或两个以上防烟分区时,应按最大防烟分区面积每平方米不小于 120m^3/h 计算。一个排烟系统可以负担几个防烟分区,其最大排烟量为 60 000m^3/h,最小排烟量为 7 200m^3/h。

(2) 室内中庭排烟量以其体积大小,按 4~6 次来计算。当室内中庭体积大于 17 000m^3 时,其排烟量按换气次数每小时 4 次计算;当室内中庭体积小于 17 000m^3 时,其排烟量按换气次数每小时 6 次计算。

根据排烟量选择风机时,应附加 10%~30% 的漏风系数。排烟系统的管道,应按系统最不利的条件考虑，也就是按最远两个排烟口同时开启的条件计算。

2．排烟口

设置机械排烟的前室、走廊和房间的排烟口应设在顶棚或靠近顶棚的墙壁上。设在顶棚上的排烟口与可燃物构件或可燃物品的距离不小于 1m。排烟口距该防烟分区最远点的水平距离不应超过 30m。这里的水平距离是指烟气流动路线的水平长度，房间和走道排烟口至防烟分区最远点的水平距离，如图 9-11 所示。

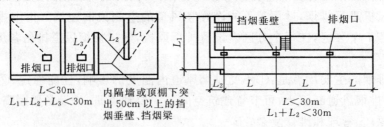

图 9-11　房间和走道排烟口至防烟分区最远点水平距离示意图

走道排烟口与防烟楼梯疏散口的距离无关，但排烟口应尽量布置在与人流疏散方向相反的地方，如图 9-12 所示。

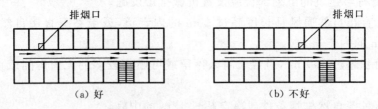

图 9-12　走道排烟口与防烟楼梯疏散口的位置
→→烟气方向；────→人流疏散方向

排烟口平时关闭，当火灾发生时仅打开失火层的排烟口。排烟口应设有手动和自动控制装置，手动开关应设置在距地面 0.8～1.5m 的地方。排烟口和排烟阀应与排烟风机连锁，当任一个排烟口或排烟阀开启时，排烟风机即可启动。当一个排烟口开启时，同一排烟分区内的其他排烟口也能连锁开启。排烟口上应设有风量调节装置，以便使各排烟口之间保持风量、风压的平衡。

3．排烟风道

排烟风道不应穿越防火分区。竖直穿越各层的竖风道应用耐火材料制成，并宜设在管道井内或用混凝土风道。

4．挡烟垂壁

挡烟垂壁是用非燃材料（钢板、夹丝玻璃、钢化玻璃等）制成的固定或活动的挡板，如图 9-13 所示，它垂直向下吊在顶棚上。垂壁高度不小于 0.5m。活动式挡烟垂壁在火灾发生落下时，其下缘距地坪的间距应大于 1.8m。这是因为火灾发生时，烟气受浮力作用聚集在顶棚处,若垂壁下垂高度未超出烟气层,则其防烟是无效的。同时,还应保证在垂壁落下后仍留有人们通过的必要高度。活动式挡烟垂壁可以由烟感探测器或消防控制室进行控制,或是手动控制。

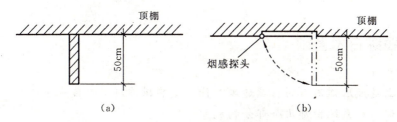

图 9-13 挡烟垂壁示意图
(a)固定式挡烟垂壁 (b)活动式挡烟垂壁

(三)排烟系统的布置

由于通风和空调系统中的风道直接与建筑物中各通风、空调房间相连通,而且风道的过流断面面积比建筑电气暗装线路埋管断面面积、建筑给排水管道断面面积都大得多,因此,风道将会成为烟气传播的通路。所以,在设计高层、多层建筑的集中式通风与空调系统时,必须采取安全可靠的防火排烟措施。

在设计中首先应该注意的是,防火分区和防烟分区的划分应尽可能地与通风、空调系统的划分统一起来,尽量不使风道穿越防火区和防烟区,否则,必须在风道上设置防火阀。

通风和空调系统的风道应采用非燃材料制作,其保温和消声材料应采用非燃或难燃材料;通风、空调系统的进风口应设在无火灾危险的安全地带。

在下列情况下,通风、空气调节系统的风道上应设防火阀。

① 管道穿越防火分区的隔墙孔。
② 穿越通风、空调机房及重要的或火灾危险性大的房间和楼板处。
③ 垂直风道与每层水平风道交接处的水平管段上。
④ 穿越变形缝处的两侧。

另外,在厨房、浴室、厕所等垂直的排风管道上,应采取防止回流措施或在支管上设防止回流措施或在支管上设防火阀。

在有些设计中,为了充分发挥通风、空调系统的作用,把通风风口与机械排烟系统共用,即把通风、空调房间的上部送风口兼作排烟口,在这种共用系统中必须特别注意要采取可靠的防火安全及控制措施。

目前,机械排烟系统多数为独立设置。利用空调系统作排烟系统时,因烟气不允许通过空调器,需装设旁通管和自动切换阀,平时运行时增大了漏风量和阻力。另外,因通风、空调系统的各送风口是连通的,所以将其临时作为排烟口进行排烟时,只能将着火房间或着火处防火分区的排烟口开启,其他的都必须关闭。这就要求通风、空调系统中每个送风口上都要安装自动关闭装置,致使排烟系统的控制更加复杂。因此,一般不用通风空调系统兼作机械排烟系统。

 本章综合思考题

1. 什么是风压作用下的自然通风?什么是热压作用下的自然通风?
2. 局部排风系统由哪几个部分构成?
3. 什么是全面通风?全面机械送风系统及全面机械排风系统各由哪几个部分构成?
4. 在通风系统中,薄钢板风管有哪几种连接方式?
5. 在通风系统中,圆形通风管道和矩形通风管道各有什么优缺点?
6. 风机的主要性能参数有哪些?
7. 什么是高层建筑的防火分区和防烟分区?在高层建筑中如何划分防火分区和防烟分区?
8. 《高层民用建筑设计防火规范》对自然排烟开口面积有什么规定?
9. 高层建筑机械加压送风防烟系统由哪几个部分构成?
10. 什么是挡烟垂壁?如何设置挡烟垂壁?
11. 在通风空调系统中,哪些部位应设防火阀?

第十章

空气调节

本章学习要点

掌握常见的空调系统的分类方法及特点；掌握集中式空调系统的构成及系统常用的设备；掌握空调房间设计参数的确定方法；熟悉空气热湿处理及消声减振设备工作的基本原理；熟悉最小新风量的概念；熟悉压缩式制冷机的工作原理；熟悉冷源水系统的形式；了解空调房间冷负荷的确定方法；了解空调房间气流组织形式；了解吸收式制冷机的工作原理。

第一节 空调系统的分类

空气调节技术简称"空调"技术，是指为了满足人们生活、生产或工作需要，改善环境条件，用人工的方法使室内空气的温度、相对湿度、洁净度和气流速度等参数达到一定要求的技术。空调技术在促进国民经济和科学技术的发展、提高人们的精神和物质生活水平等方面都具有重要意义。根据所服务的对象不同，空调可分为舒适性空调和工艺性空调两大类，前者主要是为了满足人体的热、冷舒适感觉，如商场、宾馆等设置的空调系统；后者则主要是为了满足生产工艺对生产环境的要求，如半导体生产车间、手表装配车间的空调系统等。

空调系统是指需要采用空调技术来实现的具有一定温度、湿度等参数要求的室内空间及所使用的各种设备的总称。它通常包括空气处理设备、空气输送管道、空气分配装置、冷热源以及电气控制设备等几个基本部分组成。

通常把空调系统所服务的对象称为工作区（空调区），工作区是指距地面 2m 以下，离墙 0.5m 以内的空间。在此空间内应保持所要求的室内空气参数。

对大多数空调房间的控制，主要是控制室内空气的温度和相对湿度。对温度和相对湿度的要求通常用空调基数和允许波动范围（空调精度）来表示。其中，前者是要求保持室内温度和相对湿度的基准值，后者则是允许工作区内控制点的实际参数偏离基准参数的差值。例如，某空调房间室内设计温度 $t_N=(25\pm1)$℃，相对湿度 $\varphi_N=(50\pm10)\%$，其中 25℃ 和 50% 是空调基数，±1℃ 和 ±10% 是允许波动的范围（空调精度)。

一、根据空气处理设备的布置情况来分类

根据空气处理设备的布置情况来分,空调系统一般可分为三种形式。

1. 集中式空调系统

集中式空调系统的特点是所有的空气处理设备,包括风机、冷却器、加湿器、过滤器等都设置在一个集中的空调机房。空气处理所需要的冷热源是由集中设置的冷冻站、锅炉房或热交换站集中供给的,由系统集中运行调节和管理。

2. 半集中式空调系统

半集中式空调系统的特点是除了设有集中处理新风的空调机房和集中冷热源外,还设有分散在各个空调房间里的二次设备(末端装置)来承担一定的空调负荷,对送入空调房间的空气做进一步的补充处理。如在一些办公楼、旅馆饭店中所采用的新风在空调机房集中处理,然后与由风机盘管等末端装置处理的室内循环空气一起送入空调房间的系统就属于半集中式空调系统。半集中式系统空气处理所需要的冷热源也是由集中设置的冷冻站、锅炉房或热交换站集中供给的。

人们常把集中设置冷、热源的空调系统称为中央空调系统。因此,集中式空调系统和半集中式空调系统都属中央空调系统。

3. 局部空调系统

局部空调系统是把空气处理所需要的冷、热源、空气处理和输送设备集中设置在一个箱体内,组成一个结构紧凑、可单独使用的空调系统。空调房间所使用的窗式、分体式和柜式空调器即属于这种系统。

二、按负担室内负荷所用的介质种类来分类

1. 全空气系统

全空气系统是指空调房间的室内负荷全部由经过处理的空气来负担的空调系统。如图 10-1(a)所示,在室内热湿负荷为正值的场所,用低于室内空气焓值的空气送入房间,吸收余热余湿后排出房间。由于空气的比热小,需要用较多的空气量才能达到消除余热余湿的目的,因此当空调房间大、负荷大时,系统风管尺寸就较大。

2. 全水系统

全水系统是指空调房间的热湿负荷全靠水作为冷热介质来负担的空调系统,如图 10-1(b)所示。由于水的比热比空气大得多,所以在相同条件下只需较小的水量,从而使管道所占的空间减小许多。但是这种系统无法解决房间的通风换气问题,因而通常不单独使用。

3. 空气-水系统

空气-水系统是指空调房间的热湿负荷一部分由经过处理的空气来承担,另一部

分由作为冷热介质的水来承担的空调系统,如图 10-1(c)所示。它结合了全空气系统和全水系统的优点,克服了它们的缺点,是目前应用较广泛的一种空调系统。

4. 制冷剂系统

这种系统将制冷系统的蒸发器直接放在室内来吸收余热、余湿,如图 10-1(d)所示。这种系统通常用于分散安装的局部空调机组。近年来也在小型建筑物中用作集中空调系统,如 VRV 系统,但需考虑新风问题。

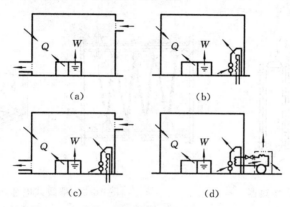

(其中,Q 指余热,W 指余湿)

图 10-1 按负担室内负荷所用的介质种类对空调系统分类示意图
(a)全空气系统 (b)全水系统 (c)空气-水系统 (d)制冷剂系统

第二节 空气处理

为了满足空调房间的温度及湿度要求,对送入空调房间的空气必须进行处理,达到设计要求后才能送入空调房间。空气处理过程包括加热、冷却、加湿、去湿、净化、消声等,不同的系统应用上有不同的要求。

一、空气的加热

在空调系统中,广泛使用的空气加热设备有表面式空气加热器和电加热器。前者主要用于集中式空调系统的空调箱和半集中式空调系统的末端装置中,后者主要在空调系统送风支管上作为精调节设备。在恒温恒湿空调机组中也用电加热器进行加热。

1. 表面式空气加热器

表面式空气加热器的热媒是热水或水蒸气,热水或水蒸气在加热器换热管内流动,被加热处理的空气在换热管外流动,空气和热媒之间的换热是通过换热器外表面进行的。图10-2所示为肋片管式换热器外形图,它是用于集中加热空气的一种表面式空气加热器。不同型号的加热器,其管道及肋片的材料和构造形式多种多样。根据肋片加工的不同,可以制成串片式、螺旋翅片管式、镶片管式、轧片管式等几种不同的空气加热器。

用于半集中式空调系统末端装置中的加热器,通常称为"二次盘管"。它们有的专为加热空气用,有的在冬季用作加热器、在夏季用作冷却器。

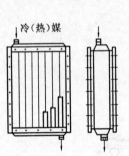

图10-2 肋片管式换热器

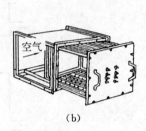

图10-3 裸线式电加热器
(a)裸线式电加热器构造图 (b)抽屉式电加热器外形图
1—钢板;2—隔热层;3—电阻丝;4—瓷绝缘子

2. 电加热器

电加热器有裸线式和管式两种结构。裸线式电加热器的构造如图10-3(a)所示,它具有结构简单、热惰性小、加热迅速等优点。但由于加热丝易烧断,安全性差,使用时必须有可靠的接地装置。为方便检修,常做成抽屉式的,如图10-3(b)所示为抽屉式电加热器。

管式加热器的构造如图10-4(a)所示,它是把电热丝装在特制的金属套管内,并在空隙部分用导热但不导电的结晶氧化镁绝缘。与裸线式加热器相比,管式电加热

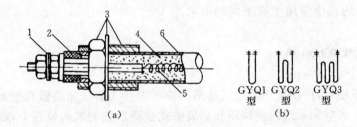

图10-4 管式电加热器
(a)管式电加热器构造图 (b)发热管布置形式
1—接线端子;2—瓷绝缘子;3—紧固装置;4—绝缘材料;5—电阻丝;6—金属套管

器较安全,但它的热惰性较大。在实际工程中管式电加热器应用较多。图 10-4(b) 所示为管式电加热器发热管常见的几种布置形式。

二、空气的冷却

冷却去湿是夏季空调系统对空气的基本处理的功能。空气冷却设备主要有表面式空气冷却器(简称表冷器)和喷水室。在民用建筑空调系统中,应用最多的是表冷器。

1. 表面式空气冷却器

空气冷却器分为水冷式和直接蒸发式两种类型。水冷式表面空气冷却器与表面式空气加热器原理相同,只是换热器的换热管中通过的是冷水。直接蒸发式表面空气冷却器就是制冷系统中的蒸发器,这种冷却方式是靠制冷剂在冷却器中直接蒸发吸热而使流过其外表面的空气被冷却。

表面式空气冷却器能对空气进行等湿冷却(使空气的温度降低,但含湿量不变)和去湿冷却(空气的温度和含湿量同时降低)两种处理过程,这取决于冷却器表面的温度是高于或是低于被处理空气的露点温度。对于去湿冷却过程,需在表冷器下部设集水盘,以接收和排除凝结水,集水盘的安装如图 10-5 所示。

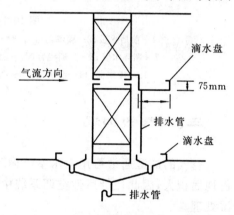

图 10-5 集水盘的安装

用表面式空气冷却器处理空气,具有设备结构紧凑、机房占地面积少、冷冻水可密闭循环不受污染,以及操作管理方便等优点,因此其应用非常广泛。其主要缺点是不便于严格控制和调节被处理空气的相对湿度。

2. 喷水室

喷水室是由喷嘴、喷水管路、挡水板、集水池和外壳等组成,如图 10-6 所示。集水池设有回水、溢水、补水和泄水等四种管路和附件。在喷水室中通过喷嘴直接向空气中喷淋大量的雾状水滴,当被处理的空气与雾状水滴接触时,两者产生热、湿交换,使被处理的空气达到所要求的温度和湿度。

使用喷水室几乎可以实现空气处理的各种过程。特别是对被处理空气的湿度控制有很好的效果,目前广泛应用于要求严格控制空气的相对湿度(如化纤厂)或要求空气具有较高的相对湿度(如纺织厂)等工艺性空调系统中。

用喷水室处理空气的主要缺点是耗水量大、喷水室占地面积大,以及水系统比较复杂、水易受污染等,目前在舒适性空调中应用不多。

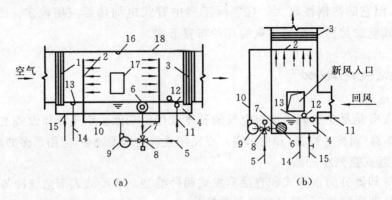

图 10-6　喷水室构造图

1—前挡水板；2—喷嘴与排管；3—后挡水板；4—底池；5—冷水管；6—滤水器；
7—循环水管；8—三通混合阀；9—水泵；10—供水管；11—补水管；12—浮球阀；
13—溢水器；14—溢水管；15—泄水管；16—防水灯；17—检查门；18—外壳

三、空气的加湿

空气的加湿通常可用喷水室喷循环水和直接向空气中喷干蒸汽完成,因喷水室占地面积大,因此在舒适性空调系统中多用干蒸汽加湿器来完成对被处理空气的加湿处理。

蒸汽加湿的方法是用普通喷管(多孔管)或专用的蒸汽加湿器将来自锅炉房的水蒸气喷入空气中,如图 10-7 所示。

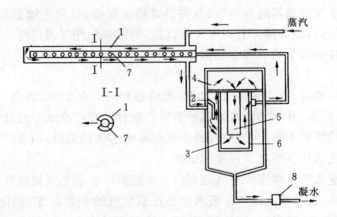

图 10-7　干蒸汽加湿器

1—喷管外套；2—导流板；3—加湿器外筒体；4—导流箱；
5—导流管；6—加湿器内筒体；7—加湿器喷管；8—疏水器

也可以用电加湿器产生蒸汽来加湿空气。电加湿器是利用电能将水加热产生蒸汽,从而使被处理的空气加湿的,如图10-8所示。电加湿器结构紧凑,加湿量易于控制,但耗电量大,因此仅适用于无蒸汽源或加湿量较少的小型空调系统。

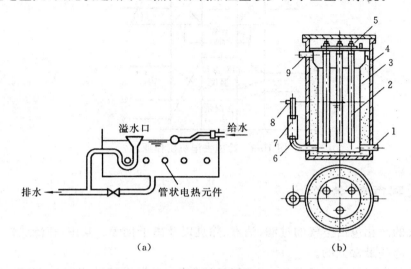

图 10-8　电加湿器
（a）电热式加湿器　（b）电极式加湿器
1—进水管；2—电极；3—保温层；4—外壳；5—接线柱；
6—溢水管；7—橡皮短管；8—溢水口；9—蒸汽出口

超声波加湿器也可对空气进行加湿。超声波加湿器是利用超声波使水雾化成小液滴,小液滴放散到空气中去以后蒸发成水蒸气从而达到加湿空气的目的。超声波加湿器一般用于直接对空调房间里的空气进行加湿。

必须注意的是,在喷蒸汽加湿空气时,空气的变化过程近似于等温变化,而超声波加湿器加湿空气则是等焓变化,空气的温度将降低。

四、空气的去湿

在春夏季节,当空气湿度比较大时,可以用空气去湿设备降低空气的湿度,使空气干燥。民用建筑中使用的空气去湿设备主要是冷冻去湿机。

冷冻去湿机由制冷系统、风机以及控制部分组成。如图 10-9 所示,待处理的潮湿空气先通过制冷系统的蒸发器,由于蒸发器表面的温度低于空气的露点温度,因此空气不仅被降低温度,而且空气中所含有的部分水蒸气会凝结成水并析出,这样便达到了空气去湿的目的。已冷却去湿的空气随后经过制冷系统的冷凝器时又被加热升温,从而降低了空气的相对湿度。

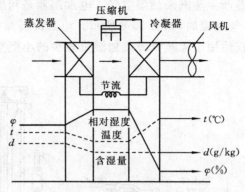

图 10-9　冷冻去湿机工作原理

五、空气的净化

空气的净化包括空气的过滤、消毒、除臭以及离子化等。其中,在舒适性空调中,空气的过滤是最常见的。

对空气进行过滤的设备称为"空气过滤器"。根据过滤效率来分,空气过滤器分为初效、中效、亚高效和高效过滤器等四种。为了便于更换,空气过滤器一般做成块状,如图10-10所示。此外,为了提高过滤器的过滤效率和增大额定风量,可做成抽屉式过滤器(见图 10-11)或袋式过滤器(见图 10-12)。

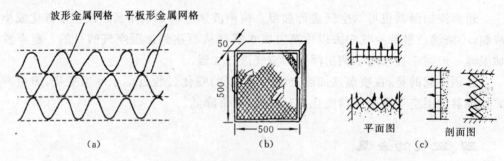

图 10-10　初效过滤器(块状)
(a) 金属网格滤网　(b) 过滤器外形　(c) 过滤器安装方式

初效过滤器主要用于对空气的初级过滤,过滤粒径为 $10\sim100\mu m$ 的大颗粒灰尘。通常采用金属网格、聚氨酯泡沫塑料以及各种人造纤维滤料制作。

中效过滤器主要用于过滤粒径为 $1\sim10\mu m$ 的大颗粒灰尘。通常采用玻璃纤维、无纺布等滤料制作。为了提高过滤效率和处理较大风量,常做成抽屉式或袋式过滤器。

高效过滤器主要用于对空气洁净度要求较高的净化空调系统。通常采用超细玻璃纤维、超细石棉纤维等滤料制作。

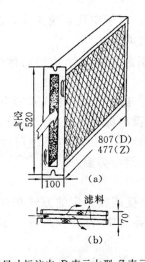

（图中尺寸标注中，D 表示大型，Z 表示中型）

图 10-11　抽屉式过滤器

（a）外形　（b）断面形状

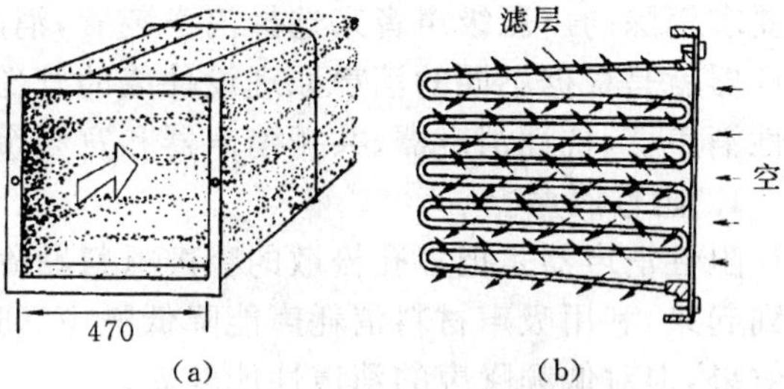

图 10-12　袋式过滤器

（a）外形　（b）断面形状

六、组合式空调器

工程上常把各种空气处理设备、风机、消声装置、能量回收装置等分别做成箱式的单元，按空气处理过程的需要进行选择和组合。根据要求把各段组合在一起，称为组合式空调器，如图 10-13 所示。

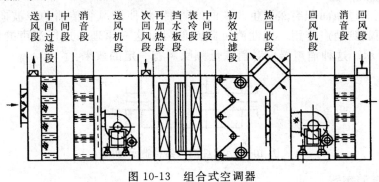

图 10-13　组合式空调器

七、消声与减振

（一）消声

噪声是指人们生活和工作所不需要的声音。噪声的判断还与人们的主观感觉和心理因素有关,即一切不希望存在的干扰声都称为噪声。对于空调系统来讲,噪声主要是指由通风机、制冷机、机械通风冷却塔等设备产生的声音。

噪声有三种传播途径:①通过空气传播;②由振动引起的建筑结构的固体传播;③通过风管传播。

当噪声源使空调房间产生的声压高于允许的噪声标准时,就需要根据噪声各频带要求消除的声压级声音来选择消声装置,消除在室内噪声标准之上的那部分声能。消声器就是根据不同的消声原理设计成的管路构件,按所采用的消声原理可以分为阻性消声器、抗性消声器、共振消声器和宽频带复合消声器等类型。

1. 阻性消声器

阻性消声器是把多孔松散的吸声材料贴附在管道内壁或按一定的方式在管道内排列起来,利用吸声材料消耗声能降低噪声。这种消声器对中、高频噪声有一定的消声效果,但对低频噪声的消声性能较差。

阻性消声器有多种类型,常用的有管式、片式和格式消声器,构造如图10-14所示。

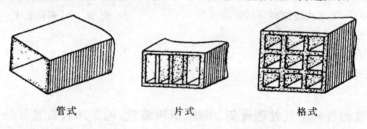

管式　　　　　片式　　　　　格式

图10-14　阻性消声器构造示意图

2. 抗性消声器

当气流流过截面积突然发生改变的风管时,将使沿风管传播的声波向声源方向反射回去而起到消声作用。抗性消声器就是利用这一原理来进行消声的,其构造如图10-15所示。这种消声器仅对消除低频噪声有一定的效果。

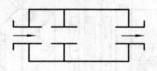

图10-15　抗性消声器构造示意图

3. 共振消声器

如图10-16所示,小孔处的空气柱和共振腔内的空气构成一个弹性振动系统。当外界噪声的振动频率与该弹性振动系统的振动频率相同时,引起小孔处的空气柱强烈共振,空气柱与孔壁发生剧烈摩擦,声能就会因克服摩擦阻力而消耗,从而使噪声声压级降低。这种消声器有消除低频噪声的性能,但其消声的频率范围很窄。

4. 宽频带复合消声器

上述各种消声器均只能消除某一频率范围内的噪声。为了弥补各消声器单独使

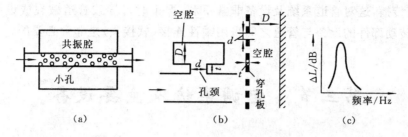

图 10-16 共振消声器
(a) 消声器示意图　(b) 共振吸声结构　(c) 消声特性

用时的不足,常将上述几种消声器综合在一起使用,以扩大其消声的频率范围,满足工程实际的需要,如由阻性消声器和抗性消声器组合而成的复合消声器,由阻性消声器和共振消声器组合而成的复合消声器等。这些复合消声器对高、中、低频噪声均有较好的消声效果。

(二) 减振

空调系统中的风机、水泵、制冷压缩机等设备运转时,会由于转动部件的质量中心偏离转轴中心而产生振动。该振动将传递给其支承结构(基础或楼板),并以弹性波的形式沿房屋结构传到其他房间,又以噪声的形式出现,这种噪声称为固体声。当振动影响某些工作的正常进行,或危及建筑物的安全时,需采取减振措施。

为减弱振源传给支承结构的振动,需消除它们之间的刚性连接,即在振源与支承结构之间安装弹性构件,这些弹性构件称为减振器。空调工程中常用的减振器有弹簧减振器、橡胶减振器及由金属弹簧与橡胶组合的减振器,如图 10-17 所示。

由转动部件的设备(如冷水机组、水泵、风机等)运转时产生的振动会沿着与其连

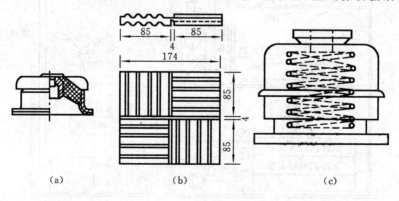

图 10-17 减振器
(a) JG 型橡胶减振器　(b) SD 型橡胶隔振垫　(c) 弹簧减振器

接的管道传播,这对管道系统及设备非常不利,严重时可导致管道破裂或设备损坏。因此,有转动部件的设备与管道之间采用柔性连接(软接头)是非常必要的。

第三节 空调系统及主要设备

随着空调技术的发展和新的空调设备的不断推出,空调的应用日益增多,设计人员可根据空调对象的性质、用途、室内设计参数要求、运行能耗以及冷热源和建筑设计等方面的条件合理选用。

一、集中式空调系统

集中式空调系统属于全空气系统,它是一种最早出现的基本的空调方式。由于它服务的面积大,处理的空气量多,技术上也比较容易实现,现在仍然得到广泛应用,特别是用在恒温恒湿、洁净室等工艺性空调场合。

1. 集中式空调系统的组成

集中式空调系统的所有空气处理设备,包括风机、冷却器、加热器、加湿器、过滤器等都设置在一个集中的空调机房里。空气处理所需的冷、热源由集中设置的冷冻站(制冷机房)、锅炉房或热交换站供给,其组成如图 10-18 所示。

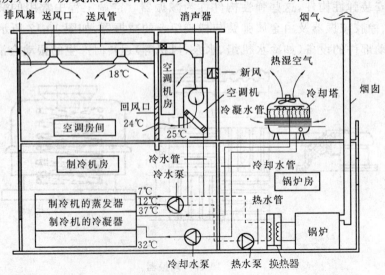

图 10-18 集中式空调系统示意图

2. 集中式空调系统的分类

在集中式空调系统中,根据系统处理的空气来源不同可分为以下几种。

(1) 封闭式系统。

封闭式系统处理的空气全部来自室内,没有室外新鲜空气补充,如图 10-19(a) 所示。这种系统冷、热耗量最少,但卫生条件很差,适用于仓库等经常无人但需要空调的房间。

(2) 直流式系统。

直流式系统与封闭式系统相反,系统处理的空气全部来自室外的新鲜空气,将其送入空调房间吸收了室内的余热、余湿后全部排放到室外,适用于不允许采用回风的场合,如图 10-19(b) 所示。这种系统的冷、热耗量最大,但卫生条件好。

(3) 混合式系统。

上述两种空调系统各有优缺点,因此两者都只是在特定的情况下使用。对于绝大多数空调系统,为了减少空调耗能并满足室内人员的卫生条件要求,故使用部分回风和室外新风,这种系统称为混合式系统,如图 10-19(c) 所示。

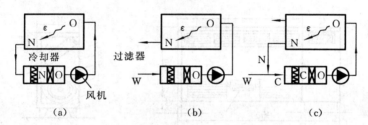

图 10-19　普通集中式空调系统的三种形式
(a) 封闭式系统　(b) 直流式系统　(c) 混合式系统
N—室内空气;W—室外空气;C—混合空气;O—冷却后的空气

3. 集中式空调系统的特点

集中式空调系统的主要优点是空调设备集中设置在专门的空调机房里,管理维修方便,消声防振也比较容易;空调机房可以使用较差的建筑空间,如地下室、屋顶间等;可根据季节变化调节空调系统的新风量,节约运行费用;使用寿命长,初始投资和运行费用比较少。

集中式空调系统的主要缺点是用空气作为输送冷热量的介质,需要的风量大,风道又粗又长,占用建筑空间较多,施工安装工作量大,工期长;一个系统只能处理一种送风状态的空气,当各房间的热、湿负荷的变化规律差别较大时,不便于运行调节;当只有部分房间需要空调时,仍然要开启整个空调系统,造成能源上的浪费。

从上面的阐述可知,当空调系统的服务面积大,各房间热湿负荷的变化规律相近,各房间使用时间也较一致的场合中,采用集中式空调系统较合适。

二、风机盘管空调系统

风机盘管空调系统属于半集中式空调系统。它在每个空调房间内设置风机盘管机组，作为系统的末端装置，但它的冷、热媒是集中供给的，因此它也是我们常称的中央空调系统的一种形式。风机盘管机组采用水作输送冷热量的介质，具有占用建筑空间少、运行调节方便等优点，同时，新风可单独处理和供给，使空调室内的空气质量也得到了保证，因此，近年来这种空调系统得到了广泛的应用。

1. 风机盘管的构造

风机盘管是由风机和表面式换热器(盘管)组成，其构造如图10-20所示。风机采用前向多翼离心风机或贯流风机，电动机多为单向电容调速低噪声电动机，通过调节输入电压，改变风机转速，使之能变成高、中、低三档风量。盘管一般采用铜管套铝散热片，由于机组要负担空调室内负荷，盘管的容量较大(一般3～4排)，通常是在湿工况下运行，所以必须敷设排凝结水的管路。

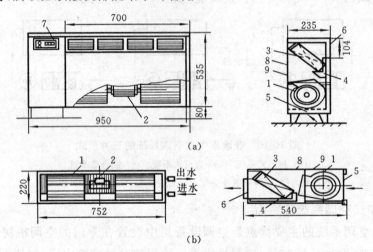

图 10-20 风机盘管构造示意图
(a) 立式　(b) 卧式

1—风机；2—电动机；3—盘管；4—凝结水盘；5—循环风进口及过滤器；
6—出风格栅；7—控制器；8—吸声材料(箱体内壁面)；9—箱体

风机盘管的冷量一般采用风量调节，也可以采用水量调节。可在盘管回水管上安装电动二通(或三通)阀，通过室温控制器控制阀门的开启，从而调节风机盘管的供冷(热)量。

2. 风机盘管空调系统的组成

独立安装的风机盘管系统虽然能负担全部室内负荷,但由于解决不了房间的通风换气问题,因此很少采用。现代空调系统中所设置的风机盘管系统通常都是和新风系统共同运行,组成空气-水系统的空调方式。因此,也可以说风机盘管空调系统是由风机盘管机组、新风系统和水系统三部分组成。水系统部分除了凝结水的供回水管道之外,还包括为了收集排放夏季湿工况运行时产生的凝结水而设置的凝结水管。

风机盘管机组一般的容量范围:风量为 $250\sim850m^3/h$,冷量为 $2.3\sim7kW$;风机电动机功率一般在 $30\sim100W$ 范围内。

风机盘管空调系统的主要优点是布置灵活,各房间可独立地通过风量、水量(或水温)的调节,以改变室内的温度和湿度。此外,当房间无人时可关闭风机盘管机组而不会影响其他房间,节省了运行费用。主要缺点是对机组制作有较高的质量要求,否则维修工作量很大。此外,在噪声控制要求严格的地方,由于风机转速不能过高,风机余压较小,使气流流动受到限制,一般只适用于进深小于 6m 的场合。

3. 风机盘管空调系统的新风供给方式

新风系统是为了满足室内卫生要求而给空调房间补充新风的设施。风机盘管空调系统的新风供给方式主要采用独立新风系统。

独立新风系统是将新风按一定参数处理,根据所处理空气参数的情况,新风系统可承担新风负荷以及部分空调房间的冷、热负荷。在过渡季节,可增大新风量,必要时可关掉风机盘管机组,单独使用新风系统。具体的做法有以下两种。

(1) 新风管单独接入室内。

这时送风口可以紧靠风机盘管的出风口,也可以不在同一地点,从气流组织的角度来讲是希望两者混合后再送入工作区。

(2) 新风接入风机盘管机组。

在这种处理方法中,新风和回风先在混合箱内混合,再经风机盘管处理后送入房间。在这种情况下,由于新风经过风机盘管,风量增加,使风机的运行能耗增加,噪声增大,盘管只能在湿工况下运行。

三、局部空调机组

局部空调机组实际上是一个小型的空调系统。它体积小、结构紧凑、安装方便、使用灵活,在空调工程中是必不可少的设备,特别是在舒适性空调系统中得到了广泛的应用。

1. 局部空调机组的类型与构造

局部空调系统种类很多,大致可按以下方式分类。

(1) 按容量大小划分。

窗式空调器。容量较小,冷量一般在 7kW 以下,风量在 1 200m³/h 以下。

分体式空调器。与窗式空调器不同的是,它由室外机和室内机两部分组成。将运转时产生较大噪声的压缩机及冷凝器安装在一个箱体内,安装在空调房间外,称为室外机;将蒸发器及自动控制部件安装在一个箱体内,安装在空调房间内,称为室内机。然后用管道将室内机和室外机中的制冷部件连接成一个制冷系统。分体式空调器主要优点是运行噪声低。

立柜式空调器。容量较大,冷量一般在 70kW 以下,风量在 20 000 m³/h 以下。

(2) 按冷凝器的冷却方式划分。

水冷式空调器。一般用于容量较大的机组,但用户要具备水源和冷却塔。

风冷式空调器。一般用于容量较小的机组(如窗式空调器、分体式空调器等),靠空气将冷凝器的热量带走。

(3) 按供热方式划分。

普通式空调器。它有两种形式,一种是单冷型,即只夏季供冷,冬季不供热;另一种是夏季供冷,冬季用电加热空气供热。

热泵式空调器。在冬季仍然由制冷机工作,只是通过一个四通换向阀使制冷剂作供热循环。这时原来的蒸发器变为冷凝器,空气通过冷凝器时被加热送入房间,如图 10-21 所示。热泵循环的经济性以消耗单位能量所得到的供热量来衡量,称为供热系数。

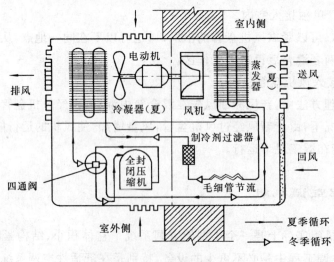

图 10-21 热泵式空调机

在冬季向建筑物供热时,采用热泵空调器比采用电加热器直接加热更节省电能。如某热泵空调,其供热系数为 3.4,则消耗 1kW 的电能可以向室内供应 3.4kW 的热量;而对于直接用电加热,消耗 1kW 的电能只能向室内供应 1kW 的热量。而且电能属高品位的能量。应从节能出发,提高能源利用效率。

2. 空调机组的能效比

空调机组的经济性通常用称为能效比(EER)的指标来评价,其公式为

$$EER = 机组在名义工况下的制冷量/整台机组的耗功率$$

机组在名义工况(又称为额定工况)下的制冷量是指机组在国家有关标准规定的进风湿球温度、风冷冷凝器进风空气的干湿球温度等检验工况下测得的制冷量。其大小与产品的质量和性能有关。目前空调机组的能效比在 2.5~3.2 之间。

第四节 空调冷源及制冷机房

一、空调冷源

空调冷源分为天然冷源和人工冷源。

天然冷源是指自然界本身存在的温度较低的介质。利用这些低温介质可以降低空调房间的温度,如深井水、山涧水、天然冰、地道风等。天然冷源具有成本低、无污染、技术简单等优点。但天然冷源的利用又具有很大的局限性,如地下水的过量开采会引起地陷,利用深井回灌技术容易污染地下水源等。因此在建筑空调系统中多采用人工冷源。

人工冷源是指采用制冷设备制取冷量。用来制冷的设备通常又叫做制冷机。根据制冷设备所使用的能源类型不同,制冷机可分为压缩式制冷机、吸收式制冷机和蒸汽喷射式制冷机。下面对在民用建筑中使用较多的前两种制冷机进行说明。

1. 压缩式制冷机

压缩式制冷机的工作原理是利用"液体汽化要吸收热量"这一物理特性,通过制冷剂的一系列热力循环,以消耗一定量的机械能作为补偿条件来达到制冷的目的。

压缩式制冷机由制冷压缩机、冷凝器、膨胀阀和蒸发器等四个主要部件组成,这四个部件用管道连接起来,构成一个封闭的循环系统,如图 10-22 所示。图中点画线外的部分是制冷段,贮液器中高温高压的液态制冷剂经膨胀阀降压降温后进入蒸发器,在蒸发器中吸收被冷却介质的热量汽化后进入压缩机。同时,蒸发器周围的介质失去热量,温度降低。

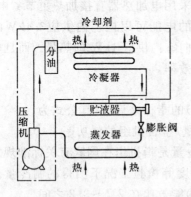 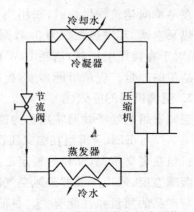

图 10-22　液体气化制冷原理示意图　　图 10-23　蒸气压缩式制冷系统

　　点画线内的部分称为液化段,其作用是使在蒸发器中吸热气化的低温低压气态制冷剂重新液化去制冷。其方法是先用压缩机将其压缩为高温高压的气态制冷剂,然后在冷凝器中利用外界常温下的冷却剂(如水、空气等)将其冷却为高温高压的液态制冷剂,重新回到贮液器中用于制冷。

　　由此可见,蒸气压缩式制冷系统是通过制冷剂(如氨、氟利昂等)在如图 10-23 所示的压缩机、冷凝器、膨胀阀、蒸发器等热力设备中进行的压缩、放热、节流、吸热等热力过程,来实现一个完整的制冷循环。

　　① 制冷压缩机。制冷压缩机是制冷机的心脏。它的主要作用是从蒸发器中抽吸气态制冷剂,以保证蒸发器中有一定的蒸发压力,同时提高气态制冷剂的压力,使气态制冷剂能在较高的冷凝温度下被冷却剂冷凝液化。制冷压缩机的种类很多,空调工程中常用的有离心式、螺杆式和活塞式压缩机。

　　离心式压缩机通过叶轮离心力作用吸入气体和对气体进行压缩。其容量大、体积小,可实现多级压缩,制冷效率高,部分负荷状态下运行性能较好,适合在大型、超大型建筑物的空调系统中用作冷源。

　　螺杆式压缩机是通过转动的两个螺旋形转子相互啮合吸入和压缩气体的,它可以利用滑阀调节汽缸的工作容积,实现在部分负荷状态下运行,因此其部分负荷运行性能极好。目前螺杆式压缩机在大中型、中型和中小型建筑物的空调系统中被广泛用作冷源。

　　活塞式压缩机是通过活塞的往复运动吸入和压缩气体的。由于其制冷量小和部分负荷性能不佳,因此多用于小型空调系统和局部空调机组中。

　　② 冷凝器。冷凝器的作用是把压缩机排出的高温高压的气态制冷剂冷却并使其液化。根据所使用的冷却介质不同,可分为水冷式冷凝器、风冷式冷凝器、蒸发式冷凝器和淋激式冷凝器等类型。

　　③ 节流装置。节流装置的作用是对由冷凝器来的高压液态制冷剂进行节流降

压,并保证冷凝器与蒸发器之间的压力差,以便使蒸发器中的液态制冷剂在要求的低压下蒸发吸热,以达到降温制冷的目的,同时使冷凝器中的气态制冷剂在给定的高压下放热冷凝,还可调整进入蒸发器的制冷剂的流量。常用的节流装置有手动膨胀阀、浮球式膨胀阀、热力式膨胀阀和毛细管等。

④ 蒸发器。蒸发器的作用是使由节流装置来的低温低压的液态制冷剂吸收周围介质(空气、水等)的热量而气化,同时,周围介质因为失去热量而导致温度下降,从而达到制冷的目的。常用的蒸发器有卧式壳管式蒸发器、水箱式蒸发器、直接蒸发式盘管蒸发器等。

冷水机组是把整个制冷系统中的压缩机、冷凝器、蒸发器、节流阀等设备以及电气控制设备组装在一起,为空调系统提供冷冻水的设备。冷水机组的类型众多,主要分为压缩式和吸收式两类。其中,压缩式冷水机组又可分为活塞式、离心式、螺杆式等类型。冷水机组的主要特点是:结构紧凑,占地面积小,机组产品系列化,冷量可组合配套使用;便于设计选型,施工安装和维修操作方便;配备有完善的控制保护装置,运行安全;以水为载冷剂,可进行远距离输送分配和满足多个用户的需要;机组电气控制自动化,具有自动调节功能,便于运行节能。

2. 吸收式制冷机

吸收式制冷和压缩式制冷一样,也是利用液体气化时吸收热量的物理特性进行制冷。不同的是,蒸气压缩式制冷机使用电能制冷,而吸收式制冷机是使用热能制冷。吸收式制冷机最大的优点是可利用低品位热源,在有废热和低品位热源的场所应用较经济。此外,吸收式制冷机既可制冷,也可供热,在需要同时供冷、供热的场合可一机两用,节省机房面积。

吸收式制冷机使用的工质是由两种沸点相差较大的物质组成的二元溶液,其中沸点低的物质作制冷剂,沸点高的物质作吸收剂,通常称为"工质对"。目前空调工程中使用较多的是溴化锂吸收式制冷机,它采用 $LiBr\text{-}H_2O$ 工质对。其中,水作制冷剂,溴化锂水溶液作吸收剂,只能制取 0℃ 以上的冷冻水。

吸收式制冷机的工作循环如图 10-24 所示,主要由发生器、冷凝器、节流阀、蒸发器、吸收器等设备组成。图中虚线外的部分是制冷剂循环,从发生器出来的高温高压的气态制冷剂在冷凝器中放热后凝结为高温高压的液态制冷剂,经节流阀降温降压后进入蒸发器。在蒸发器中,低温低压的液态制冷剂吸收被冷却介质的热量而汽化制冷,汽化后的制冷剂返回到吸收器中,进入点画线内的吸收剂循环。

图中点画线内的部分称为吸收剂循环。在吸收器中,从蒸发器来的低温低压的气态制冷剂被发生器来的浓度较高的液态吸收剂溶液吸收,形成制冷剂-吸收剂混合溶液,通过溶液泵加压后送入发生器。在发生器中,制冷剂-吸收剂混合溶液用外界提供的工作蒸汽加热,升温升压,其中沸点低的制冷剂吸热汽化成高温高压的气态制冷剂,与沸点高的吸收剂溶液分离,进入冷凝器作制冷剂。发生器中剩下的浓度较高

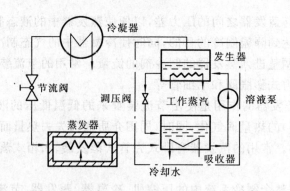

图 10-24 吸收式制冷系统

的液态吸收剂溶液则经调压阀减压后返回吸收器,再次吸收从蒸发器来的低温低压的气态制冷剂。

在整个吸收式制冷循环中,吸收器相当于压缩机的吸气侧,发生器相当于压缩机的排气侧,图中点画线内吸收器、溶液泵、发生器和调压阀的作用相当于压缩机,把制冷循环中的低温低压气态制冷剂压缩为高温高压气态制冷剂,使制冷剂蒸气完成从低温低压状态到高温高压状态的转变。

3. 制冷剂、载冷剂

(1) 制冷剂。

制冷剂是在制冷装置中进行制冷循环的工作物质。目前常用的制冷剂有液氨、氟利昂等。

液氨是一种比较成熟的制冷剂。作为制冷剂来说,氨制冷剂的热物理性能非常好,其节流损失小,能溶解于水,有漏气现象时易被发现,价格低廉,同时它对环境无害,是一种极好的环保型制冷剂。但液氨作为制冷剂有毒,与空气混合后,氨气含量为 16%～25% 时有爆炸危险,这是它的致命缺点,因此,它的使用一直受到限制。我国现行的《采暖通风与空气调节设计规范》中,对建筑物空调冷源选用的冷水机组采用的制冷剂有如下规定:氨压缩式制冷装置应布置在隔断开的房间或单独的建筑物内,但不得布置在民用建筑和工业企业辅助建筑物内。由于规范的限制,氨制冷剂在我国目前多用于冷库、人工冰场、工厂集中冷站等场合。

氟利昂是卤化碳制冷剂中的一个类别,即甲烷、乙烷、丙烷的衍生物。它是用卤族元素氟、氯、溴的原子来代替碳氢化合物中的部分或全部氢原子而形成的,是人工合成物质。常用的氟利昂制冷剂有 R11、R12、R22、R134a、R123 等。氟利昂制冷剂毒性小、不燃烧、不爆炸,作为制冷剂时热工性能极好,是一种安全、理想的制冷剂。但含氯氟利昂类制冷剂对大气中的臭氧层有破坏作用,同时会产生温室效应,因此,目前对其中影响较大的制冷剂(如 R11、R12)已经实施限制使用。寻找新的环保型制冷剂替代工质是当前化工、制冷行业的一个新课题。

(2) 载冷剂。

为了把制冷系统制取的冷量远距离输送到需要使用冷量的地方,需要有一种中间物质在蒸发器中冷却降温,然后再将所携带的冷量输送到其他地方使用。这种中间物质称为载冷剂。常用的载冷剂有水、盐水和空气等。

二、冷冻水系统

现代中央空调系统大都采用空气-水的形式,即风机盘管加新风的空调方式。房间的冷负荷主要由冷冻水承担,这种系统既保证了房间的空调要求,又使得送风管路的尺寸不会过于庞大。但其水系统较复杂,不仅需要复杂的管路和较大的设备投资,而且水泵的输送能耗较高,因此水系统的设计是否合理,以及运行管理是否先进显得十分重要。

冷冻水系统有多种分类方法,如双水管、三水管和四水管系统;开式和闭式水系统;同程和异程水系统;单级循环泵和双级循环泵系统。

1. 双水管系统、三水管系统和四水管系统

双水管系统是目前应用最多的一种系统,特别是在以夏季供冷为主要目的的南方地区。双水管系统中一根为供水管,另一根为回水管,如图10-25所示。

双水管系统的主要优点是系统简单,管路初投资少。其主要缺点如下。①由于空调系统冬季供热水和夏季供冷水采用同一套管路,而冬季供热水时供-回水的温差比夏季供冷水时的供-回水温差大,因此冬季要求的循环水量要远小于夏季系统要求的循环水量,为了节约能耗,系统常设置两套水泵系统。②由于各空调房间热湿负荷的变化规律不一致,在过渡季节,会出现朝阳面的房间需要供冷,朝阴面的房间则需要供暖,或者当建筑物平面较大时,出现建筑物内区要供冷而外区要供暖的情况。但双水管系统不能满足这种需求。

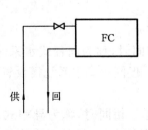

图10-25 双水管系统图

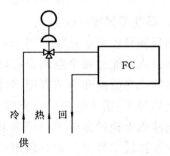

图10-26 三水管系统图

三水管系统是冷、热水供水管分开设置,而回水管则共用,如图10-26所示。因此三水管系统对负荷的适应能力较双水管系统强。但由于冷、热水回水都进入同一根回水管,造成能源的浪费。

四水管系统设有各自独立的冷、热水供回水管,它克服了双水管系统和三水管系统的缺点,使运行调节能适应系统的各种不同要求。但其初始投资大,管道占用建筑物面积也较大。

2. 开式和闭式水系统

开式水系统的回水集中回到建筑物底层或地下室的水池,再用水泵把经过冷却或加热后的水输送至整个系统。开式水系统中的水与大气相通,水易受污染,管路系统易产生污垢和腐蚀。

闭式水系统在系统中密闭循环,不与大气相通,只在系统的最高点设置膨胀水箱,因此,闭式水系统的管道不易产生污垢和腐蚀,系统简单。由于不需要克服系统静水压力,水泵耗电量较低。目前在空调系统中,闭式水系统使用较多,而开式水系统一般仅用于有蓄冷水池的空调系统或用喷水室处理空气的空调系统。

开式和闭式水系统如图10-27所示。

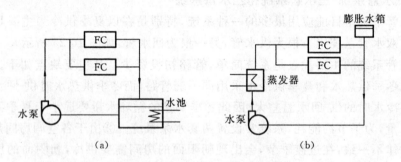

图 10-27 开式和闭式水系统
(a) 开式水系统 (b) 闭式水系统

3. 同程和异程式水系统

同程和异程式水系统如图10-28所示。

当冷冻水流过每个空调设备环路的管道长度相同时,称为同程式水系统。同程式水系统水量分配和调节方便,管路的阻力易平衡。但同程式水系统需设置同程管,管材耗用较多,系统的初始投资较大。

当冷冻水流过每个空调设备环路的管道长度都不相同时,称为异程式水系统。异程式水系统水量分配调节较困难,管路的阻力平衡较麻烦,但其系统简单,初始投资较低,因此广泛应用于中小型空调系统中。

4. 单级循环泵和双级循环泵系统

单级循环泵系统中冷、热侧及负荷侧的系统阻力均由循环泵来承担,系统连接简

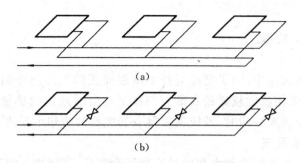

图 10-28 同程和异程式水系统
(a) 同程式水系统 (b) 异程式水系统

单,初始投资较低。但由于冷水机组要求冷冻水定流量运行,因此,当负荷侧在部分负荷状态下运行所需的冷冻水量比设计工况下的冷冻水量小时,多余的水从分水器与集水器之间的旁通管流回。所以难以收到理想的节省输送能耗的效果。并且这种系统也不能适应供水分区压降较悬殊的场合。

在双级循环泵系统中,一次泵的流量根据相应的冷水机组额定流量来确定,并且在运行时,一次泵定流量运行,同时,一次泵承担冷热源侧的阻力。二次泵则承担负荷侧的总阻力(包括负荷侧管路阻力、换热设备阻力等),同时,二次泵的流量可以十分方便地随负荷的改变而改变,从而节约冷冻水的输送能量。二次泵的变流量可以采用以下方法来实现:采用调节水泵的台数(改变水泵同时运行的台数)、采用调速水泵(变频调节)等。

单级循环泵和双级循环泵系统如图 10-29 所示。

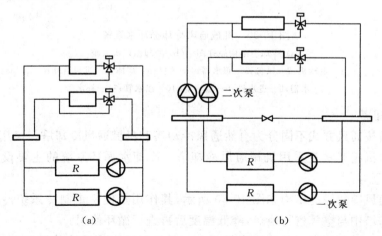

图 10-29 单级循环泵和双级循环泵系统
(a) 单级循环泵系统 (b) 双级循环泵系统

三、冷却水系统

在水冷式冷水机组中,为了把冷凝器中高温高压的气态制冷剂冷凝为高温高压的液态制冷剂,需要用温度较低的水带走制冷剂冷凝时放出的热量。当冷水机组的冷凝器是用水作介质来冷却时,系统就需要一套完整的冷却水系统。

1. 冷却水管道系统

直流式冷却水系统的冷却水在经过冷凝器升温后,直接排入河道、下水道或进入小区的综合用水管道系统。

为了节约水资源,应重复利用冷却水,通常采用循环式冷却水系统。在循环式冷却水系统中,采用冷却塔把在冷凝器中升温后的冷却水重新冷却,再送入冷凝器中重复使用,这样,只需对系统进行少量补水即可。管道连接如图10-30所示。

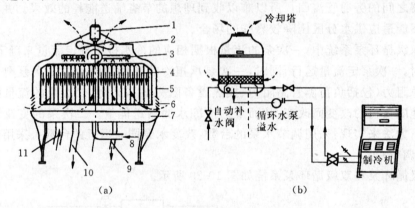

图 10-30　机械通风冷却循环水系统
(a) 冷却塔结构原理图　(b) 冷却循环水系统
1—电动机;2—风机;3—布水器;4—填料;5—塔体;6—进风百叶;
7—水槽;8—进水管;9—溢水器;10—出水管;11—补水管

2. 冷却塔

冷却塔按通风方式不同分为自然通风冷却塔和机械通风冷却塔。民用建筑空调系统的冷水机组通常是采用机械通风冷却塔。冷却水循环系统的主要设备有冷却塔、冷却水泵等。

机械通风冷却塔的结构如图10-30所示,其作用是使带走制冷系统冷凝热的冷却水在冷却塔中与空气进行换热,降低温度后再进行循环使用。

冷却塔一般布置在室外地面或屋面上。对于附设在高层建筑里的制冷机房,冷却塔可布置在裙楼的屋面上。这时,屋面结构的承载能力应当按照冷却塔的运行重量设计。当几台冷却塔并联安装时,各台冷却塔之间要设置平衡管,并在各台冷却塔的进、出水管上安装成对动作的控制阀。冷却塔的进、出水立管通常布置在管道井里。

冷却水泵一般布置在制冷机房里冷凝器的前面,进水管应低于冷却塔集水盘的液面标高,以便冷却塔的出水管可以在重力作用下流入冷却水泵。

冷却塔运行时产生的噪声对周围环境有较大的影响,不宜布置在对噪声控制有严格要求的地方。同时应当尽量选择低噪声和超低噪声型的冷却塔。

冷却塔、冷却水泵的台数和流量应当与冷水机组对应配置,以便于运行管理。

四、制冷机房

制冷机房有时也称为冷冻站。冷冻站位置的确定应综合考虑以下因素。

(1) 制冷机房应尽可能靠近冷负荷中心布置,并便于引出冷冻水管道。

(2) 氟利昂压缩式制冷机组和溴化锂吸收式制冷机组,可布置在民用建筑、生产厂房及辅助建筑物或单独的建筑物内,也可根据具体情况布置在建筑物的地下室或楼层上。氨压缩式制冷机组不得布置在民用建筑或企业辅助建筑物内,一般应设置在单独的建筑物内。

(3) 对高层建筑,制冷机房宜设置在地下室或底层。对超高层建筑,制冷机房的位置应综合以下方面进行技术经济比较,择优确定。如设备及管件的工作压力、噪声及振动影响、冷却系统(风冷式、水冷式)、供冷系统(集中式、分区式)、一次投资及运行维护费用等因素。

(4) 制冷机房内的设备布置应符合工艺流程,并重点考虑安装、操作和检修的要求。压缩机必须设在室内,立式冷凝器一般设在室外。氨类制冷机房的压缩机间应设置有每小时不少于 7 次的通风设备。

(5) 制冷机房的最小净高。

氟利昂压缩式制冷:不小于 4m。

氨压缩式制冷:不小于 4.8m。

溴化锂吸收式制冷:设备顶部距屋顶或楼板的距离不小于 1.2m。

(6) 制冷机房的操作面应有足够的光线,最好采用自然采光。需要检修的地点应设置人工照明。

本章综合思考题

1. 什么是空调系统?什么是空调区域?空调房间要控制的空气状态参数有哪几个?

2. 空调系统有哪几种分类方法?
3. 空气的热湿处理设备有哪些? 其各自的工作原理是什么?
4. 噪声的传播途径有哪几种? 根据消声原理不同,消声器有哪几种?
5. 什么是集中式空调系统? 根据系统处理的空气来源不同,集中式空调系统可分为哪几种?
6. 风机盘管系统有何优缺点? 风机盘管空调系统的新风供给方式有哪几种?
7. 为什么空调房间需要新风?
8. 空调房间的气流组织有哪几种形式?
9. 空调冷却水系统中冷却塔的作用是什么?

第十一章

供暖、通风与空气调节系统的维护管理

本章学习要点

掌握供暖系统管理的内容及特点;掌握空调系统节能运行方案;掌握空调系统管理的内容及特点;掌握空调冷源运行管理的内容及要求;熟悉供暖系统常见故障与维修方法;熟悉空调系统及设备常见故障与维修方法。

第一节 供暖系统的维护管理

供暖是寒冷地区建筑物不可缺少的组成部分。供暖管理日益成为物业管理中重要的组成部分。供暖系统的管理目的主要是使建筑物在供暖期内供暖正常,保证业主(用户)有一个正常的工作、生活或学习环境。

一、供暖系统管理的内容

供暖系统的管理包括热源管理、热网管理和供暖用户管理。

热源管理分两种情况:物业管理者负责管理和物业管理者不负责管理。第一种情况是指由物业管理者负责锅炉及其附属设施的养护和管理,负责燃料采购、运输,及时清理燃烧炉渣,以及负责操作工人和维修人员的培训。第二种情况比较简单,即热源由区域性锅炉或热电站通过输送管道供热,管理者只需按期依据耗热量多少与供热单位结算取暖费用。

热网管理。第一种情况下的热网管理必须由物业管理公司委托专人管理,在第二种情况下由双方共同管理,但以供热方为主,物业管理方为辅。

供暖用户管理。它是物业管理者的责任,包括定期挨家挨户检查设备运行情况,定期收取取暖费,督促用户严格按照供暖管理规定取暖等。

供暖用户的管理是供暖过程管理的重要管理环节,目的是使用户最经济合理地取暖,同时遵守物业管理公司制定的物业管理制度。其主要内容包括如下几点。

① 指导用户遇到供暖问题时如何与物业管理公司沟通。

② 教育用户如何节约能源,合理取暖。主要包括教育用户自觉控制热水流通量,保持室内适当温度(18℃),不宜造成室内过热过冷或忽热忽冷;用户家中无人时,自觉关闭散热器热水入口阀门,减少热量的无故耗散;检查房间的密闭性能,加强保温措施。

③ 用户家庭装修需变动散热器位置、型号时,需取得管理人员的现场认可,否则视为违约行为,用户应承担由此造成的一切后果。更不能无故损坏散热设备,遇到问题不能解决时应请管理人员解决。

二、供暖系统管理的特点

供暖系统管理的特点是由供暖管理对象的性质决定的,它具有如下特点。

(1) 系统性和整体性。供暖管理对象是由热源管理、热网管理、供暖用户管理三个部分组成的有机整体,缺少任何部分都不能完成供暖过程,表现出明显的系统性和整体性。供暖管理要与供暖系统相适应,要具备系统性和完整性,致力保证供暖系统正常运行。

(2) 季节性。供暖具有明显的季节性。一般只在严寒地区的冬季才运行供暖系统。随着严冬的过去,供暖系统也将停止运行。

(3) 复杂性。供暖管理本身很复杂,主要表现为以下两点。①管理内容的复杂性。包括设备管理、燃料采购、炉渣外运、人员培训、取暖费用收取等。②管理用户的复杂性。用户的文化素质不同,收入也有差别,对供暖系统认识也不尽相同等都使管理复杂化。

在制定供暖管理实施方案的操作规程时,一定要根据供暖管理对象及供暖管理特点,制定供暖管理遵循的普遍原则,为更好地实施管理建立理论基础。

三、供暖系统常见故障与维修

1. 供暖系统末端散热器不热

主要原因:①各环路压力损失不平衡;②水平方向水力失调。

处理方法:①从系统始端开始,顺序调小各环路立管或支管上的阀门;②系统末端可能有空气,将空气排除。

2. 散热器爆裂

对于高层建筑物的热水供暖系统,特别是对锅炉容量较大的供暖系统,循环水泵的循环量较大,当突然停电时,高速旋转的循环水泵会突然停止,高速流动的循环水可能会形成"水锤",压力有时高达 7 个相对大气压,这样就会使低层用户散热器爆裂,大量的循环水从散热器喷出,造成爆破事故。

散热器爆破事故预防措施:①做好突然停电停泵的安全防护工作;②提高设计、制造、安装质量;③努力提高锅炉工操作技术知识和实际操作水平;④防止系统或锅炉内发生汽化。

3. 局部散热器不热

局部散热器不热应根据具体情况分别予以处理。①管道堵塞。用手摸一下管道表面，发现有明显温差的地方，可敲击振打，如仍不能解决，就拆开处理。②散热器存气太多，或散热器进口支管有气塞。可以用手触摸，如果温度不是有明显温差变化，而是逐渐冷却下来，说明里面可能有空气，这时应打开排气装置排除空气。

4. 上层散热器不热

应排除上层散热器积存的空气，如上层散热器缺水，应给系统补水。

5. 热力失调

多层建筑双管系统上的分式热水供暖系统会出现热力失调，主要表现在上层散热器过热，下层散热器不热。其主要原因是上层散热器热媒流量过多，而下层则相对较少。处理方法是关小上层散热器支管上的阀门。

四、供暖系统充水养护

在非供暖季节，供暖系统停止运行时将系统中充满水进行养护称为充水养护。所有的热水、高温水供暖系统均要求充水养护，不论所用散热器是钢制还是铸铁散热器的。钢制散热器更强调充水养护。蒸汽供暖系统，如采用充水养护，也会延长管道和散热设备的有效寿命。充水养护的具体做法如下。

（1）供暖季节结束、系统停止运行后，先进行全面检查，并进行修理或将已损坏的零部件或散热器进行更换。

（2）将系统充满水并按试压要求进行系统试压。

（3）将系统内的水加热升温至95℃，保持1.5h，然后停止运行。

（4）设有膨胀水箱的系统，在非供暖期要保持水箱有水，缺水时要进行补水。

（5）下一个供暖季节开始前，先将系统中的水放空、更换新水（符合系统水质要求），方可启动运行。

第二节　空调系统的维护管理

一、空调系统维护与管理的意义

随着国民经济的不断发展和人民生活水平的不断提高，建筑物安装空调系统将越来越普遍。建筑物空调系统正常运行与诸多因素有关,其中,管理水平的高低是最关键的因素。

对空调系统的管理包括对空调系统的运行管理和对空调系统的日常维护两大主要内容。所谓运行管理,主要是指根据建筑物实际情况确定空调系统的运行方案,使空调系统在节能、舒适的状况下工作,即满足使用者的要求,又达到经济运行的目的。良好的运行管理需要高素质的管理人才。对空调系统的日常维护是指物业管理公司有责任对空调系统在运行过程中出现的这样或那样的问题能及时处理,保证空调系统正常运行,使建筑物的使用功能得以最大限度的发挥。

二、空调系统运行管理

空调系统运行管理最主要的工作就是系统的运行调节。在空调工程设计中,空气的热、湿处理设备的设计容量都是按冬、夏季设计条件下的热、湿负荷来确定的。但从全年运行来说,室外空气状态等于设计计算参数的时间是很少的,即使在一天之内,室外空气的参数也是在不断变化的,这些变化使建筑物围护结构的传热负荷也随之不断变化。此外,室内本身产生的热、湿负荷也可能会根据工作环境情况和人员的变化而有所不同。因此,空调系统全年运行期间就不能一成不变地按满负荷运行,必须根据负荷的变化进行运行调节,才能保证室内的温度和湿度要求。空调系统全年运行调节的主要意义在于使空调系统能够满足舒适、经济、节能和环保的要求。

(一)集中式空调系统的运行调节

1. 露点控制法

如果只有室外空气(即送入新风)状态发生变化,可以采用露点控制法,即只需把喷雾室(或表冷器)出口的空气状态(常称机器露点)按需要进行控制,就能保证需要的送风状态,同时也保证了需要的室内状态。露点控制法是用改变加热(冷却)量、调整新回风比例、调节喷水(或进入表冷器)水温等方法来保证送风状态不变。

2. 其他方法

当室内外负荷都发生变化时,也可采取加热、冷却、再热、加湿、去湿及改变风量等方法,来保证室内空气状态不变。

(1)温度调节。

温度调节有两种方法:①用阀门调节盘管内冷冻水或热水的流量,即调节系统的加热量来改变送风温度;②调节新风旁通阀,使部分新风不经过盘管,通过新风旁通阀,改变加热新风和旁通新风的混合比例,以调节送风温度。

(2)湿度调节。

湿度调节有控制露点温度和控制送风水蒸气分压力两种方法。控制送风水蒸气分压力就是改变送风状态的含湿量,在冬季可以用喷蒸汽加湿的方法,在夏季可以用固体或液体吸湿剂去湿的方法。为了得到新的送风状态,在用喷蒸汽加湿方法时,还要改变加热量,同样,在用吸湿剂去湿时,还要用表冷器对空气冷却降温。

(3) 风量调节。

在负荷变化的情况下,用调节风量的方法来保证室内空气的温度和湿度要求,是一种有效并且节能的方法,这种系统通常称为变风量系统。

风量的调节可通过风机变速或风量调节阀等来实施。但要注意,在运行时不能将风量调得很小,否则,会使室内气流组织恶化而影响空调效果。

(二) 风机盘管空调系统的运行调节

1. 风机盘管的局部运行调节

为了适应空调房间负荷在短时间内发生的变化,风机盘管系统设有三种局部调节方法,即调节水量、调节风量和调节旁通风门。

(1) 调节水量。当室内的冷负荷减少时,可通过安装在风机盘管供水管道上的直通或三通调节阀进行调整,减少进入盘管中的水量,使盘管中冷水的水温随之上升,风机盘管吸收房间内空气热量的能力下降,适应室内的冷负荷变化。反之,当室内的冷负荷增加时,则增加盘管中冷水的流量,这样盘管中冷水吸收的热量将增加。

(2) 调节风量。这种调节方法是将风机的转速分成三级,转速的变化使通过盘管的风量也发生变化。当室内的冷负荷减少时,降低风机的转速,使通过盘管的风量减少,空气在盘管中的热交换量也随之减少。有关风机盘管风速的调节,现在也有用无级调速的方法。

2. 风机盘管系统的全年运行调节

当系统的新风不承担室内显热负荷时,只需将新风处理到和室温相同即可。新风对室温不起调节作用,而由盘管承担全部室内显热负荷。靠风机盘管局部调节来满足室内温度和湿度的要求。

当系统的新风需要承担围护结构温差传热所造成的冷(热)负荷、盘管承担其他室内冷(热)负荷时,可随着室外空气温度 t_w 的下降(或上升),用新风处理设备中的二次加热器(或冷却器)集中升高(或降低)新风的温度,使新风的温度 t_1 满足

$$t_1 = t_N - 0.99T(t_w - t_N + m)$$

式中:T——对应于 1kg/s 新风量在室内外温差为 1℃时围护结构的温差传热量,单位为 kJ/kg·℃;

m——当量温差,单位为 ℃;当量温差是指全年中,除围护结构传热外的室内最小显热负荷所相当的围护结构传热温差,通常取 $m=5$。

双水管系统的风机盘管在同一时间内,只能供应所有的风机盘管同一温度的水

(冷水或热水)。在过渡季节运行时,随着室外温度的降低,应集中调节新风再热量,逐渐升高新风温度,以抵消传热负荷的变化。此时进入盘管中的水温仍保持不变,风机盘管靠水量调节,消除室内短时间变化负荷(室内照明、设备、人员散热、太阳辐射)的影响。室外空气温度低到某一个温度时,只利用新风就能吸收室内的显热及显冷负荷。此后,随着显热及显冷负荷进一步减小,只要调整盘管的供水温度,即可保持要求的室温。

三、空调系统运行节能的措施

1. 新风量的供给

(1) 新风的供给主要是为了满足室内人员的卫生要求,因此可用如下方法调节进入的新风量:在回风道上设置 CO_2 检测器,根据 CO_2 气体浓度自动调节新风阀门;监视室内人员,根据人数的变动,用手动方式预先把新风阀门开启到一定的开度;用预先确定的运行图进行程序控制新风阀的开启方式。

(2) 过渡季节取用室外空气作为自然冷量。在空调运行时间内保证卫生条件的基础上,只有在夏季室外空气的焓大于室内空气的焓、冬季室外空气的焓小于室内空气的焓时,减少新风量才有显著的节能意义。当供冷期间出现室外空气的焓小于室内空气的焓(过渡季节)时,应该采用全新风运行,这不仅可缩短制冷机的运行时间,减少新风耗能量,同时还可改善室内空气质量。

(3) 在预冷、预热时停止取用新风。在建筑物预冷、预热时停止取用室外新风,不仅可以减少设备容量,而且可减少取用新风的冷却或加热的能量消耗。

2. 合理确定室内温度和湿度标准,防止过热及过冷

夏季室温过冷或冬季室温过热,不仅耗费能源,而且对人体舒适度和健康来说也是不利的。室温的过热或过冷往往是由于自动控制设备不完善,设备选用不适当或空调分区不合理引起的。为防止室温过热及过冷,可设置房间恒温器。

3. 改变空调设备启动、停止时间

在间歇运行空调时,应根据围护结构热工性能、气候变化、房间使用功能等因素进行预测控制,确定最合适的启动、停机时间,在保证舒适的条件下节约空调能耗。

4. 从排风中直接回收热量

在建筑物空调负荷中,新风负荷占的比例较大,一般约占总负荷的30%～40%。因此利用热交换器回收排风中的能量是空调系统节能的一项基本措施。如果在排风中设置热交换器,则最多可节约70%～80%的新风耗能量,相当于节省10%～20%的空调负荷。常用的热交换器有转轮式热交换器、板翅式热交换器、热管式热交换器等。

四、空调系统的维护

在空调系统的维护过程中,经常会遇到以下几种系统故障,维护管理人员要认真分析故障原因,并对系统进行调节,使空调系统达到设计要求。

(一) 实际送风量与设计送风量不符

1. 实际送风量大于设计送风量

出现实际送风量大于设计送风量问题的原因有两个:①系统风管阻力小于设计阻力,送风机在比设计风压低的情况下运行,使送风量增加;②设计时送风机选择得不合适,风量或风压偏大,使实际送风量增大。

解决的方法是:①若实际送风量稍大于设计送风量,在室内气流组织和噪声值允许的情况下,可不做调整;在必须调整时,可采用改变送风机转速的方法来进行调节;②若无法改变送风机转速时,可采用改变送风道调节阀开度的方法来进行风量调节。

2. 实际送风量小于设计送风量

出现实际送风量小于设计送风量问题的原因有三个:①系统的实际送风阻力大于设计计算阻力,使空调系统实际送风量减少;②送风系统的风道漏风;③送风机本身质量不好,达不到规定要求;空调系统运行中对送风机的运行管理不善。

解决的方法如下。①若条件许可,可对风管的局部构件进行改造(如在风道弯头中增设导流叶片等),以减少送风阻力。②对送风系统进行认真检漏;对高速送风系统应做检漏试验;对低速送风系统应重点检查法兰盘和垫圈质量,看是否有泄漏现象;对空气处理室的检测门、检测孔的密封性应做严格检漏。③更换或调整送风机,使其符合工作参数要求。

(二) 送风状态参数与设计工况不符

送风状态参数与设计工况不符一般有下述几种原因。①设计计算有错误,所选用的空气处理设备的能力与实际需要偏差较大。②设备性能不良或安装质量不好,达不到送风的参数要求。③空调系统的冷热媒的参数和流量不符合设计要求。④空气冷却设备出口处带水,如挡水板的过水量超过设计估算值,造成水分再蒸发,影响出口空气参数。⑤送风机和风道温升(或温降)超过设计值,影响风道的送风温度。⑥处于负压状态下的空气处理装置和回风风道漏风,即未经处理的空气直接漏入送风系统,改变了系统送风的状态参数。

解决的方法如下。①通过调节冷热媒的进口参数和流量,改善空气处理设备的能力,以满足送风状态参数要求。若调节后仍不能明显改变空气处理的能力时,则应更换空气处理设备。②当冷热媒参数和流量不符合设计要求时,应检查冷冻系统或热源（锅炉或热交换器）的处理能力，看它们是否能满足工作参数的要求。另外，还要检查水泵的扬程是否有问题，以及冷热媒管道的保温措施或管道内部是否有堵塞情况。根据不同情况，采取相应措施，以满足冷热媒的设计要求。③当冷却设备出口处的空气带水时，若为表冷器系统，可在其后增设挡水板（或改进挡水板），以提高挡水效果。对于喷水室系统，要检查挡水板是否插入池底，挡水板与空气处理室内壁间是否漏风等。④送风机和风道温升（或温降）过大时，应检查过大的原因。若因送风机运行超压使其温升过大，应采取措施降低送风机运行风压。如果是管道温升（温降）过大时，应检查管道的保温措施是否得当，确实做好管道保温。

（三）室内空气参数不符合设计要求

室内空气参数不符合设计要求的原因有以下几种：①实际热湿负荷与设计计算负荷有出入，或送风参数不能满足设计要求，造成室内空气参数不符合设计要求；②室内气流速度超过允许值，使室内空气参数不符合设计要求；③室内空气的洁净度不符合要求。

解决的方法如下。①根据送风机和空气处理设备的能力来满足送风量和送风参数，满足室内空气参数要求。若条件许可，可采取措施，减少建筑围护结构的传热量及室内产热量，以满足室内参数要求。②通过增大送风口面积来减小送风口速度或减少送风量及改变风口的形式等措施，来改善室内气流速度，使其符合室内空气参数要求。③经常检查过滤器的效率和安装质量，增加空调房间换气次数和室内正压值，完善运行管理措施，以改善室内空气的洁净程度，使其符合参数要求。

五、空调设备的维护

1. 空调机组的维护

空调机组的维护主要包括空调机组的检查及清扫。

空调机组的检查和清扫需在停机时进行。一般2～3人为一组，每天安排2～4台的工作量，工作时可按照事先规定的程序进行。检查时关闭有关阀门，打开检修门，进入空调机组内部，拆卸过滤网，检查盘管及风机叶片的污染程度，并彻底进行擦拭清扫。在清扫时同时检查盘管及箱底的锈蚀及螺栓紧固情况，并在运转处加注润滑油。过滤器在机外冲洗干净，晾干以后再稳固安装上去，如发现有损坏应该及时修复或更换。内部检查完毕后，关闭检修门，打开有关阀门，然后把空调机组外表面擦拭干净，再进行单机试车。单机试车时必须注意运行电流、电机温升，传动装置的振动及噪声等是否正常。单机试车结束后再进行运行试车，运行试车时检查送风温度和回风温度是否正常，进水电磁阀与风阀的动作是否可靠正确，温度设定是否灵敏等。一切正常后，该台空调机才可以正式投入使用。

2. 风机盘管的维护

风机盘管是空调建筑物中使用最广泛的一种设备,风机盘管的数量多,维修工作量大,其主要维修项目见表 11-1。

表 11-1　风机盘管的维护项目

设备名称	项目		周期
	巡视检查项目	维修项目	
空气过滤器	过滤器表面污垢情况	用水清洗	1 次/月
盘管	肋片管表面污垢情况	清洗	2 次/年
	传热管的腐蚀情况	清洗	2 次/年
风机	叶轮沾污(灰尘)情况,噪声情况	清理叶轮	2 次/年
滴水盘	滴水盘排水情况	清扫防尘网和水盘	2 次/年
管道	隔热结构,自动阀的动作情况		及时修理

3. 换热器的维护

换热器的维护包括换热器表面翅片的清洗和换热器的除垢。

清除污垢常用的方法有压缩空气吹污、手工或机械除污、化学清洗等方法。

4. 离心式通风机的检修

在通风空调系统中,风机的数量非常多,其维修工作量也较大,风机的维修工作包括小修和大修两个部分。

小修内容一般包括:清洗、检查轴承;紧固各部分螺栓,调整皮带的松紧度和联轴器的间隙及同轴度;更换润滑油(脂)及密封圈;修理进出风调节阀等。大修内容包括:小修内容,解体清洗,检查各零部件;修理轴瓦,更换滚动轴承;修理或更换主轴和叶轮,并对叶轮的静、动平衡进行校验等。

风机的解体可以从叶轮和蜗壳部分开始,依次卸下主轴、皮带轮和电动机,并将卸下的零件依次摆放,操作时应注意防尘,避免碰伤。

风机主轴的配合如果超出公差要求,一般应予以更换。叶轮的磨损常用补焊方法修复。注意,补焊时应加支撑,以防止变形,焊后应做静平衡试验,对大功率风机叶轮还应做动平衡试验。若磨损变形严重,即叶片磨损达原厚度的 1/2 以上、叶轮盘磨损达原厚度的 1/3 以上时,应予以更换。叶轮的前盘板、后盘板以及机壳的磨损、裂纹,一般通过补焊方法修复,不能修复者应予以更换。

修复好或准备更换的零部件,应进行外形尺寸的复核和质量的检查,合格后再清洗干净,依次将轴套、轴承、轴承座、皮带轮、密封装置、叶轮与主轴固定好,再装配吸入口、各管道阀门。装配时不要遗漏挡油盘、密封圈、平键等小零件。调整各部位间隙时应特别注意叶轮与蜗壳的间隙,电动机与联轴器的同轴度应满足使用要求。

第三节 制冷机房的维护管理

制冷机房是整个建筑物空调系统的核心,是安放制冷系统各设备的专门房间。制冷机房一般由运行控制室、冷水机组机房、冷冻水及冷却水泵房、工(器)具贮存室等房间组成。良好的机房管理是空调系统正常运行的关键,也是物业设备管理的重要内容之一。

一、制冷机房的管理内容及要求

制冷机房的管理主要是对安放在其中的制冷设备的管理和维护。制冷机房的管理目的是保证制冷设备的安全运行,确保冷源所服务的建筑物空调系统正常运行。

制冷机房管理的关键是监控系统的运行状态,一旦系统发生故障,能及时采取相应措施并发出信号,以保证系统安全运行。

对制冷机房中的设备要有可靠的维护保养措施,设备的维护保养主要包括以下几个方面。

1. 做好设备润滑

设备润滑要求做到"五定"(定人、定点、定质、定量、定时)和"三级过滤"(油桶、油壶、加油点)。所用滤网要符合下列规定:冷冻机油、机械油等所用滤网,一级过滤为 60 目,二级过滤为 80 目,三级过滤为 100 目;汽油缸、齿轮油所用滤网,一级过滤为 40 目,二级过滤为 60 目,三级过滤为 80 目。特殊油品按特殊规定执行。

要经常检查滤网、油位、油温、油压、油泵注油量,发现不正常应及时处理;经常检查润滑部位,如轴承温度、声音是否正常;常用的阀门丝杆和螺母之间,要定期注油润滑,不常用的阀门丝杆和螺母处,要用油封死;润滑油(脂)器具要经常检查、定期清洗或更换。

2. 做好对机房设备的巡回检查工作

日常巡回检查内容包括:检查有关部位的压力、温度、液位;检查传动皮带、链条的紧固情况和平稳度;检查紧固螺栓是否松动,设备运行中有无异常振动和杂音;检查控制计量仪表与调节器的工作情况;检查冷却系统的情况;检查安全阀、制动器及事故报警装置是否良好;检查安全保护罩及栏杆是否良好;检查各密封点有无泄漏等。

3. 做到文明生产

操作人员必须对所负责设备、管道、仪表及岗位环境进行认真清扫,搞好卫生,做到无油污、无积灰；轴见光、沟见底、设备见本色；防腐保温层要保持完整；及时消除跑、冒、滴、漏现象。

每个班次都应认真填写运行记录，做好设备的交接班工作。

制冷系统是由许多设备通过管道连接起来的，各设备是否正常工作直接影响到整个制冷系统的工作可靠性，设备如果发生故障应及时修理。目前对设备故障的基本检查方法主要有以下四个方面。

第一，看。看压缩机吸排气压力是否正常，看蒸发器和吸气管挂霜情况和降温速度大小，看油压大小是否正常，看压差继电器、温度继电器、压力继电器的调定值是否符合规定要求，看水泵压力显示是否正常，看管道有无断裂、接头是否渗漏，看电路电压表、电流表读数是否正常等。

第二，听。听操作人员介绍，听设备运转时的各种声音。

第三，嗅。嗅设备周围有无异常刺激性气味，或者烧焦的塑料、胶木、油漆的气味。

第四，摸。摸压缩机运行时各部位的温度，比较冷热变化的情况。压缩机正常运行时，机组外壳的温度不会升高太多，一般不会超过70℃。若运行一段时间后，手摸感到烫手，则压缩机温升太高。摸冷凝器的温度，其上部温度较高、下部温度较低，说明制冷剂在循环，若冷凝器不发热，则说明制冷剂渗漏了；若冷凝器发热数分钟后又冷却下来，则说明过滤器、毛细管有堵塞。对于风冷机组，可用手感受冷凝器有无热风吹出，无热风吹出说明不正常。摸过滤器表面的冷热程度，若出现显著低于环境温度的凝露现象，说明其滤网的大部分网孔已阻塞等。

最后根据上述信息进行综合分析，选择适当的方法去排除故障。

二、制冷机组的维护管理

1. 压缩式冷水机组的维护管理

目前蒸气压缩式冷水机组的自动化程度都较高，机组都有自动安全保护措施，如排气和吸气压力安全保护、油压和冷却水流的安全保护等。

排气和吸气压力安全保护是在压缩机排气阀前引出一根导管，接到高压控制继电器上。当排气压力超过控制继电器上的设定值时，控制继电器立即动作，切断压缩机电源，使压缩机停机并发出声、光信号报警。在压缩机吸气阀前引出一根导管，接到低压控制继电器上。当吸气压力低于设定值时，控制继电器动作，切断压缩机电源，使之停机，以达到系统安全的目的。

油压的安全保护是在油泵的出口和压缩机曲轴箱之间设置一只压差继电器，当油压压差降到设定值时，压差继电器动作，使压缩机停止运行并发出信号。

冷却水流的安全保护是在压缩机或冷凝器的冷却水出水管上安装一只水流继电

器,当有水流流过时,电节点导通,继电器发出信号,使压缩机处于可以启动或运转状态。若水流中断,继电器电节点断开,压缩机自动停机或不能启动并发出报警信号。为了防止水流中的气泡产生误动作,一般使继电器延迟 15～30s 动作。

在蒸气压缩式冷水机组的运行管理过程中,要注意制冷剂的安全使用。目前在蒸气压缩式冷水机组中使用的制冷剂有氟利昂和液氨两大类。

氟利昂类制冷剂泄漏时,若与明火接触,便会分解出剧毒物质——光气。另外,氟利昂对大气中臭氧层的破坏极其严重,将会危及人类健康及地球上的生态平衡。所以,氟利昂安全使用的首要任务就是减少泄漏,提高制冷剂的回收率。

液氨类制冷剂易燃易爆,因此,要防止制冷剂泄漏,在氨制冷机房里要有可靠的安全措施,如氨浓度报警装置,事故排风装置等。

所有废弃制冷剂均不得直接排放到大气或下水道中,必须按环保部门的规定予以回收,待处理后重复使用。

2. 吸收式冷水机组的维护管理

蒸气型溴化锂冷水机组也有相应的自动保护装置,如低温保护、局部防结晶保护、停机防结晶保护等,对于直燃型溴化锂冷水机组除了具有低温保护、防结晶保护等技术措施外,还有其他一些特殊保护措施,如设置安全点火装置、燃烧压力保护装置和熄火安全装置等。

由于溴化锂吸收式机组在运行时易结晶和机组内的真空度易破坏,因此其运行管理要比蒸气压缩式制冷机组复杂,要制订专门的维护保养计划。

三、冷却塔的维护保养

冷却塔的维护保养主要有以下几个方面。

(1) 保证水流均匀。在配水器及填料中冷却水要均匀,对配水器要定期清洗水垢、锈渣及其他杂质,以防堵塞。若配水器已损坏要及时修理。对填料要定期清除表面的水垢、污物,可用高压水冲洗,若填料已破碎损坏要及时更换。集水器、填料及配水器中如有青苔藻类或油类污物,易堵塞而阻碍水流,可用漂白粉或次氯酸钠溶液加以处理,控制余氯在 0.5mg/L 范围内。

(2) 保证气流分布均匀。在运行过程中,产生气流分布不均的原因,除了填料中的水垢及污物堵塞之外,还有一个重要的原因,就是冰冻现象引起气流不畅,减少了进风量,影响了冷却效果。结冰的部位通常是在冷却塔的进风口、百叶窗处、填料的边缘及底部。预防措施主要包括:定期清除填料的水垢及污物;加大水流量,同时风机可暂时停止运行;保证风机运行正常。

(3) 控制冷却塔的进水浊度不大于 50mg/L,运行时根据水质的情况,定期排污或做水质处理。

（4）在冬季应采取相应措施,在集水器内放置电热装置,防止集水器冻裂漏水。如冷却塔长期不用,可排净塔内的存水。

本章综合思考题

1. 供暖系统管理的内容及特点是什么?
2. 供暖系统的常见故障有哪些?分别应如何处理?
3. 空调系统管理的内容及特点是什么?
4. 空调系统在运行过程中有哪些节能运行方案?
5. 在空调系统的维护过程中,经常会遇到哪几种故障?
6. 如何对蒸气压缩式制冷机房中的设备进行维护保养?
7. 冷却塔的维护保养应注意哪些问题?

第十二章 建筑物供配电系统

📝 **本章学习要点**

掌握建筑物的用电负荷的分类及其对供电电源的要求；了解电力系统以及高低压供配电系统，尤其是低压配电系统以及配电箱的用途、分类、构造、选用及布置；了解线路敷设的方式及相关要求。

第一节 负荷等级及其对供电电源的要求

一、建筑物用电负荷的分类及其对供电电源的要求

民用建筑用电负荷是根据建筑物的重要性及中断供电在政治、经济上所造成的损失或影响的程度，将用电负荷分为三级。

1. 一级负荷及其对供电电源的要求

一级负荷是指中断供电将造成人身伤亡、重大政治影响、重大经济损失，以及公共场所秩序严重混乱的用电单位的重要负荷。一级负荷某些属于特别重要负荷，包括某些特等建筑(如重要的交通枢纽、重要的通信枢纽、国宾馆、国家级及承担重大国事活动的会堂、国家级大型体育中心，以及经常用于重要国际活动的大量人员集中的公共场所等)，以及中断供电将发生爆炸、火灾及严重中毒事故的用电单位的重要负荷。

一级负荷应由两路电源独立供电，一用一备。当一路电源发生故障时，另一路电源应及时投入使用。一级负荷容量较大或有高压用电设备时，应采用两路高压电源。

一级负荷中特别重要的负荷，除由两路电源供电外，还应增设"应急电源"，也就是说，特别重要负荷需要三路电源供电，一般的作法是在已有两路高压市电的情况下，再设自备电源(应急发电机组、专门馈电线路或蓄电池)。为保证对特别重要负荷的安全供电，严禁将其他负荷接入应急供电系统。

2. 二级负荷及其对供电电源的要求

二级负荷是指中断供电将造成较大政治影响、较大经济损失、公共场所秩序混乱

的用电单位的重要负荷。如地、市级政府办公大楼、地、市级图书馆、博物馆、文物珍品库；科研机构、体育场馆、气象台站、金融支行、地区邮电局、中小型剧场、三星级旅馆、建筑面积 30 000m² 以下有中央空调的商厦等。

二级负荷设备的供电有多种可选择的方案，工程设计者应尽量选择安全可靠、经济合理的方案。有条件时采用双电源供电，即应有两个回路供电和两台供电变压器，一用一备，以便使发生电力变压器故障或线路常见故障时，不至于中断供电（或中断后能迅速恢复）。

3. 三级负荷及其对供电电源的要求

三级负荷是指一级和二级负荷以外的负荷。三级负荷虽然对供电的可靠性要求不高，只需一路电源供电即可。但在工程设计时，也要尽量使供电系统简单，配电级数少，易管理维护，以提高其供电的可靠性。

对民用建筑及工业建筑的常用设备及部位的负荷分级列表如表 12-1 所示。

表 12-1　负荷分级表

建筑类别	建筑物名称	用电设备及部位	负荷级别
住宅建筑	高层普通建筑	电梯、照明	二级
旅馆建筑	高级旅馆	宴会厅、新闻摄影、高级客房、电梯等	一级
	普通旅馆	主要照明	二级
办公建筑	省、市、部级办公楼	会议厅、总值班室、电梯、档案室、主要照明	一级
	银行	主要业务用计算机及外部设备电源、防盗信号电源	一级

二、用电负荷类别

按照核收电费的"电价规定"，将用电负荷分为如下六类。

（1）居民生活用电负荷是指城镇居民住宅中正常居家生活使用的电力需求，包括居家照明、家用电器用电和空调用电等。

（2）非居民照明用电负荷是指党政机关、社团组织、非营利的传媒机构、文化教育机构、学校、部队等的办公照明用电需求。

（3）营业性照明用电负荷是指在流通过程中，专门从事商品交换（含组织生产资料流转）的企业和为客户提供商业性、金融性、服务性有偿服务，并以营利为目的的经营活动所需的一切电力需求。包括

● 商业企业；
● 物资企业；

- 仓储;
- 旅游;
- 娱乐;
- 金融;
- 房地产;
- 信息业。

(4) 非工业用电负荷是指如服务行业的烹饪电器用电,高层建筑内电梯用电,民用建筑中供热锅炉房的鼓风机、送风机、上煤机和水泵等用电需求。

(5) 普通工业用电负荷是指交通运输(除电气化铁路牵引机车外)、公路运输、水上运输、民航、城市公共交通、邮电业、地质勘探、建筑业,用电容量在 315kVA 以下的工业用电需求。

(6) 大工业用电负荷是指利用电力作为初始能源从事工业产品(或劳务)的生产经营活动的企业,运用物理、化学、生物的技术进行加工和维持功能性活动所需的一切电力需求。包括采掘工业、加工工业和修理厂,以及电气化铁路牵引机车(不论企业经济性质,不管行业和主管部门的归属),其生产用电属于工业用电类别。

按照不同的负荷类别,将设备用电分组,分别用不同的线路配电,以便单独安装电表,分别计算,按照各类负荷不同的电价标准核收电费。

第二节 电力系统与高、低压供配电系统

一、电力系统

电力系统是指由发电厂、电力网和电力用户组成的统一整体,其主要功能是将发电厂的电力供给用户使用。因此,电力系统又常称为输配电系统或供电系统,如图 12-1 所示。

1. 发电厂

发电厂是将一次能源(如水力、火力、风力、原子能等)转换成二次能源(电能)的场所。我国目前主要以火力和水力发电为主,近年来在原子能和平利用领域也有很大发展,相继建成了广东大亚湾、浙江秦山等核电站。

2. 电力网

电力网是电力系统的有机组成部分,它包括变电所、配电所及各种电压等级的电力线路。

第十二章 建筑物供配电系统

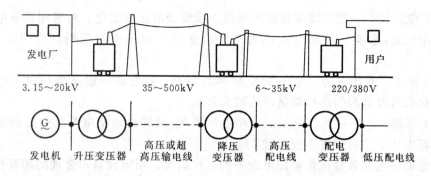

图 12-1 从发电厂到用户的输配电过程示意图

变电所与配电所的功能是为了实现电能的经济输送和满足用电设备对供电质量的要求,需要对发电机的端电压进行多次变换。变电所是接受电能、变换电压和分配电能的场所,可分为升压变电所和降压变电所两大类。配电所不具有电压变换能力。

电力线路是输送电能的通道。由于发电厂与电能用户相距较远,所以要用各种不同电压等级的电力线路将发电厂、变电所与电能用户连接起来,使电能输送给用户。一般将发电厂转换的电能直接分配给用户和由降压变电所分配给用户的 10kV 及以下的电力线路称为配电线路,将电压在 35kV 及以上的高压电力线路称为输电线路。

3. 电力用户

电力用户也称电力负荷。在电力系统中,一切消费电能的用电设备均称为电力用户。电力用户按其用途可分为动力用电设备、工业用电设备、电热用电设备、照明用电设备等。

二、我国电力网的电压等级及电压质量

1. 我国电力网的电压等级

从输电的角度看,电压越高,输送的距离就越远,传输的容量就越大,电能的损耗就越小但电压越高,要求的绝缘水平也越高,因而电力网的造价也越高。目前,根据国民经济发展的需要,考虑技术经济上的合理性及电力设备制造工业的水平等因素,由国家有关部门规定的我国电力网的电压等级主要有 0.22kV、0.38kV、3kV、6kV、10kV、35kV、110kV、220kV、330kV、550kV 等 10 级。电力网电压在 1kV 及以上的称为高压,1kV 以下的则称为低压。

2. 电压质量指标

(1) 电压偏移。电压偏移是指供电电压偏离(高于或低于)用电设备额定电压的数值占用电设备额定电压值的百分数,一般规定不超过 ±5%。

(2) 电压波动。电压波动是指用电设备接线端电压的变化。对常用设备电压波动的范围规定,连续运转的电动机为±5%,室内主要场所的照明灯为-2.5%～+5%。

(3) 频率。我国电力工业的标准频率为50Hz,其波动一般不得超过±0.5%。频率变化会对电力网的运行质量产生较大影响。

(4) 三相电压不平衡。应保证三相电压平衡,以维持输配电系统安全和经济运行。三相电压不平衡程度不应超过2%。

电源的供电质量直接影响用电设备的工作状况。用电设备不合理的布置和运行也会对供电质量造成不良影响,如单相负载在各相内若不是均匀分配,就将造成三相电压不平衡。

三、低压配电系统

(一) 低压配电方式的接线

低压配电系统是由配电装置和配电线路组成。低压配电方式是指低压干线的接线方式。低压配电一般采用220/380V中性点直接接地的系统。低压配电的接线方式主要有放射式、树干式和混合式三种,如图12-2所示。

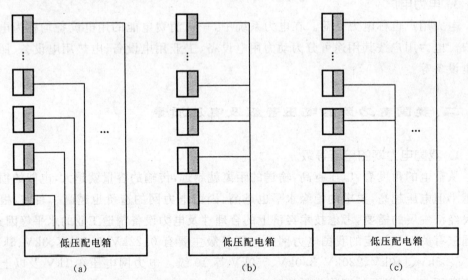

图 12-2 低压配电接线方式
(a) 放射式 (b) 树干式 (c) 混合式

1. 放射式配电

放射式配电是指由总配电箱直接供电给分配电箱或负载的配电方式。其优点是各负荷独立受电,一旦发生事故只局限于本身而不影响其他回路,故供电可靠性高,控制灵活,易于实现集中控制。其缺点是线路多,电线消耗量大,系统灵活性较差。这种配电方式适用于设备容量大、要求集中控制的设备、要求供电可靠性高的重要设备的配电回路,以及有腐蚀性介质和爆炸危险等的场所。

2. 树干式配电

树干式配电是指由总配电箱至各分配电箱之间采用一条干线连接的配电方式。其优点是投资费用低、施工方便,易于扩展。其缺点是干线发生故障时,影响范围大,供电可靠性较差。这种配电方式常用于明敷设回路和设备容量较小,对供电可靠性要求不高的设备。

3. 混合式配电

混合式配电是指放射式和树干式配电方式的结合形式。

从低压电源引入的总配电装置(第一级配电点)开始,至末端照明支路配电盘为止,配电级数一般不宜多于三级,每一级配电线路的长度不宜大于30m。若从变电所的低压配电装置算起,则配电级数一般不多于四级,总配电长度一般不宜超过200m,每路干线的负荷计算电流一般不宜大于200A。

(二)低压配电的接线原则

低压配电的接线原则应考虑简单、经济、安全、操作方便、调度灵活和有利发展等因素。但由于配电系统直接与用电设备相连,故对接线的可靠性、灵活性和方便性要求更高。

(1)低压配电一般采用220/380V中性点直接接地的系统。照明和电力设备一般由同一台变压器供电。当电力负荷所引起的电压波动超过照明或其他用电设备的电压质量要求时,可分别设置电力和照明变压器。

(2)单相用电设备应均匀分配到三相电路中,不平衡中性电流应小于规定的允许值。

(3)电源引入建筑物后,应在便于维护和操作之处装设配电开关和保护设备;若装在配电装置上时,则应尽量接近负荷中心。

四、高层建筑的用电负荷类别以及常用的供电方案

(一)高层建筑的用电负荷类别

在高层建筑的用电设备中,用电负荷分为以下三类。

1. 一级负荷的设备

属于一级负荷的设备主要是指消防控制室、消防水泵、消防电梯、排烟设备、火灾自动报警、自动灭火装置、火灾事故照明、疏散指示标志、电动的防火门帘、卷帘、阀门等消防用电设备,保安设备,主要业务部门用的计算机及外设,管理用的计算机及外设,通信设备的电源和重要场所的应急照明。

2. 二级负荷的设备

属于二级负荷的设备有客梯、生活供水泵房、公用照明等。

3. 三级负荷的设备

属于三级负荷的设备有空调、照明、居民用电等其他用电设备。

(二)高层建筑常用的供电方案

大中型建筑的供电电压一般采用10kV或35kV双电源进线,变压器装机容量一般大于5 000kVA。两路独立电源同时供电,自动切换、互为备用,必要时应配备应急备用发电机组,以便在24h内保证事故照明、消防用电等。常用的供电方案有以下四种。

1. 双电源明备用方式

双电源明备用方式如图12-3(a)所示。正常时,两路高压电源一路备用、一路使用。当正常使用的电源发生事故断电时,另一路备用电源自动投入使用。

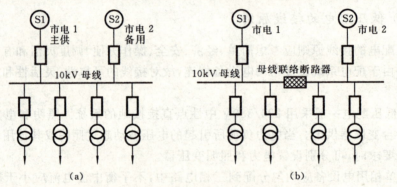

图12-3 双电源明备用方式
(a)"一用一备"供电方案 (b)双电源同时供电方案

2. 双电源暗备用方式

双电源暗备用方式如图12-3(b)所示。正常时,两路高压电源互为备用,同时工作。当其中一路发生事故断电时,由母线联络断路器对断电回路供电。

3. 双电源环网供电方式

双电源环网供电方式如图12-4所示。两路电源来自变电所的不同母线或不同的变电所,正常时,断路器1QF、2QF闭合,断路器3QF断开,形成运行状态。当某一环节发生事故时,合上3QF,操作其相应的开关,恢复对故障部位的供电。

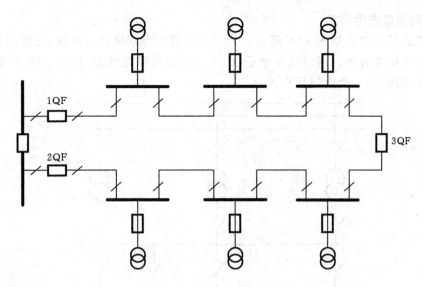

图 12-4 双电源环网供电方式

4. 双电源闭式环网供电方式

双电源闭式环网供电方式如图 12-5 所示，每一变电所内两台变压器来自不同电源的闭式环。同时变压器低压侧接联络开关，因此供电的可靠性大大提高。

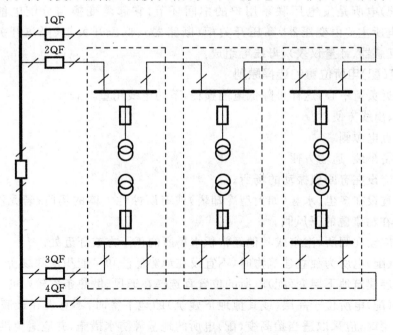

图 12-5 双电源闭式环网供电方式

5. 网络式供电方式

网络式供电方式如图 12-6 所示。为了提高输配电系统的可靠性,目前国外采用一种网络式供电方案。网络式供电是以 2~4 台变压器为核心,连接在同一母线上,组成一个网络,向一个电能用户供电。

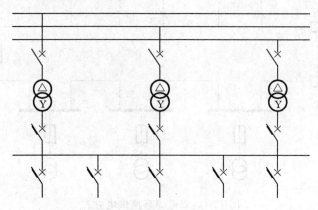

图 12-6 网络式供电方式

(三) 10kV 变(配)电所及高压设备

变(配)电所是发电厂联系用户的中间环节,它起着变换与分配电能的作用。10kV 变电所主要由变压器、高压开关柜(断路器)、低压开关柜(隔离开关、空气开关、电流互感器、计量仪表)、母线等组成。

1. 变(配)电所位置的选择原则

● 接近负荷中心,这样可降低电能损耗,节约电线用量。
● 进、出线方便。
● 接近电源侧。
● 设备吊装、运输方便。
● 不应设在有剧烈振动的场所。
● 不宜设在多尘、水雾(如大型冷却塔)或有腐蚀性气体的场所;若无法远离时,则不应设在污染源的下风侧。
● 不应设在厕所、浴室或其他经常积水场所的正下方或邻近处。
● 变(配)电所为独立建筑物时,不宜设在地势低洼和可能积水的场所。
● 高层建筑地下层变(配)电所的位置宜选择在通风、散热条件较好的场所。
● 变(配)电所位于高层(或其他地下建筑)的地下室时,不宜设在最底层。当地下仅有一层时,应采取适当抬高变(配)电所的地基等防水措施,并应避免洪水或积水从其他渠道淹渍变(配)电所的可能性。

2. 变(配)电所的主接线的方式及特点

变(配)电所的主接线(一次接线)是指由各种开关电器、电力变压器、互感器、母线、电力电缆、并联电容器等电气设备按一定次序连接的接收和分配电能的电路。

主接线的基本形式有单母线接线、双母线接线、桥式接线等多种,本书只介绍建筑中常见的单母线接线。

(1) 单母线不分段主接线。这种接线的优点是线路简单,使用设备少,造价低;缺点是供电可靠性和灵活性差,母线故障检修时将造成所有用户停电。因此,它适用于容量较小、对供电可靠性要求不高的场合。单母线不分段主接线如图 12-7 所示。

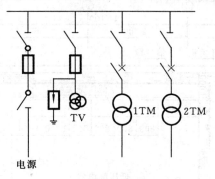

图 12-7 单母线不分段主接线

(2) 单母线分段主接线。这种接线方式是在每一段接一路或两路电源,在母线中间用隔离开关或断路器来分段,引出的各支路分别接到各段母线上。这种接线的优点是供电可靠性较高,灵活性增强,可以分段检修;缺点是线路相对复杂,当母线出现故障时,该段母线的用户停电。采用断路器连接分段的单母线可适用于一、二级负荷。采用这种供电方式要注意保证两路电源不并联运行。单母线分段主接线如图 12-8 所示。

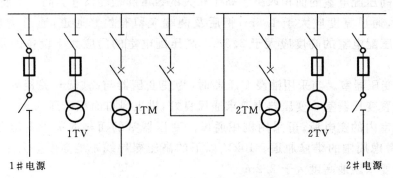

图 12-8 单母线分段主接线

3. 变电所的形式和布置

1) 变电所的形式

变电所的形式有独立式、附设式、杆上式或高台式、成套式变电所。附设式又分为内附式和外附式两种。

2) 变电所的布置

10kV 变电所一般由高压配电室、变压器室和低压配电室三部分组成。变电所的平面布置如图 12-9 所示。

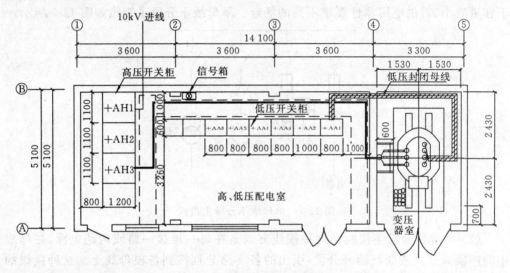

图 12-9 变电所平面布置图

(1) 高压配电室。高压配电室内设置有高压开关柜,柜内设置断路器、隔离开关、电压互感器、母线等;高压配电室一般还设有高压进线柜、计量柜、电容补偿柜、馈线柜等。高压配电室的面积取决于高压开关的数量和柜的尺寸。高压柜前留有巡检操作通道,通道宽度应大于 1.5m;柜后及两端应留有检修通道,通道宽度应大于 0.8m;高压配电室的高度应大于 2.5m。高压配电室的门应大于设备的宽度,并向外开。

(2) 变压器室。当采用油浸变压器时,为使变压器与高、低开关柜等设备隔离,应单独设置变压器室。变压器室要求通风良好,进出风口面积达到 $0.5 \sim 0.6 m^2$。对设在地下室内的变电所,可采用机械通风。变压器室的面积取决于变压器台数、体积,还要考虑周围的维修通道。10kV 以下的高压裸导线距地高度应大于 2.5m,低压裸导线要求距地高度大于 2.2m。

(3) 低压配电室。低压配电室应靠近变压器室,低压裸导线(铜母排)架空穿墙引入。低压配电室有进线柜、仪表柜、配出柜、低压补偿柜(已采用高压电容补偿的可不设)等。低压配出回路多,低压开关数量也多。低压配电室的面积取决于低压开关柜数量,柜前应留有巡检通道(大于1.8m)和柜后维修通道(大于1.8m)。低压开关柜有单列布置和双列布置(柜数量较多时采用)等。

3) 变电所的其他要求

变电所还应满足以下要求。

● 变电所应保持室内干燥,严防雨水进入。

● 变电所应通风良好,使电气设备正常工作。

● 变电所的高度应大于4m,应设置便于大型设备进出的大门和人员出入的门,且所有的门应向外开。

● 变电所的容量较大时,应单设值班室、设备维修室、设备库房等。

第三节 常用高、低压设备

一、常用高压设备

常用的高压一次电气设备有:高压隔离开关、高压断路器、高压负荷开关、高压熔断器、高压开关柜、避雷器等。

1. 高压隔离开关

高压隔离开关的作用主要是隔断高压电源,并造成明显的断开点,保证对其他电气设备进行安全检修。因为高压隔离开关没有专门的灭弧装置,所以不允许带负荷分闸和合闸。但是激磁电流不超过2A的空载变压器、电容电流不超过5A的空载线路及电压互感器和避雷器等可以用高压隔离开关分断。

按安装地点的不同,高压隔离开关分为户内式和户外式两大类,GN19—10/600型户内式高压隔离开关的外形如图12-10所示,其型号含义如下:

G——隔离开关;

N——户内式;

19——设计序号;

10——额定电压/kV;

600——额定电流/A。

2. 高压断路器

高压断路器具有相当完善的灭弧结构和足够的断流能力。它的作用是接通和分断高压负荷电流,并在严重的过载和短路时自动跳闸,分断过载电流和短路电流。

按高压断路器采用的灭弧介质不同,分为油断器、气体断路器(如SF6)和真空断

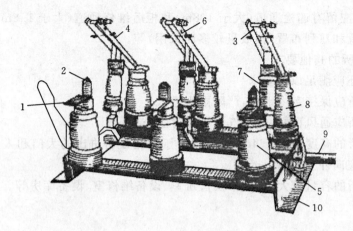

图 12-10 GN19—10/600 型高压隔离开关
1—连接板；2—静触头；3—动触头；4—夹紧弹簧；5、8—支持瓷瓶；
6—镀锌钢片；7—拉扣绝缘子；9—传动主轴；10—底架

路器等。常用的高压油断路器，按油量分类，又分为高压少油断路器和高压多油断路器两类。

一般 6~10kV 的户内高压配电装置都配有少油断路器。SN10—10 型高压少油断路器的外形结构如图 12-11 所示。SN10—10/1000 型号含义如下：

S——少油断路器；

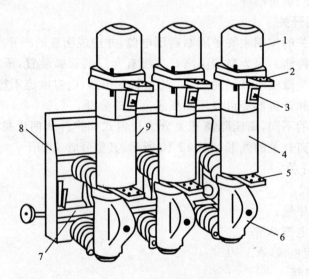

图 12-11 SN10—10 型高压少油断路器
1—上帽；2—上出线座；3—油标；4—绝缘筒；5—下出线座；
6—基座；7—主轴；8—框架；9—断路弹簧

N——户内式；
10——设计序号；
10——额定电压/kV；
1000——额定电流/A。

3. 高压负荷开关

高压负荷开关是专门用来在高压装置中通断负荷电流的。它只具有简单的灭弧装置，只能通过一定的负荷电流和过负荷电流；它的断流能力不大，不能用它来分断短路电流。它必须和高压熔断器串联使用，短路电流靠熔断器分断。

高压负荷开关分为户内式和户外式两大类。我国自行设计的FN3—10RT型户内式高压负荷开关如图12-12所示。它与一般户内式高压隔离开关很相似，断路时也具有明显的断开间隙，因此它也能起到隔离电源的作用。其型号含义如下：

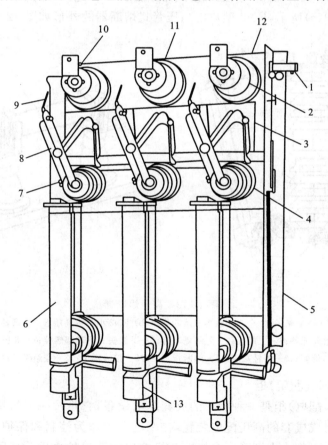

图12-12 FN3—10RT型户内式高压负荷开关
1—主轴；2—上绝缘子兼汽缸；3—连杆；4—下绝缘子；5—框架；6—高压熔断器；7—下触头；
8—闸刀；9—弧动触头；10—灭弧喷嘴；11—主触头；12—上触头；13—热脱扣器

F——负荷开关；
N——户内式；
3——设计序号；
10——额定电压/kV；
R——带熔断器；
T——带热脱扣器。

4. 高压熔断器

高压熔断器是在电网中人为设置的一个最薄弱的通流元件，当电流过电流时，元件本身发热而熔断，借灭弧介质的作用使电路断开，达到保护电边网线路和电气设备的目的。高压熔断器一般可分为管式和跌落式两类。户内广泛采用 RN1 型、RN2 型管式熔断器，户外采用 RW4 型跌落式熔断器。RW4 型户外高压跌落式熔断器的外形如图 12-13(a)所示，RN2 型户内高压管式熔断器的外形如图 12-13(b)所示。

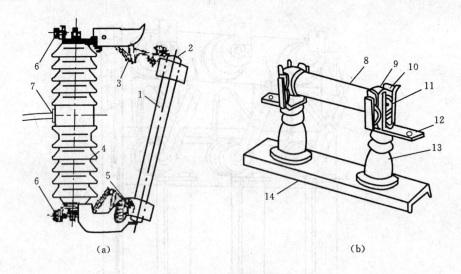

图 12-13 高压熔断器
(a) RW4—10 型户外跌落式熔断器　(b) RN2 型户内高压管式熔断器
1—熔管；2—熔丝元件；3—上触头；4—绝缘瓷套管；5—下触头；6—端部螺栓；7—紧固板；8—瓷熔管；
9—金属管帽；10—弹性触座；11—熔断指示器；12—接线端子；13—瓷绝缘子；14—底座

5. 高压开关(配电)柜

高压开关(配电)柜是一种柜式的成套配电设备，它是按一定的接线方案将有关一、二次设备组成成套的高压配电装置，在变电所中作为控制和保护电力变压器、高压线路之用，也可作为大型高压交流电动机的启动和保护之用。高压开关柜中安装有高压开关设备、保护电器、监测仪表和母线、绝缘子等。

高压配电柜按结构形式不同分为固定式、手车式两种。前者的电气设备为固定安装，要安装、维修其中设备时，须开启柜门后在柜内进行。手车式配电柜内的电气设备装在可用滚轮移动的手车上，手车的种类有断路器车、真空开关车、电流互感器车、避雷器车、电容器车和隔离开关车等。同类手车能互换，可方便、安全地拉出手车，进行柜外检修。

GG—1A—07S型固定式高压开关柜的外形结构如图12-14所示。其型号含义为：

G——高压开关柜；

G——固定式；

1——设计序号；

A——统一设计特征；

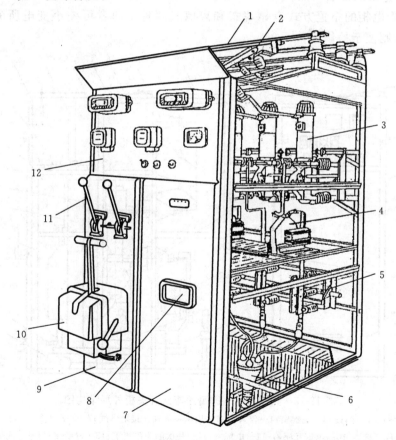

图12-14　GG—1A—07S型高压开关柜
1—汇流排；2、5—高压隔离开关；3—高压断路器；4—电流互感器；
6—电缆头；7—检修门；8—观察窗；9—操作面板；10—高压断路器操作机构；
11—高压隔离开关操作机构；12—仪表、继电器板（兼检修门）

07——一次线路方案编号;

S——手动主开关操作机构(D 为电磁式,T 为弹簧式)。

JYN2—10(F)型手车式开关柜如图 12-15 所示,开关柜由固定的壳体和装有滚轮的手车两部分组成,构成金属封闭间隔式开关设备。这种开关设备装有防止误操作装置,满足"五防"要求,即

① 防止带负荷分合隔离开关;

② 防止误分、误合断路器;

③ 防止带地线合闸;

④ 防止有电挂接地线;

⑤ 防止误入带电间隔。

高压配电柜的布置方式有靠墙式和离墙式两种。前者可缩小变电所的建筑面积,而后者则便于检修。

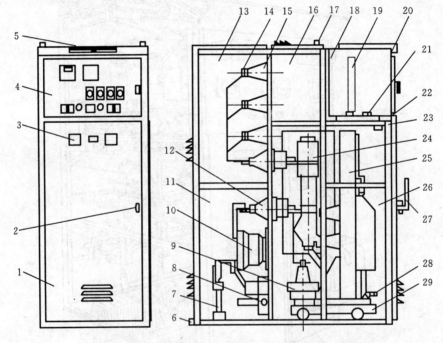

图 12-15 JYN2—10(F)型手车式开关柜外形结构图

1—手车室门;2—门锁;3—观察窗;4—仪表板;5—用途标牌;6—接地母线;7——次电缆;8—接地开关;9—电压互感器;10—电流互感器;11—电缆室;12——次触头隔离罩;13—母线室;14——次母线;15—支持绝缘子;16—排气通道;17—吊环;18—继电仪表室;19—继电器屏(最多可装 18 个普通型中间继电器);20—小母线室;21—端子排;22—减振器;23—二次插头座;24—油断路器;25—断路器手车;26—手车室;27—接地开关操作棒;28—脚踏锁定跳闸机构;29—手车推进机构扣攀

6. 避雷器

避雷器是用来防止由架空线引进的雷电对变(配)电装置所起的破坏作用。阀型避雷器是由火花间隙和可变电阻两部分组成,密封于一个瓷质套筒里面,上面出线与线路连接,下面出线与地连接。避雷器的外形结构如图 12-16 所示。

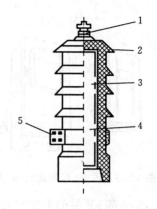

图 12-16 避雷器
1—接线端;2—磁套筒;3—火花筒;
4—阀型电阻片;5—安装卡子

二、常用低压设备

低压设备通常是指在 1kV 以下的电气设备。在建筑物中常见的低压设备有刀开关、低压熔断器、自动空气开关、低压配电柜等。

(一)开关箱

开关是对负荷电路起接通式切断作用的电器。而开关箱就是集各类开关于一体的箱体或盘体。开关箱里主要有以下几种低压设备。

1. 刀开关

刀开关是最简单的手动控制电器,可用于非频繁接通和分断容量不大的低压供电线路,并兼做电源隔离开关。按工作原理和结构形式,刀开关可分为低压刀开关、胶盖闸刀开关、铁壳开关、刀形转换开关、熔断式刀开关、组合开关等。

"H"为刀开关和转换开关的产品的编码,HD 为刀形开关(见图 12-17),HH 为封闭式负荷开关(见图 12-18),HK 为开启式负荷开关(见图 12-19),HR 为熔断式刀开关,HS 为刀形转换开关,HZ 为组合开关。

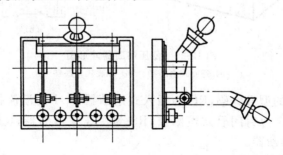

图 12-17　HD11、HD11B -100~400 刀开关

刀开关按其极数分,有二极开关和三极开关。二极开关用于照明和其他单相电路,三极开关用于三相电路。各种低压刀开关的额定电压,二极有 250V,三极有

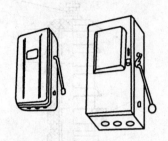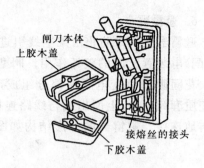

图 12-18　铁壳(封闭式负荷)开关　　　图 12-19　胶盖闸刀(开启式负荷)开关

380V、500V 等；开关的额定电流可从产品样本中查找，其最大等级为 1 500A。

刀开关分断的负荷电流不应大于制造厂容许的断开电流值。刀开关所在线路的三相短路电流不应超过制造厂规定的动、热稳定值。一般结构的刀开关通常不允许带负荷操作，但装有灭弧室的刀开关允许不频繁带负荷操作。

2. 低压熔断器

低压熔断器是常用的一种简单的保护电器，它主要由熔体和安装熔体用的绝缘器组成。它与高压熔断器一样，主要用于短路保护，有时也用于负荷过载保护。低压熔断器的工作原理与高压熔断器一样，当线路中出现故障时，通过的电流超过规定值，熔体被熔断，电路因此被分断，从而起到保护作用。

常用的低压熔断器有磁插式(RC1A)、封闭管式(RM10)、螺旋式(RL7)、填充料式(RT20)等多种类型。常用的低压熔断器外形如图 12-20 所示。

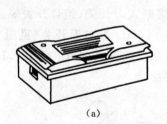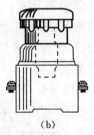

(a)　　　　　　　　　　(b)

图 12-20　低压熔断器外形图
(a) 瓷插式熔断器　(b) 螺旋式熔断器

"R"为熔断器的型号编码，RC 为插入式熔断器，RH 为汇流排式熔断器，RL 为螺旋式熔断器，RM 为封闭管式熔断器，RS 为快速式熔断器，RT 为填料管式熔断器，RX 为限流式熔断器。

3. 自动空气开关

自动空气开关又称低压空气开关或低压断路器。低压断路器具有良好的灭弧性能，它能带负荷通断电路，可以用于电路的不频繁操作，同时它又能提供短路、过负荷和失压保护，是低压供配电线路中重要的开关设备。

低压断路器主要由触头系统、灭弧系统、脱扣器和操作机构等部分组成。它的操作机构比较复杂,主触头的通断可以手动,也可以电动。低压断路器的结构如图12-21所示。

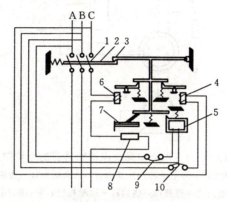

图 12-21 断路器原理图
1—触头;2—跳钩;3—锁扣;4—分离脱扣器;5—欠电压脱扣器;
6—过电流脱扣器;7—双金属片;8—热元件;9—常闭按钮;10—常开按钮

低压断路器按用途可分为:配电用断路器、电动机保护用断路器、直流保护用断路器、发电机励磁回路用的灭磁断路器、照明用断路器、漏电保护断路器等。

低压断路器按分断短路电流的能力可分为:经济型、标准型、高分断型、限流型、超高分断型等。

低压断路器的代号含义如图 12-22 所示。

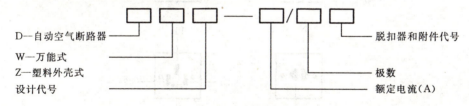

图 12-22 低压断路器的代号含义

4. 漏电保护器

漏电保护器又称触电保护器,它是一种自动电器。它是在断路器上加装的漏电保护器件,当低压线路或电气设备上发生人身触电、漏电和单相接地故障时,漏电保护器便自动切断电源,保护人身和电气设备的安全,避免事故扩大。按其动作原理,漏电保护器可分为电压型、电流型和脉冲型;按结构可分为电磁式和电子式。电流型漏电保护断路器的结构如图 12-23 所示。

5. 插座

插座是移动用电设备、家用电器和小功率设备的供电电源接口。一般插座是长

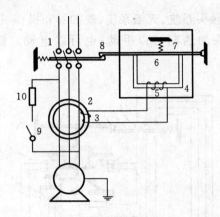

图 12-23 电流型漏电保护断路器的结构图
1—主开关;2—环形铁芯;3—绕组;4—永久磁铁;5—去磁线圈;
6—衔铁;7—弹簧;8—搭钩;9—试验按钮;10—限流电阻

期带电的,在设计和使用时要注意。插座根据线路的明敷设和暗敷设的要求,也有明装式和暗装式两种。插座按所接电源相数可分为单相和三相两类。单相插座按孔数可分为二孔、三孔。二孔插座的下(左)边是零线、上(右)边是相线;三孔也一样,只是中间孔接保护线。插座的接线如图 12-24 所示。

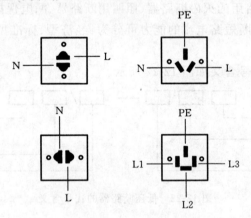

图 12-24 插座

6. 灯开关

灯开关用于对单个或多个灯进行控制,工作电压为 250V,额定电流有 6A、10A 等。灯开关有拉线式和跷板式等多种形式,跷板式又分明装和暗装、单极和多极、单控和双控之分。

（二）低压配电箱（盘、柜）

配电箱是接收和分配电能的装置，用它来直接对用电设备配电，同时还起安全保护作用。配电箱内一般装有用来接通和分断电路的闸刀开关（或空气自动开关），用于短路故障的保护设备（如熔断器），以及用来监视供电系统运行情况的仪表（如电压表、电流表、电度表）。

配电箱的种类很多，根据用途不同可分为照明配电箱、动力配电箱等；根据结构不同可分为板式、箱式和柜式配电箱；根据安装形式不同可分为明装（挂在墙上）、暗装（嵌入墙内）和落地式（一般称配电柜）；根据制造方式不同可分为标准式的工厂定型产品和用电单位自行加工的非标准式配电箱。配电箱还可分为户外式和户内式，在民用建筑物中大量使用的是户内式配电箱。

1. 非标准配电箱和标准配电箱

(1) 非标准配电箱。所谓非标准配电箱是指箱体尺寸、结构等均未按国家规定的标准进行统一设计的非定型产品。非标准配电箱大致可分为木制、铁制和铁木混合制等几种。

非标准配电箱的特点是设计人员可根据不同需要进行设计。这些配电箱主要用于民用建筑和中小型企业厂房内部的 220/380V 电力或照明配电。木制配电板如图 12-25 所示，采用的是明配线，便于安装、查线，当线路有发热、烧焦现象时，一眼就能观察出来。其缺点是不美观。

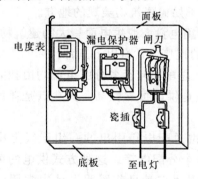

图 12-25 木制配电板

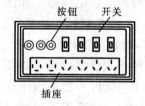

图 12-26 普通标准照明配电箱

(2) 标准照明配电箱。标准照明配电箱是按照国家标准统一设计的通用定型产品，图 12-26 所示为普通标准照明配电箱的外形。

模数化终端组合电器（以下简称终端组合电器）是 20 世纪 80 年代起广泛使用的一种新兴建筑电器，它可替代几十年一贯制的照明配电箱、插座箱、动力配电箱。其特点是电器组件安装轨道化、电器组件尺寸模数化、派生功能多样化（因装有断路器、熔断器、漏电保护器、插座等，可实现过载、短路、漏电、过压等保护）和外观造型艺术化,使用安全可靠,性能匹配协调性好。

2. 配电箱的选择

在选择配电箱时应考虑以下几个方面。

(1) 根据负荷性质和用途,确定是照明配电箱还是电力配电箱或插座箱等。

(2) 根据负荷电流的大小、电压等级以及控制对象保护要求,确定配电箱内主回路和各支路的开关电器、保护电器的容量和电压等级。

(3) 应根据使用环境和场合的要求,选择配电箱的结构形式,包括选用明装式还是暗装式,以及外观颜色、防潮、防火的要求等。

在选择配电箱时,一般应尽量选用通用的标准配电箱,以利于设计和施工。但当要满足建筑物实际使用需要时,也可向有关生产厂定做非标准配电箱。

3. 配电箱的布置

配电箱位置的选择十分重要,若选择不当,对设备费用、电能损耗、供电质量,以及使用、维护等方面,都会带来不良的后果。因此,在选择配电箱位置时,应遵循下述原则。

(1) 尽可能靠近负荷中心,即用电电器数量多、用电量大的地方。

(2) 在多层建筑中,各层配电箱应尽量布置在同一方向、同一位置上,这样便于施工安装和维护管理。

(3) 配电箱应设在操作方便、易于检修的地方,一般多设在门厅、楼梯间或走廊的墙内,最好设在专用房间内。

(4) 配电箱应设在干燥、通风、采光良好,且不妨碍建筑物美观的地方。

用电量小的建筑物内可只设一个配电箱;对用电量大或供电面积大的建筑物,应设总配电箱与分配电箱。总配电箱与分配电箱的连接通常有以下三种。

(1) 放射式供电线路。如图 12-2(a)所示,从总配电箱至各分配电箱均由独立的干线供电,各自构成回路。这种供电方式的优点是供电可靠性高。其缺点是耗用的电线较多,增加了工程投资。

(2) 树干式供电线路。如图 12-2(b)所示,由总配电箱引出的一组干线上串接着几个分配电箱,一般每组干线最多串接 3~5 个分配电箱。这种方式供电的可靠性较放射式差,但节省了导线,降低工程投资,因此它是目前照明设计中常用的一种方式。

(3) 混合式供电线路。如图 12-2(c)所示,这是放射式与树干式的混合供电方式,这种方式多用于多层及高层建筑。

4. 配电柜(屏)

配电柜是用来成套安装供配电系统中配电设备的定型柜,有高压、低压配电柜两大类,各类柜各有统一的外形尺寸。按照输配电过程中不同功能的要求,选用不同标准的接线方案。

低压配电柜是按一定的接线方案,将低压开关电器组合起来的一种低压成套配电装置,用在500V以下的配电系统中,作动力和照明配电之用。低压配电柜按维护方式分为单面维护式和双面维护式两种。单面维护式基本上靠墙安装(实际离墙0.5m左右),维护检修一般都在前面。双面维护式是离墙安装,柜后留有通道,可在前后两面进行维修。国产的双面维护的低压配电屏主要系列型号有GGD、GDL、GHL、JK、MNS、GCS等。GGD型低压配电柜外形如图12-27所示。

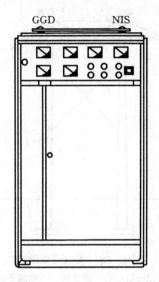

图12-27　GGD型低压配电柜外形

低压配电柜按安装的方式不同,可分为固定式和抽屉式两种。固定式的所有电器元件都固定安装;抽屉式的某些电器元件可按一次线路方案灵活组合组装,按需要抽出或推入。固定式低压配电柜简单经济,应用广泛;抽屉式低压配电柜结构紧凑,安装灵活方便,防护安全性能好,应用也越来越多。

低压配电柜还可按装置的外壳不同,分为开启式和保护式两种。

第四节　线路的敷设

应根据建筑物的功能、室内装饰的要求和使用环境等因素,经技术、经济比较后确定导线的型号及敷设方式。

一、架空线路

架空线路主要由导线、电杆、横担、金具、绝缘子、拉线盘、卡盘及底盘等组成,如图 12-28 所示。其优点是设备材料简单,成本低,容易发现故障,维修方便。其缺点是易受外界环境的影响,供电可靠性较差,影响环境的整洁美观等。

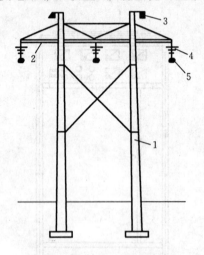

图 12-28 架空线路结构
1—电杆;2—横担;3—避雷线;4—绝缘子;5—导线

二、电缆线路敷设

电缆线路的优点是不受外界环境影响,供电可靠性高,不占用土地,有利于环境美观。其缺点是材料和安装成本高。在低压配电线路中广泛采用电缆线路。

电缆主要由线芯、绝缘层、外护套三部分组成。根据电缆的用途不同,可分为电力电缆、控制电缆、通信电缆等;按电压等级不同,可分为低压电缆、高压电缆两种。电缆的型号中包含其用途类别、绝缘材料、导体材料、保护层等信息。目前在低压配电系统中常用的电力电缆有 YJV 交联聚乙烯绝缘、聚氯乙烯护套电力电缆和 VV 聚氯乙烯绝缘、聚氯乙烯护套电力电缆等。一般优选 YJV 电力电缆。

电缆敷设有直埋、电缆沟、排管、架空等方式。敷设电缆采用直埋方式时,必须采用有铠装保护的电缆,埋设深度不小于 0.7m;电缆敷设应选择路径最短、转弯最少、外界因素影响最小的路线;地面上在电缆拐弯处或进建筑物处要埋设标示桩,以备日后维护时参考。

1. 室外电缆敷设

在建筑工程中,电缆施工应用得最多的是直埋敷设。直埋敷设可在排管、电缆沟、电缆隧道内敷设,也可直接埋地敷设。

2. 室内电缆敷设

室内电缆通常采用金属托架或金属托盘明设。在有腐蚀性介质的房屋内明敷的电缆宜采用塑料护套电缆。无铠装保护的电缆在室内明敷时,水平敷设的电缆离地面的距离不应小于 2.5m,垂直敷设的电缆离地面的距离小于 1.8m 时应有防止机械损伤的措施,但电缆明敷在配电室内时例外。

相同电压等级的电缆并列明敷时,电缆间的净距不应小于 35mm,并且不应小于电缆外径(在线槽、桥架内敷设时除外)。电缆在室内埋地敷设、穿墙或穿越楼板时,应穿管或采取其他保护措施,且其管内径应不小于电缆外径的 1.5 倍。

低压电缆由配电室引出后,一般沿电缆隧道、电缆沟、金属托架或金属托盘进入电缆竖井,然后沿支架垂直上升敷设。因此,配电室应尽量布置在电缆竖井附近,尽量减小电缆的敷设长度。

三、绝缘导线的敷设

绝缘导线的敷设方式可分为明敷和暗敷。

(一)明线敷设

明线敷设就是把导线沿建筑物的墙面或顶棚表面、桁架、屋柱等外表面敷设,导线裸露在外。这种敷设方式的优点是工程造价低,施工简便,维修容易。其缺点是由于导线裸露在外,容易受到有害气体的腐蚀或受到机械损伤而发生事故,同时也不美观。明线敷设的方式一般有以下几种。

1. 瓷夹板敷设

导线用瓷夹板固定,敷设时要求导线的走向横平竖直。线路水平敷设时离地面高度不得小于 2.3m,垂直敷设时最下端离地面高度不得小于 2m;导线敷设时不要与建筑物接触;在敷设直线段时,两瓷夹板之间的距离一般为 0.6～0.8m;导线穿墙或穿楼板时,应将导线穿在瓷管内,避免导线与墙壁、楼板直接接触。由于这种敷设方式简单,造价低廉,在一般民用建筑中仍得到采用,主要用于用电负荷小、环境干燥的场所。

2. 瓷柱敷设

瓷柱敷设是将导线固定在瓷柱或瓷瓶上。其安装注意事项与瓷夹板敷设方式类似。当导线截面为 1～4mm^2 时,两个相邻瓷瓶之间的最大允许距离为 2m;当导线截面为 6～10mm^2 时,最大允许距离为 2.5m。采用瓷柱敷设的导线不得与建筑物相接触;且绑扎线不能用裸铜线。这种敷设方式适用于用电负荷较大、环境潮湿的场所。

3. 槽板敷设

槽板敷设是将导线敷设在木槽板或塑料槽板内,外加盖板,使导线不外露。敷设时,其走向应尽量沿墙角或边缘。这种敷设方式的优点是整齐美观,使用安全;但工程造价较高。它适用于小负荷、环境干燥的民用、公共建筑的照明线路。安装时,每个槽内只允许敷设一根导线,在槽内不准有接头。如需接头,应使导线穿过盖板在外面连接,或者在分支处使用接线盒。

在进行线槽敷设时应注意以下几个方面。

(1) 金属线槽敷设一般适用于正常环境的室内场所明敷,但对金属线槽有严重腐蚀的场所不应采用。具有槽盖的封闭式金属线槽可在建筑顶棚内敷设。塑料线槽敷设一般适用于正常环境的室内场所,在高温和易受机械损伤的场所不宜采用。

(2) 对同一路径无防干扰要求的线路,可敷设于同一线槽内。线槽内电线或电缆的总截面(包括外护层)不应超过线槽内截面积的20%,载流导线不宜超过30根。

(3) 同一回路的所有相线和中性线(如果有中性线)应敷设在同一金属线槽内。

(4) 采用金属线槽敷设不得在穿过楼板或墙壁等处进行连接。金属线槽竖直敷设或倾斜敷设时,应采取措施防止电线或电缆在槽内滑动。在地面安装金属线槽敷设时,强、弱电线路应分槽敷设,在两种线路交叉处应设置有屏蔽分线板的分线盒。

(5) 强、弱电线路不应敷设在同一塑料线槽内。塑料线槽内不得有接头,分支接头应在接线盒内进行。

4. 铝皮卡钉敷设

用铝皮卡钉来固定导线,一般是用来固定带有护套的导线。这种敷设方式也很简便,目前应用也比较广泛。安装时,两个相邻的铝皮卡钉之间的距离一般为 $0.15\sim0.3\text{m}$。

5. 穿管明敷设

穿管明敷设是将钢管或塑料管固定在建筑物的表面或支架上,导线穿在管内。这种敷设方式使导线不外露,不易受损,多用于工厂车间和实验室中。

在进行绝缘导线穿管敷设时应注意以下几个方面。

(1) 当3根及以上绝缘导线穿于同一根金属管或塑料管时,其总截面积(包括外护层)不应超过管内截面积的40%。

(2) 交流线路穿金属管时,应将同一回路的所有相线和中性线(如果有中性线)穿在同一根管内。

(3) 穿塑料管明敷设一般适用于室内和有酸碱腐蚀性介质的场所,但在易受机械损伤的场所则不宜采用。

（二）导线穿管暗敷

导线穿管暗敷就是将导线装在管子、线槽等保护体内，敷设在墙壁、顶棚、地坪及楼板等内部。其优点是既不影响建筑物的美观，又能防潮和防止导线受到有害气体的腐蚀及意外的机械损伤。其缺点是安装费用较高；管子埋在墙内，在使用过程中检修比较困难。这种方式在安装过程中要求比较严格。导线穿管暗敷时应注意以下几点。

（1）钢管弯曲半径不得小于该管径的 6 倍，钢管弯曲角度不得小于 90°。

（2）管内所穿导线的总截面积不能超过管内截面积的 40%，管内导线的数目不能超过 8 根。

（3）管内导线不允许出现接头和扭拧现象，所有导线的接头和分支都应在接线盒内进行。

（4）不同回路和不同电压的导线除特殊情况外，不应穿在同一根管内。

总而言之，暗线穿管敷设优于明线敷设，只是由于工程造价较高，才没有得到广泛使用，只有在标准较高的建筑物中采用。除此之外，在一些特殊场所，如潮湿、容易引起火灾和爆炸的场所，也都采用暗线穿管敷设。

 本章综合思考题

1. 低压配电的接线原则是什么？低压配电有哪几种方式？分别有什么优缺点？
2. 电力系统由哪些部分构成？各部分的作用是什么？
3. 配电箱是什么装置？其分类有哪些？
4. 配电箱的选用和布置应考虑哪些方面？
5. 建筑物用电负荷分为几级几类？各自适用范围？
6. 配电箱(盘、柜)的常见故障有哪些？
7. 开关箱里主要有哪些配置？
8. 熔断器是如何工作的？
9. 自动空气开关是如何工作的？它分为几类？
10. 漏电保护器分为哪几类？
11. 架空线路由哪些部分组成？
12. 绝缘导线有哪几种敷设方式？
13. 绝缘导线穿管暗敷应注意哪些方面？

第十三章

电气照明

本章学习要点

掌握电气照明的基本知识、照明的种类和方式；了解灯具与照明装置的种类、构造、选择和布置方式，以及常用公共照明技术设计要求和一般过程；熟悉照明系统的常见故障与维护。

第一节 电气照明的基本知识

照明分为自然照明（天然采光）和人工照明两大类。电气照明是一门综合性技术，它涉及光学、电学、建筑学和生理学。由于电光源的出现和发展，电气照明已被广泛应用并成为现代人工照明的极其重要的手段。电气照明由于具有灯光稳定、易于控制和调节，以及安全、经济等优点，因而成为现代人工照明中应用最为广泛的一种照明方式。

一、照明的光学概念

1. 光

光是能量的一种形式，它可以通过辐射的方式在空间进行传播。光的本质是一种电磁波，它在电磁波的极其宽广的波长范围内仅仅占极小一部分，通常把红外线、可见光和紫外线合称为光，其中可见光是人眼能感觉到的那一部分，波长在 $380\sim760\text{nm}(1\text{ nm}=10^{-9}\text{m})$ 之间。波长不同的可见光，在人眼中相应感受到不同的颜色。

2. 光通量

光源在单位时间内，向周围空间辐射出的使人眼产生的光感能量称为光通量，简称为光通，单位为 lm（流明）。

3. 亮度

亮度是直接对人眼引起感觉的光指标之一。对在同一照度下，并排放着的白色和黑色物体，人眼看起来有不同的视觉效果，总觉得白色物体要亮得多，这是由于物体表面反光程度不同造成的。亮度与被视物体的发光或反光面积以及反光程度有关。通常把被视物体表面在某一视线方向或给定的单位投影面上所发出或反射的发光强度,称为该物体表面在该方向上的亮度,单位为nt(尼特)。

4. 照度

被照物体单位面积上接收的光通量称为照度,用符号E表示,单位为lx(勒克斯)。照度是表示物体被照亮程度的物理量。能否看清一个物体,与这个物体的照度有关。

照度为1lx,仅能辨别物体的轮廓;照度为5~10lx,看一般书籍比较困难;阅览室和办公室的照度一般要求不低于50lx。

二、照明质量

照明设计首先应考虑照明质量,在满足照明质量的基础上,再综合考虑投资省、安全可靠、便于维护管理等问题。照明质量包括以下内容。

1. 照度均匀

如果被照面的明亮程度不均匀,使眼睛经常处于亮度差异较大的适应变化中,将会导致视觉疲劳。为了使照度均匀,灯具相互间的距离和对被照面的高度有一定比例,这个比例要选择恰当。

2. 照度合理

亮度反映了眼睛对发光体明暗程度的感觉,原则上应规定合适的亮度。由于确定照度比确定亮度要简单得多,因此在照明设计中一般规定照度标准。对人最舒适的照度平均值为2 000lx左右。

3. 合适的亮度分布

当物体发出可见光(或反光)时,人才能感知物体的存在;愈亮,看得就愈清楚。若亮度过大,人眼会感觉不舒服,超出眼睛的适应范围,则灵敏度下降,反而看不清楚。照明环境不但应使人能清楚地观看物体,而且要给人以舒适的感觉,所以在整个视场(如房间)内,各个表面都应有合适的亮度分布。

4. 光源的显色性

在需要正确辨色的场所,应采用显色指数高的光源,如白炽灯、日光色荧光灯和日光色镝灯等。

5. 照度的稳定性

照度变化引起照明的忽明忽暗,不但会分散人们的注意力,给工作和学习带来不便,而且会导致视觉疲劳,尤其是5~10次/min到1次/min的周期性的照度波动,对眼睛极为有害。因此,照度的稳定性应予以保证。

照度的不稳定主要是由于光通量的变化所致,而光源光通量的变化主要是由于电源电压的波动所致。因此,必须采取措施保证照明供电电压的质量,如将照明和动力电源分开或使用调压器等。另外,光源的摆动(晃动)也会影响视觉,而且影响光源本身的寿命,所以,灯具应设置在没有气流冲击的地方或采取牢固的吊装方式。

6. 限制眩光

当人观察高亮度的物体时,眩光会使视力逐渐下降。为了限制眩光,可适当降低光源和照明器具表面的亮度。对有些光源,可用漫射玻璃或格栅等限制眩光,格栅保护角为 30°～45°。

7. 频闪效应的消除

交流供电的气体放光电源,其光通量会发生周期性变化,最大光通量和最小光通量差别很大,使人眼发生明显的闪烁感觉,即频闪效应。当观察转动物体时,若物体转动频率是灯光闪烁频率的整数倍时,则转动的物体看上去却好像没有转动一样,因而造成错觉,容易发生事故。

第二节 照明的种类和方式

一、照明种类

照明的种类按用途可分为正常照明、应急照明、值班照明、警卫照明、障碍照明和景观照明等。

1. 正常照明

正常照明是指在正常情况下使用的室内外照明。所有居住房间和工作、运输、人行车道以及室内外小区和场地等,都应设置正常照明。

2. 应急照明

应急照明是指因正常照明的电源失效而启用的照明。它包括备用照明、安全照明和疏散照明。所有应急照明必须采用能瞬时可靠点燃的照明光源,一般采用白炽灯和卤钨灯。

(1) 备用照明是指用于确保正常活动继续进行的照明,在因工作中断或误操作容易引起爆炸、火灾和人身伤亡或造成严重政治后果和经济损失的场所中使用。例如医院的手术室和急救室、商场、体育馆、剧院、变配电室、消防控制中心等,都应设置备用照明。

(2) 安全照明是指用于确保处于潜在危险之中的人员安全的照明。如使用圆形锯、金属热处理作业和手术室等处应设置安全照明。

(3) 疏散照明是指用于确保疏散通道被有效地辨认和使用的照明。对一旦正常照明失效或发生火灾将引起混乱的人员密集的场所,如宾馆、影剧院、展览馆、大型百货商场、体育馆、高层建筑的疏散通道等,均应设置疏散照明。

3. 值班照明

值班照明是指非工作时间为值班所设置的照明。值班照明宜利用正常照明中能单独控制的一部分或利用应急照明的一部分或全部。

4. 警卫照明

警卫照明是指为对人员、财产、建筑物、材料和设备的保卫而采用的照明。例如,用于警戒及配合闭路电视监控而配备的照明。

5. 障碍照明

障碍照明是指在建筑物或构筑物上装设的作为障碍标志的照明。例如,为保障航空飞行器的安全,在高大建筑物或构筑物上安装的障碍标志灯。障碍标志灯的电源应按主体建筑中最高负荷等级要求供电。

6. 景观照明

景观照明是指为室内外特定建筑物、景观而设置的,带艺术装饰性的照明,包括装饰建筑外观照明、喷泉水下照明、用彩灯勾画建筑物的轮廓、给室内景观投光以及广告照明灯等。

二、照明方式

由于建筑物的功能和要求不同,对照度和照明方式的要求也不相同。照明方式可分为一般照明、局部照明和混合照明。

1. 一般照明

一般照明是为照亮整个场所而设置的均匀照明。一般照明由若干个灯具均匀排列而成,它可获得较均匀的水平照度。对于工作位置密度很大而对照明方向无特殊要求或受条件限制不适宜设置局部照明的场所,可只单独设置一般照明,如办公室、体育馆和教室等。

2. 局部照明

局部照明是为特定视觉工作用的、为照亮某个局部而设置的照明。其特点是开、关方便,并能有效地突出对象。

3. 混合照明

由一般照明和局部照明组成的照明称为混合照明。对于工作位置需要有较高照度并对照射方向有特殊要求的场合,应采用混合照明。混合照明的优点是可以在工作面(平面、竖直面或倾斜面表面)上获得较高的照度,并易于改善光色,减少照明功率和节约运行费用。

第三节　灯具与照明装置

一、灯具

灯具是能透光、分配和改变光源分布的器具,以达到合理利用光源和避免眩光的目的。灯具由光源和控照器(灯罩)配套组成。

(一)电光源

电光源按照其工作原理可分为两大类。一类是热辐射光源,如白炽灯、卤钨灯等;另一类是气体放电光源,如荧光灯、高压汞灯、高压钠灯、金属卤化物灯等。

1. 电光源的参数

电光源的性能与特点用各种参数反映,这些参数是选择光源的依据。电光源的主要参数如下。

(1) 光通量输出。

光源(灯泡、灯管)在工作时所发出的光通量称为光通量输出。它与工作时间等因素有关,一般来说,灯工作时间越长其光通量输出就越低。

(2) 发光效率。

光源所发出的光通量与消耗的功率之比称为发光效率。

(3) 光源寿命。

光源的寿命是指光源从初次通电工作时起到其完全丧失或部分丧失使用价值时止的全部点燃时间。光源寿命又分为三种:全寿命,是指光源从使用时起,到其不能再工作时为止的全部点燃时间;有效寿命,是指光源从开始点燃时起,到其光通量降低到初始值70%时止的点燃时间;平均寿命,是指每批抽样试品有效寿命的平均值。通常所指的寿命都是指平均寿命。

(4) 光谱能量分布。

光谱能量分布通常以曲线形式给出。它表明光源辐射的光谱成分和相对强度。

(5) 光源显色指数。

显色性是指照明光源对物体颜色呈现的程度。人类长期在日光下生活,有意识或无意识地以日光为基准来分辨颜色。显色指数是在被测光源或标准光源照射下,在考虑色适应状态下,物体的心理物理色符合程度的度量。日光和标准光源的显色指数 R 定为100,光源的显色指数 R 值越大,显色性就越好。

2．常用电光源

(1) 白炽灯。

白炽灯光谱能量为连续分布型,故显色性好。白炽灯具有结构简单,使用灵活,可调光,能瞬间点燃,无频闪现象,价格便宜等优点,是目前广泛使用的光源之一。但因其极大部分热辐射为红外线,故发光效率很低。

白炽灯灯丝电阻具有正阻特性,温度升高时阻值增大,灯泡正常点燃后电阻较高,电流较小,而冷态下电阻较小。所以白炽灯在冷态下点燃的瞬间电流很大,可达灯泡额定电流的 12～16 倍,启动冲击电流的持续时间为 0.05～0.23s。白炽灯可看做纯电阻负载。

白炽灯在运行中,光通量的输出随电网电压的变化而急剧变化。这一特性主要有以下几点:

① 当电压突然大幅度下降时,虽然白炽灯的光通量也大幅度地降低,但不至于突然熄灭,熄灭后,也可以迅速点燃,这对保证连续照明很有益处;

② 用于交流电网的白炽灯的光通量的波动不大,其闪烁指数一般是 2%～13%;

③ 灯丝加热过程迅速,加热到输出 90% 光通量所需要的时间只有 0.07～0.08s(40～500W 的灯泡);

④ 光通量的输出随着点燃时间的增加而降低,这一现象在真空管灯泡中普遍存在,在充气灯泡中则不那么明显;

⑤ 钨丝白炽灯的发光效率约为 7.3～18.6lm/W;

⑥ 白炽灯的使用寿命以灯丝断裂而结束,一般白炽灯的平均寿命为 1 000h。

(2) 荧光灯。

荧光灯属于气体放电光源,灯管中充以低气压汞蒸气。它是各种气体放电光源中应用最广泛的一种。荧光灯的基本构造是由灯管和附件两部分组成,附件主要是镇流器和启辉器。

荧光灯的电流参数分额定工作电流和启动电流两项。额定工作电流是根据灯管的功率、结构、电流密度而确定的。在工作电流下,灯管上产生的电压降是荧光管的灯管电压。由于荧光灯工作时必须串接入镇流器,故灯管电压比线路电压低,一般为线路电压的 1/2～1/3。额定启动电流是启动时预热灯丝的电流。

荧光灯在额定电流下所消耗的功率为额定功率。线路功率是镇流器功率与荧光管功率之和。

荧光灯的发光效率是用灯管所发光通量与灯管消耗功率之比来表示的。计算发光效率时应考虑到镇流器所消耗的功率。荧光灯的发光效率一般 65～78lm/W。

荧光灯的光通量输出衰减到额定输出的 70% 时,所点燃的整个时间作为荧光灯的寿命,该时间被称为有效时间。荧光灯灯管的寿命可达 3 000h 以上,平均寿命比白炽灯约长 2 倍。

荧光灯以交流电供电时,其光通量输出随交流电频率变化而变化,会发生闪烁现象。

(3) 卤钨灯。

卤钨灯是白炽灯的一种。普通白炽灯在使用过程中,从灯丝蒸发出来的钨沉积在灯泡内壁上会使玻璃壳黑化,玻璃黑化后会使透光性能降低,造成发光效率降低。在灯泡内充入惰性气体对防止玻壳黑化虽然有一定作用,但效果仍不令人满意。卤钨灯灯泡内除了充入惰性气体外,还充有少量的卤族元素(氟、氯、碘),这样对防止玻壳黑化具有很好的效果。

卤钨灯中,有的是充入卤素碘,叫做碘钨灯。此外还有溴钨灯、氟钨灯等。碘钨灯的发光效率为 $10\sim30 lm/W$,寿命一般为 2 000h。

(4) 金属卤化物灯。

金属卤化物灯是近年来发展起来的一种新型光源。它是在充满高压汞的放电管内添加一些金属卤化物(如碘、溴、铊、铟、镝、钍等金属化合物),利用金属卤化物的循环作用,彻底改善了高压汞灯的光色,使其发出的光谱接近天然光,同时还提高了发光效率,是目前比较理想的光源,人们称之为第三代光源。

3. 光源的选择

光源的种类应根据对照明的要求、使用场所的环境条件和光源的特点合理选用。

白炽灯的优点是体积小,容易借助于灯具得到准确的光通量分布,显色性比较好,费用较低,因此在许多场所得到广泛应用。对要求有显色性、方向性照明的场合,如展览陈列室、橱窗照明和远距离投光照明等常采用白炽灯作为光源。由于其启动性能好,能够迅速点燃,所以事故照明一般也采用白炽灯。在有特殊艺术装饰要求,如会堂、高级会客室、宴会厅等需要表现庄严、华丽、温暖、热烈的场合,也常采用白炽灯。白炽灯的发光效率较低,寿命短。

荧光灯则与之相反,所以在办公室、学校、医院、商店、住宅等建筑中得到广泛应用。因为荧光灯有一定的启动时间,其寿命受启动次数的影响很大,所以在开关比较频繁和使用时间较短的场所,不宜采用荧光灯。

荧光高压汞灯、金属卤化物灯、高压汞灯等高强度放电灯的功率大,发光效率高,寿命长,光色也较好,在经常使用照明的高大厅堂及露天场所,特别是在维护比较困难的体育馆和其他体育竞赛场所等,可以广泛采用。为了改善这类放电灯的光色,在室内场所常采用混光照明方式,例如荧光灯、高压汞灯与白炽灯混光,或荧光高压汞灯与高压钠灯混光等。

(二) 控照器

控照器即灯罩,是光源的附件。控照器可改变光源的光学指标,可适应不同安装方式的要求,可做成不同的形式、尺寸,可以用不同性质和色彩的材料制造,可以将几个到几十个光源集中在一起组成建筑花灯。控照器虽为光源的附件,但也有自身的主要作用。控照器的主要作用是重新分配光源发出的光通量,限制光源的眩光,减少和防止光源的污染,保护光源免遭机械破坏,安装和固定光源,并与光源配合起一定的装饰作用。

制作控照器的材料一般为金属、玻璃或塑料。按照光学性质的不同,控照器可分为反射型、折射型和透射型等多种类型。

控照器的主要参数为配光曲线、光效率和保护角。其中配光曲线是指光源向其四周辐射光强大小的曲线;光效率是指由控照器输出的光通量与光源的辐射光通量的比值;控照器的保护角是指控照器开口边缘与发光体(灯丝)最远边缘的连线与水平线之间的夹角,即控照器遮挡光源的角度,如图 13-1 所示。保护角的大小可以用式(13-1)来确定,即

$$\tan\gamma = h/C \tag{13-1}$$

式中:h——发光体(灯丝)至控照器下缘高差,单位为 mm;

C——控照器下缘与发光体(灯丝)下缘最远边缘的水平距离,单位为 mm。

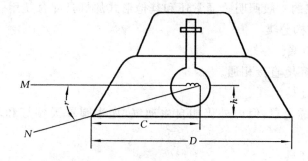

图 13-1　控照器的保护角

控照器的配光曲线、光效率和保护角三者之间的关系是紧密相关,又相互制约的。如为改善配光需加罩,为减弱眩光需增大保护角,但都会使光效率降低。为此,需研制一种可建立任意大小的保护角,但不增加尺寸的新型控照器,如遮光格栅就是其中的一种。

(三) 灯具的种类

1. 按光通量在空间上、下两半球的分配比例分类

(1) 直射型灯具。

这种灯具的控照器由反光性能良好的不透明材料制成,如搪瓷、铝和镀锌镜面等。这类灯具又可按配光曲线的形态分为:广照型、均匀配光型、配照型、深照型和特深照型等五种。直射型灯具效率高,但灯的上部几乎没有光线,顶棚很暗,与明亮灯光容易形成对比眩光。由于它的光线集中,方向性强,产生的阴影也较深。

(2) 半直射型灯具。

它能将较多的光线照射在工作面上,又可使空间环境得到适当的亮度,改善房间内的亮度比。这种灯具的控照器常用半透明材料制成下面开口的式样,如玻璃菱形罩等。

(3) 漫射型灯具。

典型的乳白玻璃球型灯属于漫射型灯具的一种,它是采用漫射透光材料制成封闭式的灯罩,其造型美观,光线均匀柔和。但是光的损失较多,光效率较低。

(4) 半间接型灯具。

这类灯具的控照器上半部用透明材料、下半部用漫射透光材料制成。由于上半球光通量的增加,增强了室内反射光的效果,使光线更加均匀柔和。在使用过程中,上部很容易积灰尘,影响灯具的效率。

(5) 间接型灯具。

这类灯具全部光线都由上半球发射出去,经顶棚反射到室内,因此能很大限度地减弱阴影和眩光,光线均匀柔和。但由于光损失较大,不甚经济。这种灯具适用于剧场、美术馆和医院的一般照明。通常还和其他形式的灯具配合使用。

2. 按灯具结构分类

(1) 开启式灯具。

光源与外界环境直接相通。

(2) 保护式灯具。

具有闭合的透光罩,但内外仍能自由通气,如半圆罩天棚灯和乳白玻璃球形灯等。

(3) 密封式灯具。

透光罩将灯具内外隔绝,如防水防尘灯具。

(4) 防爆式灯具。

在任何条件下,不会因灯具引起爆炸的危险。

3. 按固定方式分类

(1) 吸顶灯。直接固定于顶棚上的灯具称为吸顶灯。

(2) 镶嵌灯。将灯嵌入顶棚中的灯具称为镶嵌灯。

(3) 吊灯。吊灯是利用导线或钢管(链)将灯具从顶棚上吊下来。大部分吊灯都带有灯罩。灯罩常用金属、玻璃和塑料制作而成。

(4) 壁灯。壁灯装设在墙壁上。在大多数情况下要与其他灯具配合使用。除有实用价值外,还具备很强的装饰性。

(四) 灯具的选择

灯具的选择与使用环境、配光特性有关。在选用灯具时,一般要考虑以下几个因素。

(1) 光源。选用的灯具必须与光源的种类和功率完全相适应。

(2) 环境条件。灯具要适应环境条件的要求,以保证安全耐用和有较高的照明效率。

(3) 光分布。要按照对光分布的要求来选择灯具,以达到合理利用光通量和减少电能消耗的目的。

(4) 限制眩光。由于眩光作用与灯具的光强、亮度有关。若灯具悬挂高度一定时,则可根据限制眩光的要求选用合适的灯具类型。

(5) 经济性。按照经济原则选择灯具,主要考虑照明装置的初始投资费用和年运行费用及维修费用。

(6) 艺术效果。因为灯具还具有装饰空间和美化环境的作用,所以应注意在可能条件下的美观,强调照明的艺术效果。

（五）灯具的布置

灯具的布置主要是指确定灯在室内的空间位置。灯具的布置对照明质量有重要影响。光的投射方向、工作面的照度、照明均匀性、直射眩光、视野内其他表面的亮度分布以及工作面上的阴影等,都与照明灯具的布置有直接关系。灯具的布置合理与否与照明装置的安装功率和照明设施的耗费有关,与照明装置的维修和安全有关。

1. 灯具的布置方式

(1) 均匀布置。均匀布置是使灯具之间的距离及行间距离均保持一定的布灯方式,它适用于要求照度均匀的场合。

(2) 选择布置。选择布置是指根据工作面的安排、设备的布置来确定的布灯方式,它适用于分区、分段的一般照明。它的优点在于能够选择最有利光的照射方向和保证照度要求,可避免工作面上的阴影,在办公场所、商业场所、车间等场所内,设施布置不均匀的情况下,采用这种有选择的布灯方式可以减少一定数量的灯具,有利于节约投资与能源。

2. 常用灯具布置方案

(1) 灯具的平面布置。

灯具均匀布置时,一般采用矩形、菱形等形式。灯具按图 13-2 所示布置时,其等效灯具 L 的值计算如下。

矩形布置时,有
$$L=\sqrt{L_1 L_2} \tag{13-2}$$

菱形布置时,有
$$L=\sqrt{L_1^2+L_2^2} \tag{13-3}$$

(2) 灯具的竖向布置。

灯具的竖向布置主要是指灯具的悬挂高度。灯具的悬挂高度指光源至地面的垂直距离,而计算高度则为光源至工作面的垂直距离,即等于灯具离地悬挂高度减去工

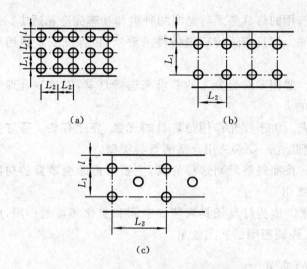

图 13-2　灯具水平布置示意图
(a) 正方形　(b) 矩形　(c) 菱形

作面的高度(通常取 0.75m)。如图 13-3 所示，H 为房间高度；h_0 为灯具的垂直高度；h 为计算高度；h_p 为工作面高度；h_s 为悬挂高度。

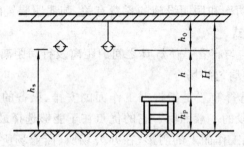

图 13-3　灯具高度布置示意图

规定灯具的最低悬挂高度是为了限制直接眩光，且注意防止碰撞和触电危险。室内一般照明用的灯具距地面的最低悬挂高度应不低于表 13-1 规定的数值。当环境条件限制而不能满足规定数值时，一般不低于 2m。

3. 距高比

灯具间距 L 与灯具的计算高度 h 的比值称为距高比。灯具布置是否合理，主要取决于灯具的距高比是否恰当。距高比值小，照明的均匀度好，但投资大；距高比值过大，则不能保证得到规定的均匀度。因此，灯间距离 L 实际上可以由最有利的距高比值来决定。根据研究，各种灯具最有利的距高比值列于表 13-1 中。这些距高比值保证了为减少电能消耗而应具有的照明均匀度。

表 13-1　各种灯具最低悬挂高度及最有利的距离比 L/h

灯具类型	最低悬挂高度/m	距高比 L/h 多行布置	距高比 L/h 单行布置	单行布置时房间最大宽度/m
配照型、广照型工厂灯	4.2	1.8～2.5	1.8～2.0	$1.2h$
镜面(搪瓷)深照型、漫射型灯	3.6	1.6～1.8	1.5～1.8	$1.1h$
防爆灯、圆球灯、吸顶灯、防水防尘灯、防潮灯	3.0	2.3～3.2	1.9～2.5	$1.3h$
荧光灯	2.7	1.4～1.5		

在布置一般照明灯具时,还需要确定灯具距墙壁的距离 l,当工作面靠近墙壁时,可采用 $l=(0.25～0.3)L$;若靠近墙壁处为通道或无工作面时,则 $l=(0.4～0.5)L$。

在进行均匀布灯时,还要考虑天棚上安装的吊风扇、空调送风口、扬声器、火灾探测器等其他设备,原则上以照明布置为基础,协调其他安装工程,统一考虑、统一布置,在满足功能要求的同时,又要使天棚整齐划一、美观。

二、照明装置

照明装置是指由若干个照明灯组成的如发光天棚之类的发光装置。常见的有发光天棚、光盆与光带等。

1. 发光天棚

发光天棚是利用有散射特性的介质将安装于天棚的光源的光通量重新分配而照亮房间的天棚。其主要特点是发光表面亮度低而面积大,能得到照度均匀、无强烈阴影、无直射眩光和间接眩光、有合适的垂直照度与水平照度的高质量照明。

构成发光天棚的材料有磨砂玻璃、半透明有机玻璃、棱镜、塑料和栅格等。这些材料用框架支撑并整幅整幅地布置成一个平面。发光天棚的光源安装在天棚上面的夹层中。夹层要有一定的高度,以保证灯之间的距离与灯悬挂高度之比值选得恰当,并可以在夹层中方便地对照明设备进行维护。图 13-4 所示为发光天棚的部分断面。

发光天棚的光源可用白炽灯或荧光灯。由于荧光灯发光效率高,且容易得到均匀的亮度,所以优先选用荧光灯。发光天棚具有良好的照明质量,但也存在着发光天棚容易积尘、影响照明质量、耗电大等缺点,使用时应综合考虑。

2. 光盆与光带

光盆是嵌于天棚内散光面积较大的矩形照明装置。当光盆连续布置成一条线时,得到很长的带状照明装置称为光带。光盆和光带的特点是嵌装在天棚内,在设计和安装时需要和土建配合。

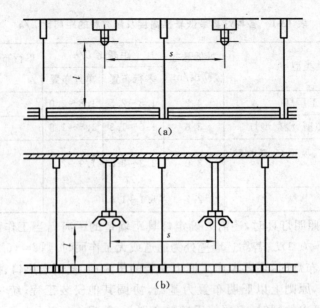

图 13-4　发光天棚的部分断面图
(a) 玻璃发光天棚　(b) 栅格发光天棚

在光盒和光带中,由于发光面积较小和考虑较大的表面亮度,光源分布较密,光源距发光面可以较近,所以可以做成具有封闭断面的形式,并采用反射罩。这样光盒(带)的效率提高了,亮度也更均匀,而且能较好地阻止灰尘集聚在发光面上。光盒(带)的透光面可以采用磨砂玻璃、蛋白玻璃、有机玻璃等材料和栅格结构。

为了使光盒(带)亮度均匀,断面内灯管的数量要符合要求,一般灯间距离与灯距透射面的距离之比不应超过 2.4。在光盒(带)内最好采用线光源,例如荧光灯管。对于光带,为使沿光带长度亮度均匀,应将光带内成单列或多列布置的荧光灯端部错开。

光盒与光带能够形成良好的照明。在照明扩散度、均匀度方面,仅次于发光天棚,但方向性却比发光天棚好。光盒与光带可以构成各种图案,使房间的空间造型更加丰富。

第四节　照明系统的常见故障与维护

线路的常见故障包括短路、断路、接触不良及漏电等。在检修时,首先应根据各种现象予以综合分析、判断,找出故障原因及故障所在,再按情况予以排除。

1. 短路

照明线路发生短路故障时,由于短路电流很大,如果保护装置不能及时动作,则会发生甚至包括火灾在内的严重事故。短路的原因有下面几种:

① 接线错误,使相线与地(零)线相碰引发短路;

② 接线不良,接头之间直接短接或碰线引发短路;

③ 短路时,短路保护装置不能及时动作,致使短路故障扩大;

④ 房屋失修,导线霉烂破损引发短路;

⑤ 电器内部或灯头、开关的短路等。

2. 断路

引起照明线路断开的原因主要是导线断落、线头松脱、开关损坏、熔丝熔断、自动开关跳闸等。

3. 漏电

漏电主要是导线和电气设备绝缘性能下降或长期使用而使绝缘材料老化所致。有时,由于潮湿或污染造成绝缘不良也会引起漏电。线路漏电不仅浪费电力,也容易引起触电事故,并且也是短路故障的先兆。现在的建筑单元一般都装有漏电保护开关,当因漏电导致跳闸时,一定要找出漏电部位和漏电原因,不能等闲视之。检查有如下几个步骤。

① 分析是否确系漏电。可用摇表测其绝缘电阻或在总刀闸上接电流表检查。

② 如确是漏电,可继续用电流表判断是相线与零线间的漏电,还是相线与大地间的漏电,或者两者都有。当切断零线,电流表同样偏转,则是相、地之间漏电;如此时电流表指示为零,则是相、零之间漏电;如电流表指示变小,则说明相地与相零之间均存在漏电现象。

③ 确定漏电范围。拉下各支路刀闸,如电流表指示不变,则表明是总线漏电;电流表指示为零,则是分线漏电;如电流表指示变小,则是总线与分线均有漏电现象存在。

④ 确定是某段线路漏电后,依次拉断该线路上用电设备的开关,仍以电流表指示变化来判断是哪一条支线漏电。若所有支线拉开仍表示有漏电,则是该段干线漏电。

⑤ 在建筑单元内可直接用漏电开关是否跳闸来检查是哪一条支线或哪一个用电器存在漏电现象。

总的说来,检查漏电是从大范围到小范围,一步步接近漏电点。当找到漏电点后,一定要及时妥善处理,否则后患无穷。

4. 白炽灯和荧光灯的修理

白炽灯和荧光灯是目前应用很普遍的光源。白炽灯的特点是安装简单,成本低廉,能根据需要安装于各种场合;缺点是发光效率低,仅有百分之几到十几的电能转化为可见光。荧光灯的发光效率高于白炽灯,且寿命长,光色好,故得到较广泛的应用。

白炽灯的故障及检修方法见表13-2。

表13-2 白炽灯的故障及检修方法

故障现象	可能原因	检修方法
灯泡不亮	1. 灯丝断或灯头引入线断裂 2. 灯座或开关等处接触不良 3. 线路断路 4. 熔丝断裂	1. 换新灯泡,换线 2. 修复灯座或开关触点,调换新灯座或开关 3. 检查线路,调换新线 4. 检查原因,排出故障后调换熔丝
灯泡或明或暗	1. 灯座或开关松动 2. 熔丝接触不良 3. 线路接头处松动 4. 电网电压不正常,或有大容量负荷经常启动	1. 旋紧加固 2. 压紧加固 3. 检查重接 4. 不需修理
灯泡发出强烈白光,灯丝即刻烧断	1. 灯丝短路 2. 线路上大电流短路 3. 灯泡额定电压低于电源电压	1. 调换灯泡 2. 检查线路,排除故障后调换灯泡 3. 检查灯泡,按额定电压装接
灯光暗淡	1. 灯泡外壳积污垢 2. 灯泡钨丝老化、变细,电流减少,寿命将中止 3. 电源电压过低 4. 线路因受潮或绝缘损坏有漏电现象	1. 清洗灯泡外壳,待完全干后再装接 2. 调换新灯泡 3. 不需修理 4. 检查线路,调换新线

普通照明用白炽灯泡的型号及规格见表13-3。

各种荧光灯管的工况额定值见表13-4。

荧光灯的故障及检修方法见表13-5。

表 13-3 普通照明用白炽灯泡的型号及规格

灯泡型号	额定值			灯座型号	
	电压/V	功率/W	光通量/lm	插口式	螺旋式
PZ6	220	15	101	2C-22	E27
PZ7		25	198		
PZ8		40	340		
PQ8		60	540		
PQ9		100	1 050		
PQ10		150	1 845		
PQ11		200	2 660		E27 或 E40
PQ12		300	4 350		
PQ13		500	7 700		E40
PQ14		1 000	17 000		

表 13-4 各种荧光灯管的工况额定值

灯管功率/W	工作电压/V	工作电流/A
6	50	0.14
8	60	0.16
15（细管）	58	0.30
15	50	0.33
20	60	0.35
30（细管）	96	0.36
30	81	0.40
40	108	0.41

表 13-5 荧光灯的故障及检修方法

故障现象	可能原因	检修方法
不能发光或发光困难	1. 电源电压低,线路压降大 2. 启辉器陈旧老化,内部电容损坏或断开 3. 新装灯可能接错线或接触不良 4. 灯丝断开或灯管漏气 5. 镇流器配用不当,镇流器损坏 6. 气温过低	1. 升高电压,加粗导线 2. 检查后更换启辉器或电容 3. 检查线路或触点 4. 用万用表检查灯丝电阻,灯管外表荧光粉变色,表明漏气,应换灯管 5. 调换镇流器 6. 加温

续表

故障现象	可能原因	检修方法
灯光抖动，灯头两头发光	1. 接线错误，灯座、启辉器座等处松动 2. 启辉器电容击穿或短路 3. 镇流器不符合规格，接线松动 4. 灯管使用过久，陈旧老化 5. 气温过低	1. 检查接线，检查各动触点 2. 调换启辉器 3. 调换镇流器，紧固接线 4. 调换新灯管 5. 加温
灯光闪烁或灯光滚动	1. 使用新灯的暂时现象 2. 单灯管常有此现象 3. 镇流器配用不适当 4. 启辉器损坏，松动	1. 使用数次后可正常 2. 如需要可改成双灯管 3. 调换镇流器 4. 调换、修整启辉器座
灯管两头发黑或生黑斑	1. 新装灯管可能因启辉器损坏，致使阴极发射物质加速蒸发 2. 使用细灯管，灯管内水银易凝结发黑 3. 电压过高，灯管过早老化 4. 镇流器选用不当 5. 启辉器不良，长时间闪烁	1. 调换启辉器 2. 启动后即能蒸发 3. 如有可能，调整电压 4. 调换镇流器 5. 调换启辉器
射频干扰	1. 同一电路灯管放射电波的辐射作用 2. 收音机与日光灯距离过近 3. 镇流器质量差	1. 线路上加装电容器 2. 拉开距离 3. 调换镇流器
杂声及电磁声	1. 镇流器质量差，铁芯未夹紧 2. 镇流器内部短路 3. 启辉器不良，开启时有辉光杂声	1. 调换镇流器，调整铁芯间隙 2. 调换镇流器 3. 调换启辉器
灯管寿命短	1. 镇流器不良，镇流器配用不适当 2. 开关次数频繁，启辉器不良引起长时间闪烁 3. 安装位置不妥，振动导致灯丝断裂 4. 新装灯因接线错误而导致灯丝烧断	1. 调换镇流器 2. 减少开关次数，调换启辉器 3. 改变安装位置 4. 改正接线

本章综合思考题

1. 照明的种类按用途不同可分为哪几类？
2. 照明的方式包括哪几种？
3. 试述常用的电光源的分类及选用原则。
4. 灯具的选用及布置应考虑哪些因素？
5. 线路的常见故障有哪些？
6. 短路、断路和漏电的不同之处有哪些？请简述之。

第十四章

建筑物防雷与安全用电措施

本章学习要点

熟悉建筑物防雷的技术措施、防雷设计、防雷装置及防雷系统的维护；了解电器设备的接地装置的要求、接地极的做法及接地形式；掌握安全用电的必要性以及触电急救的基本常识。

第一节 建筑物的防雷装置

一、雷电简介

（一）雷电的形成

雷电是由雷云（带电的云层）对地面建筑物及大地的自然放电现象引起的，它会对建筑物或设备产生严重破坏。因此，对雷电的形成过程及其放电条件应有所了解，从而采取适当的措施，保护建筑物不受雷击。

在闷热潮湿的时候，地面上的水受热变为蒸汽，并且随地面的受热空气而上升，在空中与冷空气相遇，使上升的水蒸气凝结成小水滴，形成积云。云中水滴受强烈气流吹袭，分裂为大小不等的水滴，较大的水滴带正电荷，小水滴带负电荷。细微的水滴随风聚集形成了带负电的雷云；带正电的较大水滴常常向地面降落而形成雨，或悬浮在空中。由于静电感应，带负电的雷云，在大地表面感应有正电荷。这样雷云与大地间形成了一个大的电容器。当电场强度很大，超过大气的击穿强度时，即发生了雷云与大地间的放电，就是一般所说的雷击。

（二）雷电的危害

雷电的破坏作用基本上可以分为以下三类：

1. 直击雷

雷云直接对建筑物或地面上的其他物体放电的现象称为直击雷。雷云放电时存在很大的雷电流,可达几百千安,从而产生极大的破坏作用。雷电流通过被击物体时,产生大量的热量,使物体燃烧。被击物体内的水分由于突然受热,骤然膨胀,还可能使被击物劈裂。所以当雷云向地面放电时,常常会发生房屋倒塌、损坏或者引起火灾,发生人畜伤亡的事故。

2. 雷电感应

雷电感应是雷电的第二次作用,即雷电流产生的电磁效应和静电效应作用。雷云在建筑物和架空线路上空形成很强的电场,在建筑物和架空线路上便会感应出与雷云电荷相反的电荷(称为束缚电荷)。在雷云向其他地方放电后,雷云与大地之间的电场突然消失,但聚集在建筑物的顶部或架空线路上的电荷不能很快全部泄入大地,残留下来的大量电荷相互排斥,产生强大的能量使建筑物震裂。同时,残留电荷形成的高电位,往往造成屋内电线、金属管道和大型金属设备放电,击穿电气绝缘层或引起火灾和爆炸。

3. 雷电波侵入

当架空线路或架空金属管道遭受雷击或者与遭受雷击的物体相碰,以及由于雷云在附近放电,在导线上产生很高的电动势,沿线路或管路将高电位引进建筑物内部,称为雷电波侵入,又称高电位引入。出现雷电波侵入时,可能发生火灾及触电事故。

雷电的形成与气象条件(即空气湿度、空气流动速度)及地形(山岳、高原、平原)有关。湿度大、气温高的季节(尤其是夏季)以及地面的突出部分较易形成闪电。夏季,突出的高建筑物、树木、山顶容易遭受雷击,就是这个道理。随着我国社会主义建设事业的不断发展,高层建筑物日益增多,因而如何防止雷电的危害,保证人身、建筑物及设备的安全,就成为十分重要而紧迫的任务。

二、建筑物防雷设计标准

建筑物的防雷设计应根据建筑物本身的重要性、使用性质、发生雷电事故的可能性和后果,结合当地的雷电活动情况和周围环境特点,综合考虑确定是否安装防雷装置及安装何种类型的防雷装置。按照我国《建筑物防雷设计规范》(GB50057—1994)的要求,我国防雷建筑物共分三类。

第一类防雷建筑物包括:

① 凡制造、使用或贮存炸药、火药、起爆药、火工品等大量爆炸物质的,会因电火花而引起爆炸,造成巨大破坏和人身伤亡的建筑物;

② 具有0区或10区爆炸危险环境的建筑物;

③ 具有1区爆炸危险环境的,会因电火花而引起爆炸,造成巨大破坏和人身伤亡的建筑物。

第二类防雷建筑物包括：
① 国家级重点文物保护单位的建筑物；
② 国家级的会堂、办公建筑物、大型展览和博览建筑物、大型火车站、国宾馆、国家级档案馆、大型城市的重要给水水泵房等特别重要的建筑物；
③ 国家级计算中心、国际通信枢纽等对国民经济有重要意义且装有大量电子设备的建筑物；
④ 制造、使用或贮存爆炸物质的，且电火花不易引起爆炸或不致造成巨大破坏和人身伤亡的建筑物；
⑤ 具有1区爆炸危险环境的，且电火花不易引起爆炸或不致造成巨大破坏和人身伤亡的建筑物；
⑥ 具有2区或11区爆炸危险环境的建筑物；
⑦ 有爆炸危险的、露天钢质封闭气罐的工业建筑物；
⑧ 预计雷击次数大于0.06次/s的部、省级办公建筑物及其他重要或人员密集的公共建筑物；
⑨ 预计雷击次数大于0.3次/s的住宅、办公楼等一般性的其他民用建筑物；

第三类防雷建筑物包括：
① 省级重点文物保护单位的建筑物及省级档案馆；
② 预计雷击次数不小于0.012次/s，且不大于0.06次/s的部、省级办公建筑物及其他重要或人员密集的公共建筑物；
③ 预计雷击次数不小于0.06次/s，且不大于0.3次/s的住宅、办公楼等一般性的其他民用建筑物；
④ 预计雷击次数不大于0.06次/s的一般性工业建筑物；
⑤ 根据雷击后对工业生产的影响及产生的后果，并结合当地气象、地形、地质及周围环境等因素，确定需要防雷的21区、22区、23区火灾危险环境的建筑物；
⑥ 在平均雷暴日大于15d/s的地区，高度在15m及以上的烟囱、水塔等孤立的高耸建筑物；在平均雷暴日不大于15d/s的地区，高度在20m及以上的烟囱、水塔等孤立的高耸建筑物。

上述建筑物防雷分类中所提到的火灾和爆炸危险环境的区域是按如下原则进行划分的。
0区：连续出现或长期出现爆炸性气体混合物的环境。
1区：在正常运行时可能出现爆炸性气体混合物的环境。
2区：在正常运行时不可能出现爆炸性气体混合物的环境，或即使出现也仅是短时存在的爆炸性气体混合物的环境。
10区：连续出现或长期出现爆炸性粉尘的环境。
11区：有时会将积留的粉尘扬起而偶然出现爆炸性粉尘混合物的环境。

21区：具有闪点高于环境温度的可燃气体，在数量和配置上能引起火灾危险的环境。

22区：具有悬浮状、堆积状的可燃粉尘或可燃纤维，虽不可能形成爆炸混合物，但在数量和配置上能引起火灾危险的环境。

23区：具有固体状可燃物质，在数量和配置上能引起火灾危险的环境。

三、防雷技术措施与防雷设计

（一）防雷技术措施

（1）建筑物遭受雷电袭击与许多因素有关。如建筑物所在地区的地质条件，这是影响落雷的主要因素，即土壤电阻率小的地方易落雷；在土壤电阻率突变的地区，电阻率较小处易落雷；在山坡与稻田的交界处、岩石与土壤的交界处，多在稻田与土壤中产生雷击；地下水面积大和地下金属管道多的地方，也易遭受雷击。

（2）地形和地物条件也是影响落雷的重要因素，即建筑群中的高耸建筑和空旷的孤立建筑易受雷击；山口或风口等雷暴走廊处、铁路枢纽和架空线路转角处也易遭受雷击。

（3）建筑物的构造及其附属构造条件也是影响落雷的因素，即建筑物本身所能积蓄的电荷越多，越容易接闪雷电；建筑构件（梁、板、柱、基础等）内的钢筋、金属屋顶、电梯间、水箱间、楼顶突出部位（天线、旗杆、烟道、通气管等）均容易接闪雷电。

（4）建筑物内外设备条件也是影响落雷的因素，即金属管道设备越多，越易遭受雷击。

因此，对建筑物防雷措施的设计，应认真调查地质、地貌、气象、环境等条件和雷电活动规律以及被保护建筑物的特点等，因地制宜地采取防雷措施，做到安全可靠、技术先进、经济合理。

总的来说，各类防雷建筑物应采取防直击雷和防雷电波侵入的措施。须特别指出的是，任何一种防雷措施均须做到可靠接地，其保证规定的每一根引下线的冲击接地电阻值应满足相应的设计规范的要求。

（二）防雷装置

防直接雷主要采用接闪器系统。防感应雷主要采用将所有设备的金属外壳可靠接地，以消除感应或电磁火花。防雷电波侵入多用避雷器。

接闪器系统是建筑物防雷装置中最常用的一种系统。它有三个基本组成部分：接闪器、引下线和接地体。下面对这三个组成部分分别介绍。

1. 接闪器

建筑物防雷采用的接闪器是在建筑物顶部人为设置最突出的金属导体。在天空雷云的感应下,接闪器处形成的电场强度最大,所以最容易与雷云间形成导电通路,使巨大的雷电流由接闪器经引下线、接地装置,疏导至大地中,从而保护了建筑物及建筑物中人员和设备的安全。建筑物常采用的防雷接闪器有三种形式:避雷针、避雷带和避雷网。

1) 避雷针

在防雷接闪器的各种形式中,避雷针是最简单的。它一般设于屋顶有高耸或孤立的部分。对于砖木结构的房屋,可把避雷针立于房屋顶部或屋脊上。避雷针的针顶形状一般采用尖形。

避雷针一般采用镀锌圆钢或焊接钢管制成。避雷针的直径:当针长1m以下时,圆钢取12mm,钢管取20mm;当针长1~2m时,圆钢取16mm,钢管取25mm;对于设于烟囱顶上的避雷针,圆钢取20mm,钢管取40mm。

避雷针应考虑防腐,除应镀锌或涂刷防锈漆外,在腐蚀性较强的场所,还应适当加大截面或采取其他防腐措施。

避雷针的保护范围应采用滚球法计算来确定。

滚球法是以 h_r 为半径的一个球体,沿需要防直击雷的部位滚动,当球体只触及接闪器(包括被利用作为接闪器的金属物)或只触及接闪器和地面(包括与大地接触并能承受雷击的金属物),而不触及需要保护的部位时,则该部分就能得到接闪器的保护。滚球的半径 h_r 对第一类防雷建筑物为30m,对第二类防雷建筑物为45m,对第三类防雷建筑物为60m。

滚球法确定的单支避雷针的保护范围如图14-1所示。

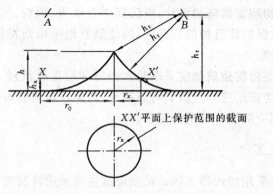

图14-1 单支避雷针的保护范围

(1) 当避雷针高度 $h \leqslant h_r$ 时,

① 距地面 h_r 处作一平行于地面的水平线;

② 以针尖为圆心，h_r 为半径，作弧线交于平行线上的 A、B 两点；

③ 分别以 A、B 为圆心，h_r 为半径作弧线，该弧线与针尖相交并与地面相切，从此弧线起到地面上止就是保护范围，保护范围是一个对称的锥体；

④ 避雷针在 h_x 高度的 XX' 平面上和在地面上的保护半径，按下列计算公式确定：

$$r_x = \sqrt{h(2h_r - h)} - \sqrt{h_x(2h_r - h_x)} \quad (14\text{-}1)$$

$$r_0 = \sqrt{h(2h_r - h)} \quad (14\text{-}2)$$

式中：r_x——避雷针在 h_x 高度的 XX' 平面上的保护半径，单位为 m；

h_r——滚球半径，单位为 m；

h_x——被保护物的高度，单位为 m；

r_0——避雷针在地面上的保护半径，单位为 m。

(2) 当避雷针的高度 $h > h_r$ 时，在避雷针上取高度 h_r 的一点代替单支避雷针针尖作为圆心。其余的作法和(1)相同。

滚球法确定的双支等高避雷针的保护范围，在避雷针的高度 $h \leqslant h_r$ 的情况下，当两支避雷针的距离 $D \geqslant 2\sqrt{h(2h_r - h)}$ 时，应各按单支避雷针的方法确定；如 $D < 2\sqrt{h(2h_r - h)}$ 时，应按如下方法确定(见图 14-2)。

① $AEBC$ 外侧的保护范围，按单支避雷针的方法确定。

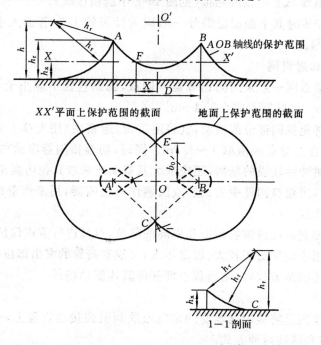

图 14-2 双支等高避雷针的保护范围

② C、E 点位于两针间的垂直平分线上。在地面每侧的最小保护宽度 b_0 按下式计算,即

$$b_0 = CO = EO = \sqrt{h(2h_r - h) - \left(\frac{D}{2}\right)^2} \qquad (14\text{-}3)$$

在 AOB 轴线上,距中心线任一位置 X 处,其在保护范围边线上的保护高度 h_x 按下式确定,即

$$h_x = h_r - \sqrt{(h_r - h)^2 + \left(\frac{D}{2}\right)^2 - X^2} \qquad (14\text{-}4)$$

该保护范围上边线是以中心线距地面 h_r 的一点 O' 为圆心,以 $\sqrt{(h_r - h)^2 + \left(\frac{D}{2}\right)^2}$ 为半径所作的圆弧 AB。

③ 两针间 $AEBC$ 内的保护范围,ACO 部分的保护范围按以下方法确定。在任一保护高度 h_x 和 C 点所处的垂直平面上,以 h_x 作为假想避雷针,按单支避雷针的方法逐点确定(见图 14-2 中的 1-1 剖面图)。确定 BCO、AEO、BEO 部分的保护范围的方法与 ACO 部分的相同。

④ 确定 XX' 平面上的保护范围截面的方法。以单支避雷针的保护半径 r_x 为半径,以 A、B 为圆心作弧线与四边形 $AEBC$ 相交;以单支避雷针的 $(r_0 - r_x)$ 为半径,以 E、C 为圆心作弧线与上述弧线相接(见图 14-2 中的粗虚线)。

避雷针在安装时其下部固定部分一般应为针长的 1/3,若插入水泥墙内时可为针长的 1/5~1/4。

2) 避雷带和避雷网

避雷带和避雷网一般采用圆钢或扁钢制成,圆钢直径不应小于 8mm;扁钢截面不应小于 48mm²,且厚度不应小于 4mm。

明装时为避免接闪部位的振动,宜将避雷带(避雷网)用支撑卡安装在高于屋面 10~20mm 处,且支撑点间距取 1~1.5m。同时,明装接闪器应做热镀锌处理,焊接点应涂漆。在腐蚀性较强的场所,还应加大其截面或采取其他防腐措施。

暗装时可利用建筑构件中的钢筋或圆钢作为接闪器,用来作避雷带(避雷网)的钢筋应可靠地连成一体。

避雷带主要安装在建筑物雷击几率高的部位,对其进行重点保护。

避雷网适用于屋顶面积较大、坡度不大,又没有高耸的突出部位的高层建筑的屋面保护。若采用明装方式时,则屋顶不便开辟其他活动场所。

2. 引下线

引下线的作用是将接闪器承受的雷电流顺利引到接地装置上,一般由圆钢或扁钢制成,有明装和暗装两种方式。

明装引下线一般由直径不小于 8mm 的圆钢或截面不小于 48mm² 且厚度不小于

4mm 的扁钢制成。在易受腐蚀的部位，截面应适当加大。每幢建筑物至少应有两根引下线，最好采用对称布置，引下线应沿建筑物外墙敷设。采用多根引下线时，应在各引下线上距离地面 0.3～1.8m 之间设置断接卡子。从地下 0.3m 到地上 1.7m 的一段引下线应采取保护措施，以防止机械损坏。引下线的敷设应尽量短而直。若必须弯曲时，弯角则应大于 90°。敷设时应保持一定的松紧度。也可利用建筑物的金属构件，如消防梯、铁爬梯等作为引下线，但应将各部分连成可靠的电气通路。

暗装引下线时可利用钢筋混凝土柱中直径不小于 16mm 的主筋作为引下线，作为引下线的主筋应从上到下焊接成一个电气通路。暗装时引下线的截面一般应比明装时加大一级。

3．接地体

接地体是用于将雷电流或雷电感应电流迅速疏散到大地中去的导体。接地体有以下三种类型。

(1) 自然接地体。利用地下的已有其他功能的金属物体作为防雷接地装置，如直埋铠装电缆金属外皮、直埋金属管（如水管）、钢筋混凝土电杆等。利用自然接地体无须另增设备，造价较低。

(2) 基础接地体。当混凝土是采用以硅酸盐为基料的水泥（如矿渣水泥、波特水泥等），且基础周围的土壤含水量不低于 4％时，应尽量利用基础中的钢筋作为接地装置，以降低造价。引下线应与基础内钢筋焊在一起。

(3) 人工接地体。当采用自然接地体和基础接地体不能满足防雷设计要求时，应采用人工接地体。它有垂直接地体和水平接地体两种形式。

埋于土壤中的垂直接地体可利用角钢、钢管和圆钢制成。埋于土壤中的水平接地体可利用扁钢和圆钢制成。

圆钢直径不应小于 10mm；扁钢截面不应小于 100 mm^2，且其厚度不应小于 4mm；角钢厚度不应小于 4mm；钢管的壁厚不应小于 3.5mm。垂直接地体的长度一般为 2.5m，垂直接地体和水平接地体间距均为 5m，当尺寸受到限制时可适当减少。人工接地体在土壤中的埋深一般不小于 0.5m。

接地体一般采用镀锌钢材。当土壤有腐蚀性时，应采用热镀锌等防腐措施或加大截面面积。埋在土壤中的接地装置的连接应采用焊接，各焊点应做防腐处理。人工接地体安装完成后应将周围埋土夯实，不得回填砖石、灰渣之类杂土。为确保接地电阻满足规范要求，有时需采用降低土壤电阻率的相应技术措施。

防雷装置施工完成后，应摇表测定其接地电阻值，接地电阻值应符合规范的要求。

四、建筑防雷系统的维护

避雷装置的检查包括外观巡视检查和测量两个方面，一般可用接地摇表来测量各类建筑物的防雷接地电阻是否符合要求。接地电阻的检测每两年进行一次。

(1) 外观检查。外观检查的主要内容包括接闪器、引下线等各部分的连接是否可靠；有没有受机械损伤、腐蚀、锈蚀；支撑是否牢固等。对检查出的不同问题，应采用不同的修缮办法，如加固、补强、调整、涂刷保护漆膜、局部更换等，以保持其在正常状态下工作。对外观检查每年可进行一次。雷雨后应注意对防雷保护装置进行巡视，发现问题及时处理。以下列举几点应注意的事项。

① 接闪器与引下线和接地体的连接必须牢固可靠，接地电阻值应符合规定要求，一般是不大于 10Ω。

② 每年雷雨季节到来之前，均应对整个系统进行检查和维护，提前做好防雷准备。在大雷雨后，应即时对系统进行检查，察看是否有因雷击而导致某些连接点松脱和断开的现象。

③ 检查如发现引下线受到严重腐蚀，其腐蚀程度占截面积的30%以上时应及时更换；同样，如发现接头松脱也要立即紧固。在雷雨季节，任何对故障的拖延都可能招致严重的后果。

④ 高层建筑每年在雷雨前要经指定的防雷检测中心对防雷设备进行检测，对不合格的应进行整改，直至合格为止。

(2) 接地电阻的测量。接地电阻的测量主要是对流散电阻的测量，一般采用接地电阻测量仪（又称接地摇表）进行测量。测量仪由手摇发电机、电流互感器、滑线变阻器及检流计等组成，具有三个端钮者仅用于对流散电阻的测量，具有四个端钮者即可用于对流散电阻的测量，也可用于对土壤电阻率的测量。测量时需临时在地上打入两个辅助接地棒，它们与被测接地体保持一定的距离（一般为20m），且需把电位接地棒插在被测地极与电流接地棒的中间。

第二节 接地装置

一、接地装置

(一) 电气设备接地装置的要求

(1) 为防止电气设备以及电动工具的金属外壳偶然带电而发生人身触电事故，对电动机、变压器、配电柜、铁制配电箱、发电机、操纵台等动力设备，对手电钻、手电刨、电锤等手持电动工具,对电冰箱、洗衣机、电风扇等家用电器,在开始使用前均应采取保护性接地或接零。

(2) 为防止雷雨季节由于雷电引起的雷电波沿低压架空线路侵入房屋内部,烧毁电气设施,以及防止三相四线的零线由于偶然的损断,致使屋内零线带电烧毁单相家用电器设备的事故,对于三相四线式进户的零线,在进户口处必须做好零线及其金属管的辅助接地。

(3) 凡是照明负荷容量超过 30A 和照明电力合用一处进户线者,均须采用三相四线式进户方式,其零线在进户口处的重复接地需根据各地区的土壤情况而定。

(二) 接地极的做法

对于零线的重复接地极,避雷针的引雷接地极,屋面避雷网和避雷带的接地极,三相四线式中性点接地极等的做法基本相同。但接地电阻值以及垂直打入地下的导体数和深度则分别有所不同。

如危险仓库避雷网的接地极,其接地电阻不能大于 4Ω,一般房屋的避雷网接地电阻和烟囱避雷针的接地电阻不大于 10Ω 即可。具体做法如下。

(1) 接地极应选择在地势比较低洼或长期处于潮湿状态下的场所进行埋设。

(2) 接地体一般是以 2.5 m 长的两根金属管或角钢垂直打入地下,其间距应是导体长的两倍。金属管径应不小于 40mm,角钢截面应不小于 50mm×50mm。

(3) 埋入地下的金属导体须距离建筑物或门口 3 m 以上,并须排成一字形,且垂直于墙面。

(4) 打入地下的地极导体应在冻层以下。

(5) 埋入地下金属导体的顶端须用 4mm×40mm 的扁钢做成接地母线,与金属接地体以电、气搭焊焊牢,扁钢与金属接地体的焊接长度不应小于扁钢宽度的两倍。

(6) 金属接地体的顶端及其接地母线埋入地下的深度不得小于 0.7m。还应根据当地地热坡度及水土流失情况,适当加深以避免接地体露出地面。

(7) 接地母线完成后,在回填土前,必须对接地电阻值进行测定,若接地电阻值超过规定时,应再打入一根金属导体不小于 50mm×50mm 的角钢或管径不小于 40mm 的钢管,并填写试验记录。

(8) 回填土时不宜将炉灰、砖石或垃圾填入坑内。必要时可换填一部分电阻率较低的土壤作为回填土。

(9) 接地母线的引出部分,必须用直径不小于 10mm 的圆钢焊在扁钢上,另一端引出地面的部分,须顺墙引上,高度不小于 2m。并在自然地面的上、下各 0.2m 处,将一段圆钢涂以防腐沥青,其露出地面的圆钢须装入钢管内,钢管下端埋入地下

0.3m,并用卡子每隔 0.8m 将钢管固定在墙上。引上圆钢的顶端要焊在金属夹板上,以便压紧零线引下导线。

（10）零线及进户铁管的引下导线须采用截面不小于 $10mm^2$ 的橡皮绝缘铜电线,其上端连接在零线及铁管上,下端压接在金属夹板上。引下接地导线用 U 形钉固定在主墙上或抹在主墙的抹灰层里,其做法如图 14-3 所示。

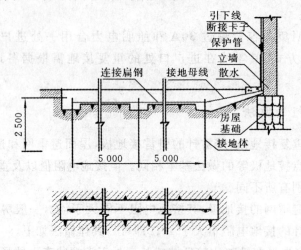

图 14-3　钢管组成的接地极构造图

二、接地形式

为了保护人身和设备的安全,电气设备应可靠接地。电气设备的接地一般可分为保护性接地和功能性接地。保护性接地又可分为接地和接零两种形式。民用建筑低压配电系统接地形式可有以下三种。

（一）TN 系统

电力系统有一点直接接地,受电设备的外露可导电部分通过保护线与接地点连接。按照中性线与保护线的组合情况,其又可分为三种形式。

(1) TN-S 系统。整个系统的中性线(N)与保护线(PE)是分开的,如图 14-4(a)所示。

(2) TN-C 系统。整个系统的中性线(N)与保护线(PE)是合一的,如图 14-4(b)所示。

(3) TN-C-S 系统。系统中前一部分线路的中性线与保护线是合一的,如图 14-4(c)所示。

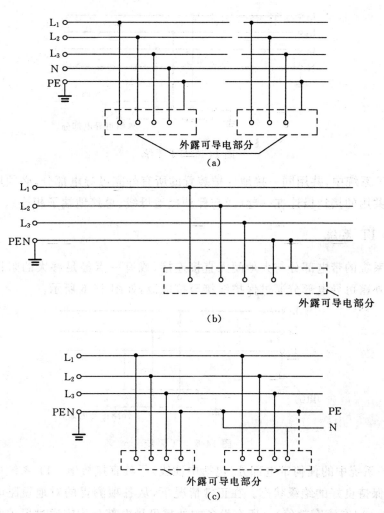

图 14-4 TN 系统
(a) TN-S 系统 (b) TN-C 系统 (c) TN-C-S 系统

在 TN 系统的接地形式中,所有受电设备的外露可导电部分必须用保护线(或共用中性线即 PEN 线)与电力系统的接地点相连,并且须将能同时触及的外露可导电部分接至同一接地装置上。当采用 TN-C-S 系统时,当保护线与中性线从某点(一般为进户线)分开后就不能再合并,且中性线绝缘性能应与相线相同。

(二) TT 系统

电力系统有一点直接接地,受电设备的外露可导电部分通过保护线接至与电力系统接地点无直接关联的接地极,如图 14-5 所示。

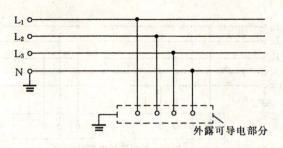

图 14-5　TT 系统

在 TT 系统中,共用同一接地保护装置的所有外露可导电部分,必须用保护线与这些部分共用的接地极连在一起(或与保护接地母线、总接地端子相连)。

(三) IT 系统

电力系统的带电部分与大地间无直接连接(或有一点经足够大的阻抗接地),受电设备的外露可导电部分通过保护线接至接地极,如图 14-6 所示。

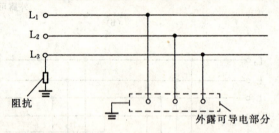

图 14-6　IT 系统

在 IT 系统中的任何带电部分(包括中性线)严禁直接接地。IT 系统中的电源系统对地应保持良好的绝缘状态。在正常情况下,从各项测得的对地短路电流值均不得超过 70mA(交流有效值)。所有设备的外露可导电部分均应通过保护线与接地线连接。

IT 系统必须装设绝缘监视及接地故障报警装置或显示装置。在无特殊要求的情况下,IT 系统不宜引出中性线。

在选择系统所采用的形式时,应根据系统安全保护所具备的条件,并结合工程的实际情况,确定其中的一种。由同一台发电机、配电变压器或同一段母线供电的低压电力网,不宜同时采用两种系统接地形式。在同一低压配电系统中,当全部采用 TN 系统确有困难时,也可部分采用 TT 系统接地形式。但采用 TT 系统供电部分均应装设自动切除接地故障的装置(包括漏电电流动作保护装置)或经由隔离变压器供电。

第三节　安全用电常识

随着电能在人们生产、生活中的广泛应用,使人接触电气设备的机会增多,而造成的电气事故的可能性也大大增加。电气事故包括设备事故和人身事故两种。设备事故是指设备发生烧毁或设备发生故障带来的各种事故,设备事故会给人们造成不可估量的经济损失和不良影响;人身事故是指人触电死亡或受伤等事故,它会给人们带来巨大的痛苦。因此,应了解安全用电常识,遵守安全用电的有关规定,避免损坏设备或发生触电伤亡事故。

一、电流对人体的伤害

电流对人体的伤害是电气事故中最为常见的一种,它基本上可以分为电击和电伤两大类。

(一) 电击

人体接触带电部分,造成电流通过人体,使人体内部的器官受到损伤的现象,称为电击触电。在触电时,由于肌肉发生收缩,受害者常不能立即脱离带电部分,使电流连续通过人体,造成呼吸困难,心脏停搏,以至于死亡,所以危险性很大。

直接与电气装置的带电部分接触,过高的接触电压和跨步电压都会使人触电。与电气装置的带电部分因接触方式不同又分为单相触电和两相触电。

(1) 单相触电。单相触电是指当人体站在地面上,触及电源的一根相线或漏电设备的外壳而触电。

单相触电时,人体只接触带电的一根相线,由于通过人体的电流路径不同,所以其危险性也不一样。

电源变压器的中性点通过接地装置和大地作为良好连接的供电系统,在这种系统中发生单相触电时,相当于电源的相电压加给人体电阻与接地电阻的串联电路。由于接地电阻较人体电阻小很多,所以加在人体上的电压值接近于电源的相电压,在低压为 220/380V 的供电系统中,人体将承受 220 V 电压,是很危险的。

电源变压器的中性点不接地的供电系统是另一种供电系统,在这种系统中发生单相触电时,电流通过人体、大地和输电线间的分布电容构成回路。显然这时如果人体和大地绝缘良好,流经人体的电流就会很小,触电对人体的伤害就会大大减轻。实际上,中性点不接地的供电系统仅局限在游泳池和矿井等处应用,所以单相触电发生在中性点接地的供电系统中最多。

(2) 两相触电。当人体的两处,如两手或手和脚,同时触及电源的两根相线发生触电的现象,称为两相触电。在两相触电时,虽然人体与地有良好的绝缘,但因人同时和两根相线接触,人体处于电源线电压下,在电压为 220/380 V 的供电系统中,人体受 380 V 电压的作用,并且电流大部分通过心脏,因此是最危险的。

(3) 接触电压和跨步电压。过高的接触电压和跨步电压也会使人触电。当电力系统和设备的接地装置中有电流时,此电流经埋设在土壤中的接地体向周围土壤中流散,使接地体附近的地表任意两点之间都可能出现电压。如果以大地为零电位,即接地体以外 15~20m 处可以认为是零电位。

人站在发生接地短路的设备旁边,人体触及接地装置的引出线或触及与引出线连接的电气设备外壳时,则作用于人的手与脚之间的电压称为接触电压。

人在接地装置附近行走时,由于两足所在地面的电位不相同,人体所承受的电压为跨步电压。跨步电压与跨步(跨距)大小有关。人的跨距一般按 0.8 m 考虑。

当供电系统中出现对地短路时,或有雷电电流流经输电线入地时,都会在接地体上流过很大的电流,使接触电压 U_j 和跨步电压 U_k 都大大超过安全电压,造成触电伤亡。为此接地体要做好,使接地电阻尽量小,一般要求为 4Ω。

接触电压 U_j 和跨步电压 U_k 还可能出现在被雷电击中的大树附近或带电的相线断落处附近,人们应远离断线落地处 8 m 以外。

(二) 电伤

电弧以及熔化、蒸发的金属微粒对人体外表的伤害称为电伤。例如,在不正常情况下拉闸时,可能会发生电弧烧伤操作人员或刺伤操作人员的眼睛等事故。再如,熔丝熔断时,飞溅起的金属微粒可能使人烫伤或渗入皮肤表层等。电伤的危险程度虽不如电击,但有时后果也是很严重的。

二、安全电压

发生触电时,其危险程度与通过人体电流的大小、电流的频率、通电时间的长短、电流在人体中的路径等多方面因素有关。通过人体的电流为 10mA 时,人会感到不能忍受,但还能自行脱离电源;电流为 30~50mA 时,会引起心脏跳动不规则,时间过长心脏会停止跳动。

通过人体电流的大小取决于加在人体上的电压和人体电阻。人体电阻因人而异,差别很大,一般为 800 欧至几万欧。

考虑使人致死的电流和人体在最不利情况下的电阻,我国规定安全电压不超过 36V。常用的安全电压有 36V、24V、12V 等。

在潮湿或有导电地面的场所,当灯具安装高度在 2m 以下,容易触及而又无防止触电措施时,其供电电压不应超过 36V。

一般手提行灯的供电电压不应超过 36V,但如果作业地点狭窄,特别潮湿,且操作者接触有良好接地的大块金属时(如在锅炉里),则供电电压不应超过 12V。

三、触电急救

触电者是否能获救,关键在于能否尽快脱离电源和施行正确的紧急救护。人体触电急救工作要镇静、迅速。据统计,触电 1min 后开始急救,90%有良好效果;6min 后 10%有良好效果;12min 后救活的可能性就很小了。具体的急救方法如下。

(一)使触电者尽快脱离电源

当人体触电后,由于失去自我控制能力而难以自行摆脱电源,这时,使触电者尽快脱离电源是救活触电者的首要因素。抢救时必须注意,触电者身体已经带电,直接将他脱离电源对抢救者来说是十分危险的。为此,如果开关或插头离抢救者很近,应立即拉掉开关或拔出插头;如果距离电源开关太远,抢救者可以用电工钳或有干燥木柄的刀、斧等切断电线。或用干燥、不导电的物件(如木棍、竹竿等)拨开电线,或把触电者拉开,抢救者应穿绝缘鞋或站在干木板上进行这项工作。触电者如在高空作业时发生触电,抢救时还应采取适当的防止摔伤的措施。

(二)脱离电源后的急救处理

人工呼吸是采用人工方法帮助触电者恢复呼吸的一种急救方法。常采用口对口进行人工呼吸;如不能经触电者的口,也可通过鼻(口对鼻)进行人工呼吸,对婴幼儿则可通过口、鼻(口对口、口对鼻)的人工呼吸方式进行急救处理。两者都能取得满意的通气效果。口对口人工呼吸方法如下。

(1)将触电者处于仰卧位(脸朝上),解开衣领,清除口咽部所有异物和分泌物。如有假牙应将其取出,以免阻碍疏通气道。

(2)抢救者一手掌按于前额,并以食指与中指捏紧触电者鼻翼两侧,另一只手的食指与中指抬起触电者下颌,深吸一口气,用口对准触电者的口吹一口气,吹气停止后放松鼻孔,让触电者从鼻孔呼气,再进行下一次吹气,反复进行,每分钟 12~16 次。

(3)向触电者口中吹气时,眼睛注意触电者胸部,直到胸部隆起达最大限度为止。

(4)如果触电者心跳正常,则继续按上述人工呼吸速度吹气,直到呼吸恢复或医务人员赶到为止;假如心脏停止跳动,则需立即同时进行胸外心脏按压。

触电者脱离电源后,应尽量在现场抢救,抢救的方法根据伤害程度的不同而异。

如果触电者所受伤害并不严重，神志尚清醒，只是有些心慌、四肢发麻，全身无力或者虽一度昏迷，但未失去知觉时，都要使之安静休息，不要走路，并严密观察其变化。如触电者已失去知觉，但还有呼吸或心脏还在跳动时，应使其舒适、安静地平卧解开其衣服以利呼吸，并劝散围观者，使空气流通；如天气寒冷，还应注意保温，并迅速请医生诊治。如发现触电者呼吸困难、次数稀少，不时还发生抽筋现象，应准备在心脏停止跳动、呼吸停止后立刻进行人工呼吸和心脏按压（见图14-7）。如果触电者伤害得相当严重，心跳和呼吸都已停止，人完全失去知觉时，则需采用口对口人工呼吸和人工胸外心脏按压两种方法同时进行，千万不要认为已经死亡而不去急救。

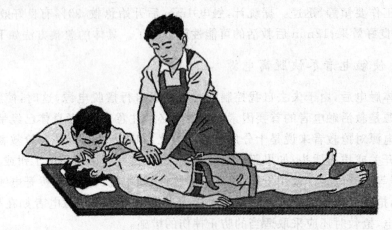

图14-7　人工呼吸和心脏按压示意图

抢救触电者往往需要很长时间，有时要进行1h～2h，必须连续进行，不得间断，直到触电者心跳和呼吸恢复正常，触电者脸色好转，嘴唇红润，瞳孔缩小，才算抢救完毕。

四、防止触电的主要措施

（1）经常对设备进行安全检查，检查有无裸露的带电部分和漏电情况。裸露的带电线头必须及时用绝缘材料包好。检查时，应使用专用的验电设备，任何情况下都不要用手去试探、鉴别。

（2）装设保护接地或保护接零装置。当设备的绝缘损坏，电压窜到其金属外壳上时，应把外壳上的电压限制在安全范围内，或自动切断绝缘损坏的电气设备。

（3）正确使用各种安全用具，如绝缘棒、绝缘夹钳、绝缘手套、绝缘套鞋、绝缘地毯等，并悬挂各种警告牌，装设必要的报警信号装置。

（4）安装漏电自动开关。当设备漏电、短路、过载或人身触电时，应自动切断电源，以对设备和人身起保护作用。

(5) 当停电检修时及接通电源前,都应采取措施使其他有关人员知道,以免有人正在检修时,其他人合上电闸而造成触电事故发生;或者在接通电源时,其他人由于不知道仍正在作业而造成触电事故发生。

为了防止和减少建筑工地上的触电事故,还必须注意以下几点。

① 电源变压器带电部分与地面距离小于 2.5m 时,需设置变电所的安全栅栏。临时供电的开关箱,其中心高度一般应在 1.5m 左右,而且必须上锁。开关箱内最好采用瓷插式熔断器加 DZ 型装置式自动空气开关,进行变压器低压侧的保护和操作,忌用无灭弧装置的 HRTO 系列熔断式石板闸刀带负荷分闸或合闸,以免引起电弧短路。

② 安装电气设备时,要按施工及验收规范进行工作。对于隐蔽工程更不要马虎从事。

③ 采用裸导线的低压架空配电线路时,导线距建筑物和脚手架等施工设施应至少 3m 以上,如不能保证该距离,应改用绝缘线。

④ 中性点直接接地的低压三相 380V 电网的用电设备外壳,应采用保护接零,禁止采用保护接地。

本章综合思考题

1. 建筑物易遭受雷电袭击的因素有哪些?
2. 防雷装置由哪几部分组成?
3. 建筑物应采用哪些防雷措施?
4. 电气设备的接地、接零保护的原理和要求是什么?
5. 电器设备的接地装置要求有哪些?接地极的做法有哪些?
6. 人体的意外触电有哪几种形式?各有什么特点?
7. 触电后电流对人体的危害与哪些因素有关?
8. 触电急救的措施有哪些?
9. 防止触电的主要措施有哪些?

第十五章

电梯

本章学习要点

了解电梯的分类及构造;熟悉电梯的基本工作原理、电梯八大系统的功能、升降电梯的主要部件及功能;掌握电梯的常见故障及排除方法、电梯的日常管理与维护保养。

第一节 电梯的分类及构造

随着国民经济的高速发展和多功能现代化建筑群的不断涌现,电梯的应用越来越普及。然而,由于电梯是较为复杂的机电一体化设备,技术含量很高,而且其运行的安全性直接关系到乘载者的人身安全,确保电梯安全运行就显得尤为重要。因此,必须重视对电梯的管理,尤其要重视对电梯的维护和保养。

一、电梯的定义及分类

电梯的定义为:用电力拖动的轿厢运行于铅垂的或倾斜度不大于15°的两列刚性导轨之间,运送乘客或货物的固定设备。习惯上不论其驱动方式如何,将电梯作为建筑物内垂直交通运输工具的总称。

根据建筑的高度、用途及客流量(或物流量)的不同,设置不同类型的电梯。目前电梯的基本分类大致如下:

1. 按用途分类

① 乘客电梯:为运送乘客设计的电梯,要求有完善的安全设施以及一定的轿厢内装饰。

② 载货电梯:主要为运送货物而设计的电梯,通常有人伴随。

③ 医用电梯:为运送病床、担架、医用推车而设计的电梯,轿厢具有长而窄的特点。

④ 杂物电梯:供图书馆、办公楼、饭店运送图书、文件、食品等设计的电梯。

⑤ 观光电梯：轿厢壁透明，供乘客观光用的电梯。
⑥ 车辆电梯：用作装运车辆的电梯。
⑦ 船舶电梯：船舶上使用的电梯。
⑧ 建筑施工电梯：建筑施工与维修用的电梯。
⑨ 其他类型的电梯：除上述常用电梯外，还有些特殊用途的电梯，如冷库电梯、防爆电梯、矿井电梯、电站电梯、消防员用电梯等。

2．按驱动方式分类

① 交流电梯：用交流感应电动机作为驱动力的电梯。根据拖动方式又可分为交流单速、交流双速、交流调压调速、交流变压变频调速电梯等。

② 直流电梯：用直流电动机作为驱动力的电梯。这类电梯的额定速度一般在 2.00m/s 以上。

③ 液压电梯：一般利用液压泵驱动，由液压柱塞使轿厢升降的电梯。

④ 齿轮齿条电梯：将导轨加工成齿条，轿厢装上与齿条啮合的齿轮，电动机带动齿轮旋转使轿厢升降的电梯。

⑤ 螺杆式电梯：将液压电梯的柱塞加工成矩形螺纹，再将带有推力轴承的大螺母安装于油缸顶部，然后通过电动机经减速器（或皮带）带动螺母旋转，从而使螺杆顶起轿厢上升或下降的电梯。

⑥ 直线电动机驱动的电梯：其动力源是直线电动机。

3．按速度分类

电梯无严格的速度分类，我国习惯上按下述方法分类。

① 低速梯：常指低于 1.00m/s 速度的电梯。

② 中速梯：常指速度在 1.00～2.00m/s 之间的电梯。

③ 高速梯：常指速度大于 2.00m/s 的电梯。

④ 超高速梯：速度超过 5.00m/s 的电梯。

随着电梯技术的不断发展，电梯速度越来越高，区别高、中、低速电梯的速度限值也在相应地提高。

4．按电梯有无司机分类

(1) 有司机电梯。

电梯的运行方式由专职司机操纵来完成。

(2) 无司机电梯。

乘客进入电梯轿厢，按下操纵盘上所需要到达的层楼按钮，电梯自动运行到达目的层楼。这类电梯一般具有集选功能。

(3) 有/无司机电梯。

这类电梯可变换控制电路，平时由乘客操纵，如遇客流量大或必要时改由司机操纵。

5．按操纵控制方式分类

(1) 手柄开关操纵。

电梯司机在轿厢内控制操纵盘手柄开关，实现电梯的启动、上升、下降、平层、停止的运行状态。

（2）按钮控制电梯。

这是一种简单的自动控制电梯，具有自动平层功能，常见有轿外按钮控制、轿内按钮控制两种控制方式。

（3）信号控制电梯。

这是一种自动控制程度较高的有司机电梯。除具有自动平层、自动开门功能外，尚具有轿厢命令登记、层站召唤登记、自动停层、顺向截停和自动换向等功能。

（4）集选控制电梯。

这是一种在信号控制基础上发展起来的全自动控制的电梯，与信号控制的主要区别在于能实现无司机操纵。其主要特点是：把轿厢内的选层信号和各层外呼信号集合起来，自动决定上、下运行方向顺序应答。这类电梯必须在轿厢上设置称重装置，以免电梯超载。轿门上须设有保护装置，防止乘客出入轿厢时被轧伤。

（5）并联控制电梯。

两至三台电梯的控制线路并联起来进行逻辑控制，共用层站外召唤按钮，电梯本身都具有集选功能。

两台并联集选控制组成的电梯，基站设在大楼的底层，当一台电梯执行指令完毕后，自动返回基站。另一台电梯在完成其所有任务后，就停留在最后停靠的层楼作为备行梯。备行梯是准备接受基站以上出现的任何指令而运行的。基站梯可优先供进入大楼的乘客服务，备行梯主要应答其他层楼的召唤。当重新出现召唤指令时，备行梯首先应答、启动、运行，当备行梯运行后方出现召唤信号时，基站梯则接受信号启动运行。三台并联集选组成的电梯，有两台电梯作为基站梯，一台作为备行梯。

（6）群控电梯。

这是用微机控制和统一调度多台集中并列的电梯。群控可以分为下列两种主要控制方式。

① 梯群的程序控制。控制系统按预先编制好的交通模式程序集中调度和控制，如将一天中的客流分成上行客流量高峰状态、客流量平衡状态、下行客流量高峰状态、上行客流量较下行大的状态、下行客流量较上行大的状态、空闲时的客流量状态，电梯工作中按照当时客流量情况，以轿厢的负载、层站的召唤频繁程度，运行一周时间间隔等为依据，自动选择或人工变换管理程序。如在上行高峰期，对电梯实行下行直驶控制等。

② 梯群智能控制。智能控制电梯有数据的采集、交换、存储功能，还有进行分析、筛选、报告的功能。控制系统可以显示出所有电梯的运行状态，通过专用程序可分析电梯的工作效率、评价电梯的服务水平。计算机根据当前的客流情况，自动选择最佳的运行控制程序，这是目前最先进的电梯控制系统。

6. 其他分类方式

① 按机房位置分类,则有机房在井道顶部的(上机房)电梯、机房在井道底部旁侧的(下机房)电梯,以及机房在井道内部的(无机房)电梯。

② 按轿厢尺寸分类,则经常使用"小型"、"超大型"等抽象词汇表示。此外,还有双层轿厢电梯等。

7. 特殊电梯

① 斜行电梯。轿厢在倾斜的井道中沿着倾斜的导轨运行,是集观光和运输于一体的输送设备。特别是由于土地紧张而将住宅移至山区后,斜行电梯发展迅速。

② 立体停车场用电梯。根据不同的停车场可选配不同类型的电梯。

③ 建筑施工电梯。这是一种采用齿轮齿条啮合方式(包括齿传动与链传动,或采用钢丝绳提升),使吊笼作垂直或倾斜运动的机械,用以输送人员或物料,主要应用于建筑施工与维修。它还可以作为仓库、码头、船坞、高塔、高烟囱的长期使用的垂直运输机械。

二、电梯的构造

(一)升降梯的结构

升降梯结构包括机房、轨道、厅门、轿厢、操纵室等。图 15-1 为升降梯的结构示意图。

(1) 控制屏。在操纵装置的指令下,控制屏使电动机运转或停止、正转或反转、快速或慢速,以及达到预期的自动性能和安全动作。控制屏安装在机房中,是电梯实行电气控制的集中部件。

(2) 选层器。当大楼层站在 7 层以上时,电梯就要增设选层器。选层器能起到指示和反馈轿厢位置、决定运行方向、发出加减速信号等作用。它可由机械式、继电器或电子式组成。当层站在 7 层以下时,选层器一般并入控制屏而成为一体。

(3) 曳引机组。电梯的曳引机组一般由电动机、制动器、减速箱及底座组成。拖动装置的动力不经中间减速箱,直接传递到曳引轮上的曳引机称为无齿轮曳引机,无齿轮曳引机的电动机电枢与制动轮和曳引轮同轴直接相连。拖动装置的动力通过中间减速箱传到曳引轮上的曳引机称为有齿轮曳引机。目前在 8m/s 以上的高速电梯上多选用无齿轮曳引机。随着调频调压(即 VVVF)技术的发展,目前交流无齿轮曳引机已用于高速电梯或超高速电梯上。减速箱一般采用蜗轮蜗杆传动,其特点是传动比大、结构紧凑、传动平稳。目前 VVVF 控制系统与斜齿轮曳引机相结合的高速电梯速度已可达到 6m/s,一般都作为超高层大楼电梯曳引机组使用。

(4) 终端保护装置。当由于某种故障出现,轿厢在最终层站越过平层位置,上行

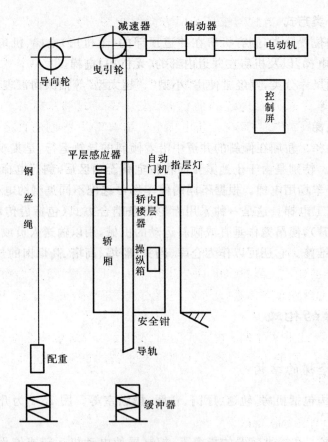

图 15-1　电梯的结构简图

或下行终端电器限位开关也不起作用时，只要越过平层位置 300mm，终端保护装置就动作，通过钢丝绳运动带动总电源开关切断电源，使曳引机失电制动。

（5）限速安全系统。电梯的限速安全系统是由限速器和安全钳两部分组成的。限速器是限制轿厢（或配重）速度的装置，通常安装在机房内或井道顶部。安全钳则是使轿厢（或配重）停止运动的装置。凡是由钢丝绳悬挂的轿厢均需设安全钳。安全钳设在轿厢的下横梁上，并成对地同时在导轨上起作用。

限速器和安全钳必须联合动作才能发挥作用。当电梯出现故障而超速下行时，若下行速度达到限速器动作速度，则限速器工作。限速器的卡块将卡住限速轮，连接限速器钢丝绳的杠杆向上提，连杆系统经安全钳块拉条带动钳块上提，楔入安全钳钳体与导轨之间，依靠摩擦力使轿厢急停下来，从而避免超速下行产生的危害。

（6）轿厢和轿架。轿厢一般由轿架、轿底、轿壁和轿顶组成。轿厢是有一定容量的金属结构厢柜。在曳引钢丝绳的作用下，借助于上、下部的四只导靴沿着导轨作上、下运动以完成载运工作。轿架由下梁、拉条、直梁、上梁等部件组成。

(7) 自动门机构。电梯门按其开门方向可分为中分式、旁开式和直分式三种。在客梯中较多选用中分式、旁开式。

电梯门的自动开关是通过开门机构来实现的,目前除了某些特殊场合,新安装的电梯基本上都采用自动门机构。门机构设在轿厢顶部,门电机的控制箱也设在轿厢顶部。从机构形式来分有传统的曲柄式、滚珠螺杆式和单臂传动式。目前随着 VVVF 技术的发展,在一些高层建筑电梯中也用 VVVF 控制的直接皮带式门机构,使自动门机构的传动更加平稳可靠。

(8) 导轨。导轨是电梯在工作时轿厢和对重借助于导靴在导轨面上下运动的部件。电梯中大量使用的是"T"形导轨,通用性强,具有良好的抗弯性能。

(9) 导靴。导靴安装在轿厢的上梁和轿底的安全钳座上。一般每组四只导靴,分滑动导靴和滚动导靴两种。

(10) 曳引钢丝绳。曳引钢丝绳承受着电梯的全部悬挂重量,并在电梯运行中,绕着曳引轮、导向轮或反绳轮作单向或交变弯曲。钢丝绳由于弯曲次数多,而且电梯的制动及偶然的急刹车等因素,使钢丝绳承受着不容忽视的动载荷,因此钢丝绳应具有较大的安全系数。

(11) 配重。配重又称为平衡重。配重的作用是借助其自身的重量来平衡轿厢重量加上额定载重量的 40%~50%,以改善曳引机的曳引性能。配重块可由铸铁制作或用钢筋混凝土来填充。

(12) 缓冲器。缓冲器是电梯机械安全装置的最后一道措施。当电梯在井道下部运行时,由于断绳或其他故障,下部限位开关不起作用,轿厢就会向底坑跌落蹲底。这时设置在底坑的缓冲器可以减缓轿厢与底坑之间的冲击,使轿厢停止运动。缓冲器有弹簧缓冲器和液压缓冲器两种。

(13) 厅门。厅门也称为层门,层门设在层站入口处,根据需要,井道在每层楼设一个或两个出入口。而不设层站出入口的层楼在电梯工程中称之为盲层。层门数与层站出入口相对应。由于轿厢门是随着轿厢一起运动的,因此是主动门,而层门则是被动门。

(14) 召唤按钮盒。召唤按钮盒一般是安装在厅门(层门)外离地面 1.3~1.5m 高右侧墙壁处,而集选、群控电梯是把按钮箱装在两台电梯的中间位置。当乘客按召唤按钮时,按钮盒内信号灯亮,同时轿厢内操纵箱召唤灯也亮或者蜂鸣器发声。当电梯到达乘客所在层站响应召唤后,召唤灯便自动熄灭。

(15) 层楼指示器。层楼指示器主要用以显示轿厢的运动方向和所处的层站,其规格一般是由生产厂家视需求而定。

(二) 自动扶梯的构造

自动扶梯一般设置在人流集中的公共场所,比如高层大厦、商场、车站、码头、机场和地铁站等处。目前在高层建筑内设置自动扶梯的也越来越多,自动扶梯除了本身是一种运输机械外,其优美的造型和豪华的装饰也成了高层建筑大厅中的一道风景线。在超高层中数十层楼的区间换乘层内电梯时也常设置自动扶梯。

1. 自动扶梯的构造

自动扶梯是由梯级、梯级链、导轨系统、驱动装置、张紧装置、扶手装置和金属桁架、安全装置等组成的,如图15-2所示。

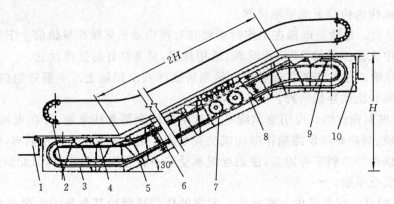

图15-2 自动扶梯的结构简图
1—建筑基础;2—转向滑轮群;3—曳引导轨;4—梯级;5—桁架;6—扶手装置;
7—驱动装置;8—梯级链;9—梳齿板前沿板;10—电气设备

(1) 梯级。

梯级也称梯级踏板,其表面有凹槽,作用是使梯级通过扶梯上下出口时,能嵌在梳齿板中,以保证乘客安全上下。

(2) 梯级链。

梯级链是自动扶梯的牵引机构。一台自动扶梯一般有两根构成闭合环路的梯级链。使用梯级链的驱动装置一般设在上分支上水平直级区段的末端,也就是所谓的端部驱动式。

(3) 导轨系统。

自动扶梯的梯级是沿着金属构架内按一定要求设置的多根导轨运行的,以形成阶梯。导轨系统包括的内容很多,有主轮和辅轮的全部导轨、反轨、反板、导轨支架以及转向壁等。导轨既要满足其在结构系统中的设计要求,还应光滑、平整、耐磨,并应具有一定的尺寸精度。

(4) 驱动装置。

自动扶梯的驱动装置作用是将动力传递给梯路系统以及扶手系统,是由电动机、减速器、制动器、传动链条以及驱动主轴组成的。按照驱动装置在自动扶梯的位置又可分为端部驱动装置和中间驱动装置两种。

(5) 张紧装置。

张紧装置有弹簧式张紧装置和重锤式张紧装置等。张紧装置的作用是保证牵引链条有必要的初张力,补偿牵引链条在运转过程中的伸长,牵引链条及梯级由一个分支过渡到另一个分支的改向功能,是梯路导向所必需的部件。

(6) 扶手装置。

扶手装置是供站立在自动扶梯上的乘客作扶手使用。扶手装置由扶手驱动系统、扶手胶带、栏杆等组成。常用的扶手系统有两种结构形式,即传统使用的摩擦轮驱动形式以及压滚驱动形式。

(7) 金属桁架。

自动扶梯金属桁架的作用在于安装和支承自动扶梯的各个部件、承受各种载荷以及将建筑物两个不同层高的地面连接起来。端部驱动以及中间驱动自动扶梯的导轨系统、驱动装置、张紧装置以及扶手装置等一般都安装在金属桁架的里面和上面。

(8) 安全装置。

自动扶梯的安全装置种类繁多,有机-电式工作制动器、紧急制动器、速度监控装置、梯级链安全装置(伸长和断裂保护装置)、梳齿板保护装置、扶手带入口防异物保护装置、梯级塌陷保护装置、裙板安全装置、电动机保护、相位保护、急停按钮、辅助制动器、机械锁紧装置、梯级上的黄色边框、裙板上的安全刷和扶手带同步监控装置等。自动扶梯是比较安全的运输机械。

2. 自动扶梯的主要参数

当高层大楼的业主或承包商向自动扶梯生产厂家订购自动扶梯时,应提供一些必要的建筑物参数,同时也要对该厂家的自动扶梯规格参数有一些了解。

(1) 提升高度。

提升高度 H 是指建筑物上、下楼层之间或地下铁道地面与地下站厅间的高度。我国目前生产的自动扶梯系列有小提升高度 3~10m、中提升高度 10~45m、大提升高度 45~65m。

(2) 输送能力。

自动扶梯的输送能力 Q 是指每小时运载人员的数目。

(3) 倾斜角。

一般自动扶梯的倾斜角 α 为 30°,有时为了适应建筑物的特别需要,减少自动扶梯所占的空间,有些百货公司也选用 35°的倾斜角。国家标准有如下规定:自动扶梯的倾斜角 α 应不超过 30°,但如提升高度未超过 6m,运行速度未超过 0.5m/s 时,倾斜角 α 最大可以增至 35°。

(4) 运行速度。

国家标准规定:当倾斜角小于 30°(包括 30°)时,运行速度 v 不得超过 0.75m/s;倾斜角大于 30°但不大于 35°时,运行速度 v 不超过 0.5m/s。

(5) 梯级宽度。

目前我国所采用的梯级宽度 B 有如下规定：小提升高度时，单人的梯级宽度为 0.6m，双人的为 1.0m；中、大提升高度时，双人的为 1.0m；国家标准除规定 0.6m 及 1.0m 两种规格外，还增加了 0.8m 这种规格。

第二节　电梯的控制功能

一、电梯的基本工作原理

曳引式电梯靠曳引力实现相对运动，曳引传动关系如图 15-3 所示。安装在机房内的电动机通过减速器、制动器等组成的曳引机，使曳引钢丝绳通过曳引轮，一端连接轿厢，一端连接配重，轿厢与配重的重力使曳引钢丝绳压紧轮绳槽而产生摩擦力，这样电动机一转动就带动曳引轮转动，驱动钢丝绳，拖动轿厢和配重作相对运动，即轿厢上升、配重下降，轿厢下降、配重上升。于是，轿厢就在井道中沿导轨上下往复运行。

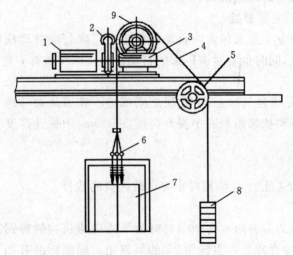

图 15-3　电梯的曳引传动关系
1—电动机；2—减速器；3—制动器；4—曳引钢丝绳；5—导向轮；
6—反向轮；7—轿厢；8—配重；9—曳引轮

二、电梯的八大系统的功能

电梯八大系统的功能、组成及装置见表 15-1。

表 15-1　电梯八大系统的功能、组成及装置

系统名称	功　　能	组成的主要构件与装置
曳引系统	输出与传递动力,牵引电梯运行	曳引机、曳引钢丝绳、导向轮、反绳轮等
导向系统	限制轿厢和配重的活动自由度,使轿厢和配重只能沿着导轨作上、下运动	轿厢的导轨、配重的导轨及其导轨架
轿厢	用以运送乘客和(或)货物的组件,是电梯的工作部分	轿厢架和轿厢体
门系统	乘客或货物的进出口,运行时层门、轿门必须封闭,到站时才能开启	轿厢门、层门、开门机、联动机构、门锁等
重量平衡系统	相对平衡轿厢重量以及补偿高层电梯中曳引绳长度的影响	配重和重量补偿装置等
电力拖动系统	提供动力,对电梯实行速度控制	曳引电动机、供电系统、速度反馈装置、电动机调速装置等
电气控制系统	对电梯的运行实行操纵和控制	操纵装置、位置显示装置、控制屏(柜)、平层装置、选层器等
安全保护系统	保证电梯安全使用,防止一切事故发生	机械方面:限速器、安全钳、缓冲器、终端保护装置等 电气方面:超速保护装置,供电系统断相、错相保护装置,超越上、下极限工作位置的保护装置,层门锁与轿门电气连锁装置等

三、升降电梯的主要系统及功能

(一)电梯曳引系统

电梯曳引系统包括曳引机、曳引绳、导向轮等。

1. 曳引电动机

曳引电动机是牵引电梯上下运行的动力源。

电梯的曳引电动机有交流电动机和直流电动机两大类。电梯在运行过程中,启动、制动频繁,正反倒向运行,其运行状态负荷变化大。因此,要使电动机经常保持良好的工作状态,就要做好运行中的监视和日常维护保养。

2. 电磁制动器

电磁制动器的功能是对主动转轴起制动作用,能使工作中的电梯轿厢停止运动。它还对轿厢与厅门地坎平层时的准确度起着重要的作用。一般安装在电动机的旁边,即在电动机轴与蜗行轴相连的制动轮处(如是无齿轮的曳引机,制动器安装在电动机与曳引轮之间)。

电磁制动器是电梯中极其重要的制动安全装置,必须十分重视其日常检查、保养和调整。

3. 减速器

减速器的功能是使快速电动机与钢丝绳传动机构的旋转频率协调一致。也就是说,为了降低电动机的转数,增大转矩,减速器用在有齿轮的曳引机上。

减速器一般安装在曳引电动机转轴和曳引轮转轴之间。

4. 曳引钢丝绳

曳引钢丝绳也称曳引绳,是电梯上专用的钢丝绳。其功能是连接轿厢和配重,它承载着轿厢、配重、额定载重量等重量的总和。

电梯用钢丝绳通常采用优质碳素钢制成的特级钢丝,然后按一定方式与浸渍过钢丝绳专用油的纤维绳芯交互捻绕成钢丝绳。纤维绳芯在这里起支撑、固定绳股和储油、润滑、防腐蚀的作用。

5. 曳引轮和导向轮

曳引轮是电梯曳引传动系统中的重要工作部件,亦称主绳轮。

导向轮安装在机房楼板或承重梁上,用于调整曳引绳在曳引轮上的包角,并使轿厢与配重之间保持一定的相对位置,如图15-3所示。

(二) 轿厢和门系统

1. 轿厢

(1) 轿厢的组成及要求。

轿厢由轿厢架、轿厢体及其相关的结构和装置(门机装置、轿内操纵箱、层楼指示器及安全窗、导靴、安全钳、平层感应装置、轿顶检修装置、绳头组合或轿顶轮等)组成。其中,轿厢体由轿厢底、轿厢壁、轿厢顶及轿门组成。

(2) 轿厢内操纵箱。

轿厢内操纵箱通常设置以下功能:运行状态控制;选层;定向启动;开关门;直驶;

急停;报警(警铃按钮);厅外召唤显示;检修控制;照明控制;风扇控制;超载指示灯和超载警铃;轿内层楼指示器(显示轿厢在运行中所处的楼层位置);平层感应器。

2. 门系统

门系统主要包括轿门(轿厢门)、层门(厅门)与开门、关门等系统及其附属的零部件。层门和轿门的作用都是为了防止人员和物品坠入井道或轿内乘客和物品与井道相撞而发生危险,它们都是电梯重要的安全保护设施。

层门是设置在层站入口的封闭门,也叫厅门,还称为梯井门。层门的开启是由轿门带动的,层门上装有电气、机械联锁,只有轿门开启才能带动层门的开启。层门的开闭与锁紧是保证电梯使用者安全的首要条件。

轿门是设置在轿厢入口的门,并设在轿厢靠近层门的一侧。

只有轿门、层门完全关闭后,电梯才能运行。

(三)导向系统和重量平衡系统

1. 导向系统

导向系统的功能及主要构件与装置见表15-1。

不论是轿厢导向还是配重导向,均由导轨、导靴和导轨架组成。轿厢和配重的两根导轨限定了轿厢与配重在井道中的相互位置,导轨架作为导轨的支撑件,被固定在井道壁上;导靴安装在轿厢和配重架的两侧(轿厢和配重各装有四个导靴),导靴里的靴衬(或滚轮)与导轨工作面配合。

2. 重量平衡系统

重量平衡系统的功能及组成见表15-1。

如图15-4所示,补偿装置的作用如下所述。

(1)当电梯的运行高度超过30m时,由于曳引钢丝绳和控制电缆的自重,使得曳引轮的曳引力和电动机的负载发生变化,补偿装置可弥补轿厢两侧重量的不平衡,从而改善电梯的曳引性能,保证轿厢侧与配重侧重量比在电梯运行过程中不变。

(2)配重的作用是平衡(相对平衡)轿厢重量和部分电梯负载重量,以减少电动机的损耗。同时,由于曳引式电梯有配重,如果轿厢或配重撞在缓冲器上,电梯失去曳引条件,避免了冲顶事故的发生。

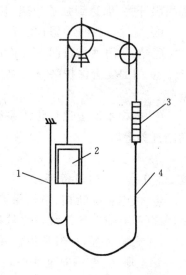

图15-4 重量平衡系统示意图
1—电缆;2—轿厢;3—配重;4—补偿装置

(四)安全保护系统

1. 电梯可能存在的事故隐患和发生的故障

电梯可能存在的事故隐患和发生的故障主要有如下几个方面。

① 轿厢失控、超速运行。由于电磁制动器失灵,减速器中的蜗轮、蜗杆的轮齿、轴、销、键等折断,以及曳引绳在曳引轮中严重打滑等情况的发生会导致轿厢失控,超速运行。

② 终端越位。由于平层控制电路出现故障,轿厢运行到顶层端站或底层端站位置时不停而继续运行或超出正常的平层位置。

③ 冲顶或蹲底。当上终端限位装置失灵,造成电梯冲向井道顶部,称为冲顶;当下终端限位装置失灵或电梯失控造成电梯轿厢跌落井道底坑,称为蹲底。

④ 不安全运行。指在限速器失效、选层器失灵,层门、轿门不能关闭或关闭不严,超载,电动机断相、错相等状态下运行。

⑤ 非正常停止。由于控制电路出现故障,安全钳误动作或电梯停电等原因,都会造成在运行中的电梯突然停止。

⑥ 关门障碍。电梯在关门时,受到人或物体的阻碍,门无法关闭。

2. 电梯安全保护系统的基本组成

电梯安全保护系统的基本组成包括以下几个方面。

① 超速(失控)保护装置,包括限速器、安全钳。

② 超越上、下极限工作位置的保护装置。包括强迫减速开关、终端限位开关、终端极限开关,以达到强迫换速、切断控制电路、切断动力电源三级保护。

③ 撞底(与冲顶)保护装置,主要是指缓冲器。

④ 层门门锁与轿门电气连锁装置,其功能是确保门不关闭、电梯就不能运行。

⑤ 门的安全保护装置。层门、轿门设置有门光电装置、门电子检测装置、安全触板等。

⑥ 电梯不安全运行防止系统。如轿厢超载装置、限速器断绳开关、选层器自动切断开关等。

⑦ 不正常状态处理系统。机房曳引机的手动盘车、自备发电机以及轿厢安全窗、轿门手动开门设备等。

⑧ 供电系统断相、错相保护装置,主要包括相序保护继电器等。

⑨ 停电或电气系统发生故障时,轿厢慢速移动装置。

⑩ 报警装置,一般是指轿厢内与外联系的警铃、电话等。

综上所述,电梯安全保护装置一般是由机械安全装置和电气安全装置两大部分组成。有一些机械安全装置需要电气方面的配合和连锁装置才能完成其动作并取得可靠的效果。

3. 机械安全装置的保护方式

机械安全装置的保护方式主要有以下几种。

① 超速保护装置。

② 撞底缓冲装置,它是电梯的最后一道机械安全装置。

③ 机械门连锁装置。

④ 安全窗。安全窗的作用是当轿厢因故停在两个楼层中间且轿厢又无法移动而设置的紧急救助出入口。为防止启用安全窗时,电梯突然启动运行而造成人身伤害事故发生,因此安全窗具有打开即切断控制回路的功能。

⑤ 超载保护装置。当负载达到限定值时,机械触头即与限位开关接触,发出电信号,切断控制回路,使电梯不能启动,避免电梯超载行驶。

⑥ 安全防护栅栏。此装置是为了防止检修人员在轿厢顶进行检修操作时一旦失去重心滑倒坠入井道而增设的,检修时维修人员切不可倚靠在护栏上,防止轿厢以检修速度运行时,不慎被配重碰伤。

⑦ 护脚板。护脚板即轿厢地坎下面的以扁钢、角钢支撑的金属护板,是为了防止轿厢不平层时与厅门地坎间产生间隙后,乘客的脚不慎插入轿厢下面发生事故而设置的。

4. 电气安全装置的保护方式

电气安全装置的保护方式主要包括以下几种。

① 电源主开关。在电梯停电、低压或运行中出现危急情况时,可以切断主电路,保证电梯及时停车。

② 超载短路及相序保护装置。防止电动机因超载、电路短路或供电线路出现相序错误或缺相而被烧毁。当在电梯运行中出现上述情况时,即可切断控制回路。

③ 电磁制动器。电磁制动器也叫电磁抱闸,在前面曳引机部分已作过介绍,它是电梯安全装置中最重要的一种。在轿厢超速、越位、超载溜车或其他原因造成坠落等危急情况下都需要电磁制动器动作。电磁制动器具有得电松闸、失电抱闸的特点。

④ 终端减速开关。终端减速开关也称强迫减速开关,是防止电梯失控造成冲顶或蹲底的第一道防线。当电梯失控使轿厢超越顶层或底层 50mm 而不能换速停车时,轿厢首先经过强迫减速开关,迫使其减速(换速)并停止运行。

⑤ 终端限位开关。这是防止电梯失控造成冲顶或蹲底的第二道防线。轿厢在经过强迫减速后,若未能减速停驶,由终端限位开关作越位保护,通过断开安全回路电源,使轿厢在越位前停止运行,达到限位停车的目的。

⑥ 终端极限开关。该开关是轿厢失控超越上、下极限工作位置时的最后一级电气安全保护装置。它在终端限位开关之后,轿厢或配重接触缓冲器之前起作用,并且在缓冲器被压缩期间保持其动作状态。

⑦ 急停开关。根据需要分别安装在轿厢操纵盘、轿顶操纵盒及底坑内和机房控

制柜上。在轿顶、底坑、机房处检修电梯时，关闭急停开关就可切断电源。在轿厢里遇到紧急情况只要按下急停按钮或扳动急停开关，即可及时停车。

⑧ 轿门安全触板。该装置用于自动开关门的电梯中，通过安装在自动轿门两边沿上的机构，实现在关门过程中当安全触板触及人或物体时，通过门机电路使门打开，以防止关门夹人的事故发生。采用光电或电子式与机械式联用的安全触板，可靠性更高。

⑨ 限速钢丝绳张紧保护。防止电梯在超速保护装置失灵的情况下运行的装置。

⑩ 测速机断线保护。测速发电机是一种测量转速信号的反馈装置。当测速发电机断线时，断线保护装置即可带动开关切断控制回路，避免轿厢在无控制的情况下运行。

⑪ 电梯电气设备的接地保护。防止电梯中电气设备及线管、线槽一旦漏电对人身安全造成的伤害。

⑫ 报警装置。为便于因故停驶的轿厢中的司机或乘客与外界联系或报警的装置。轿厢操纵盘上装有报警开关或电话，这是电梯中不可缺少的安全保护装置。

第三节　电梯的常见故障与维护

电梯和汽车一样，是以人为服务对象的交通工具，所以发生故障也是难免的。

由于电梯的类型不同，各生产厂家采用的各种部件型号也不同，电气线路、控制方式、手动与自动程度也有很大差别。所以，各种电梯发生的故障性质、原因和处理方法也不相同。

一、电梯常见故障的分类

电梯故障一般分为两类。一类是由于设计、安装、制造的问题引起的；另一类是由于使用者不正当操作安全装置和开关引起的。在所有的故障中，由于轿厢或厅站门口保护不当的占大多数。为了尽量避免由于电梯故障而引起对乘客的伤害，就应该仔细地做好维修检查工作，及时发现故障隐患，做好修理工作，对陈旧的电梯和装有不可靠装置的电梯，应当坚决更换。

二、升降电梯常见故障及排除方法

升降电梯常见故障及排除方法如表 15-2 所示。

表 15-2 升降电梯常见故障及排除方法

故障现象	可能原因	排除方法
关闭厅门、轿门,经底层启动,轿厢不能运行	1. 开关门锁电气接点松动,未能连接 2. 关门行程开关未接通	1. 调整门锁电气接点触头簧片,使之接触良好或更换触头簧片 2. 调整行程开关的位置、角度,使之接触动作灵活,紧固行程开关,固定螺丝
厅门未关,而电梯却能选层运行	1. 门锁继电器动作不正常 2. 门锁连接线短路	1. 调整门锁继电器,更换门锁继电器 2. 检查门锁线路,排除短路点
关门夹人,安全触板失灵	1. 安全触板微动开关被压死,不能动作 2. 安全触板接线短路 3. 安全触板传动机构损坏	1. 更换微动开关,使之连接和断开灵活 2. 检查线路排除短路点 3. 检查调整传动机构的触板拉链、转轴等,使之灵活
开关门的速度明显过慢	1. 开门机电磁线圈串联电阻 $M\Omega R$ 阻值过小 2. 开门机皮带轮与皮带打滑	1. 适当增大 $M\Omega R$ 电阻值,进行试验,一般调至全电阻的 3/4 比较合适 2. 调整皮带轮的偏心轴或开门机的底座螺栓
开关门的速度明显过快	开门机励磁线圈串联电阻 $M\Omega R$ 阻值过大	适当减小 $M\Omega R$ 电阻值
开关门时明显跳动,振动过大	1. 吊门滚轮磨损或导轨偏斜 2. 吊门滚轮下的偏心轴挡轮间隙过大 3. 地坎门滑道中积尘过多,卡有异物	1. 调整门导轨,更换吊门滚轮 2. 调整导轨下的偏心轴挡轮间隙 3. 清扫地坎门滑道,排除异物

续表

故障现象	可能原因	排除方法
电梯运行中轿厢有摇动或晃动	1. 蜗轮副齿侧间隙增大，蜗杆推力轴承磨损 2. 曳引机地脚螺栓或挡板压板松动 3. 个别导轨架或导轨压板松动 4. 导轨接口不平滑，有"台阶"	1. 更换中心距调整垫及轴承盖处调整垫，或更换轴承 2. 检查紧固地脚螺栓和挡板压板并进行校正 3. 在轿顶上检查导轨架及压板紧固情况，并进行紧固 4. 用细齿锉刀按要求进行修光平整
电梯运行中在轿厢中听到摩擦响声	1. 轿厢滑动导靴尼龙衬磨损严重，其金属压板与导轨发生摩擦 2. 滑动导靴衬套油槽中卡入异物 3. 安全钳楔块与导轨间隙过小，有时与导轨摩擦	1. 更换新的导靴衬，并调整靴弹簧，使4只导靴压力一致 2. 清除卡在导靴内的异物，并进行清洗 3. 调整安全钳楔块与导轨间隙，使其符合要求(2～3mm为宜)
电梯运行中轿厢在通过厅门时有碰撞的摩擦声响	1. 开门刀与厅门地坎间隙过小，有摩擦 2. 开门刀与门锁滚轮相碰	1. 测量各层间隙并检查轿厢有无倾斜现象，必要时用砣块调平轿厢 2. 检查轿门倾斜度，必要时调整开门刀和门锁滚轮的位置
限速器有时误动作，或有打点响声	1. 限速器转动轴处于油路不畅、锈蚀或磨损状态 2. 弹簧或压紧螺钉松动	1. 清洗限速器通畅油路，对有磨损的转动轴可用零号砂布细磨修整 2. 螺钉松动时可进行紧固，弹簧的松紧程度与限速器动作速度有关，应送电梯厂进行整定
预选层站不停车(选不上)	1. 内选层继电器NXJ失灵 2. 选层器上的滑块接触不良或接不上，滑块碰坏	1. 检修或更换NXJ继电器 2. 调整滑块的位置，使其接触良好

续表

故障现象	可能原因	排除方法
未选层站停车	1. 快速保持回路接触不良 2. 有的层站换速电源相碰，或选层器上的层间信号隔离二极管击穿短路	1. 检查调整快速回路中的继电器接触接点，使之动作灵活、接触良好 2. 调整滑块连接线或更换二极管
局部保险丝经常烧断	1. 该回路导线有接地点或电气元件有接地点 2. 有的继电器绝缘垫片被击穿	1. 检查回路接地点，加强电气元件与接地体的绝缘 2. 加绝缘垫片绝缘或更换继电器
主保险丝片经常烧断	1. 保险丝片容量小，压片接点接触不良 2. 有的接触器接触不良，有卡阻 3. 启动、制动时间过长 4. 启动、制动电阻（电抗器）接头压片松弛	1. 按额定电流，更换保险丝片，并压牢固 2. 检查调整接触器，排除卡阻故障或更换接触器 3. 按规定，调整启动、制动时间 4. 紧固接点，压紧压片
个别信号灯不亮	1. 灯丝烧断 2. 线路接点断开或接触不良	1. 核对电压，更换灯泡 2. 检查线路，紧固接点
呼梯按钮和选层按钮失灵或不复位	1. 按钮连接线接点断开或接触不良 2. 按钮块与边框有卡阻 3. 隔离二极管装反 4. 呼梯继电器或选层继电器失灵	1. 检查线路，紧固接点 2. 清除孔内毛刺，调整安装位置 3. 调整或更换二极管 4. 更换继电器
停梯断电后再使用时，发现运行方向相反	内无相序保护装置，外线三相电源相序接反	将三相电源线中任意两相互换

续表

故障现象	可能原因	排除方法
电梯启动和运行速度有明显降低	1. 抱闸未完全打开或局部未张开 2. 三相电源有一相接触不良 3. 接触器接点接触不可靠 4. 电源电压低	1. 调整抱闸间隙 2. 检查三相电源线路，紧固各接点，使接触良好 3. 检修或更换接触器 4. 调整三相电压使压降不超过±5%
轿厢或厅门有麻电感觉	1. 轿厢接地线断开或接触不良 2. 接零系统零线重复接地线断开 3. 轿厢上的线路有接地漏电现象	1. 检查后接通接地线，并测量使接地电阻不大于4Ω 2. 在零线上做好重复接地，成为保护接零系统 3. 检查线路绝缘，使其绝缘电阻值1kΩ/V
平层误差过大（上行平层高，下行平层低）	抱闸弹簧过松，间隙大或不平	调整弹簧压力，并按规定调整抱闸间隙
平层误差过大（上行平层低，下行平层高）	抱闸弹簧过松，间隙大或不平	调整弹簧压力，并按规定调整抱闸间隙
平层误差过大（上行平层低，下行平层高）	抱闸弹簧过紧，间隙小或不平	调整弹簧压力，并按规定调整抱闸间隙，调整平层器与感应铁之间的距离间隙
平层误差过大（上行平层高，下行平层也高）	配重重量过重	按平衡系数计算，用电流表测量正反方向电流值，调整配重砣块
平层误差过大（上行平层低，下行平层也低）	配重重量过轻	按平衡系数计算，用电流表测量正反方向电流值，调整配重砣块

三、自动扶梯各部件的故障及维修保养

1. 梯级的故障及维修保养

(1)梯级的故障。

梯级是乘客乘梯时站立之处，也是一个连续运行的部件。由于环境条件、人为因素、机件本身等原因会发生踏板齿折断、支架主轴孔处断裂、支架盖断裂、主轮脱胶等

故障,造成梯级下沉、打坏梯级、夹伤乘客等事故。

(2) 梯级的维修保养。

① 在自动扶梯出入口处 1.5 m 范围内,应有使乘客清除鞋底杂物的设施。

② 严禁乘客带重物及铁器上梯。

③ 严禁将自动扶梯作为货梯使用。

④ 发现踏板齿有相邻两根(包括两根)以上折断时应及时更换。对于组装式梯级可更换装饰踏条或踏板,对于整体式梯级必须更换梯级。

⑤ 用户单位的维修人员必须按照生产单位提供的随机文件进行检查,发现故障应及时进行排除。需停机维修的,应派专业人员排除故障并更换零部件。

2. 曳引链的故障及维修

曳引链是自动扶梯最大的受力部件,长期运行使其受损较严重,所以曳引链系统必须配备润滑系统实施润滑。干摩擦与有油传动对链条的磨损量相差约为 6 倍。

由于曳引链条的外链板一般采用铆接、开口销或挡圈固定方式,在例行检查时如发现梯级主轮有脱胶、裂纹、破裂现象就必须停机,请生产厂家或特约维修站派员更换。

驱动主轴和张紧轴一般用滚动轴承作为转动件,故应对轴承定时、定量、定质的实施润滑,以保证轴承的使用寿命。

3. 驱动装置的故障及维修保养

(1) 驱动装置故障的主要表现。

① 异常响声。电动机两端轴承损坏,减速器轴承损坏,蜗杆蜗轮磨损,带式制动器的制动电动机损坏,单片失电制动器的线圈和摩擦片间距调整不适合,驱动链条过松,上下振动严重或跳出。

② 温升过快过高。电动机轴承损坏,电动机烧坏,减速器油量不足、油品错误,制动器的摩擦副间隙调整不适合,摩擦副烧坏,线圈内部电路短路烧坏。

(2) 驱动装置的维修保养。

驱动装置的各部件专业性很强,一旦出现较大故障,必须找生产厂家或特约维修的专门技术人员进行修理。用户单位在例行检查时,若发现问题,应及时报告,以防酿成大祸。

① 减速器的油量、油品应严格按照说明书上的规定要求执行,一般 3~6 个月更换一次。

② 制动器的调整间隙必须按照说明书上的规定要求执行,液压推杆式制动器的油压缸的油品为 N68 润滑油,油量加注到规定要求。

4. 梯路的故障及维修保养

梯路的质量是梯级运行平衡的保证,除上面提及的几点外,还应保证左、右导轨在水平方向的平行及一致性,使梯级的轴向受力为最小。否则会造成梯级运行中跑偏、导轨定位面的过快磨损、梯级主轮受侧向力过大而脱胶损坏、梯级运行中碰擦裙板等现象的发生。还应特别强调检查梯级弯段防跳轨的情况,以及主轨进出口处的磨损情况。

由于自动扶梯是在商场、车站等公共场合使用,环境条件的恶劣对扶梯的损坏相当大,用户单位要定期、定人对导轨梯路进行清理保养,特别是导轨工作面。

对各处的固定部位进行检查、复原,使梯级运行在干净的工作场合,从而延长使用寿命。

5. 梳齿的故障及维修

自动扶梯运行时,梳齿的工作状况恶劣,极易损坏梳齿的齿。梳齿一旦损坏,极易发生夹脚、夹鞋等事故,严重时可能发生人身伤害事故。据不完全统计,由于梳齿原因发生事故的占自动扶梯事故率的 35%~45%。所以,当一块梳齿上有三根齿或相邻两根齿损坏时,必须立即予以更换。梳齿的啮合深度必须符合设计要求。自动扶梯进出口处必须设置长度大于 2.5 m、宽度为扶梯宽度的畅通区域,并保持其环境卫生。

6. 扶手装置的故障及维修保养

扶手装置的故障常发生在扶手带驱动部分。由于空间位置的限制,扶手装置结构设计有一定的困难,易发生轴承、链条、多锲形驱动带的损坏,以及带速滞后等现象。

用户单位在例行检查时,应适度调节驱动链的松紧程度,各部轴承处应按要求添加润滑脂,并按要求给驱动链条润滑。

扶手带长期运行后,会发生伸长现象,此时,通过安装在扶手下端的调节机构把过长的那一部分给吸收掉,但注意不可把扶手带调得过紧,否则容易造成发热现象。

扶手带在运行时,圆弧端处有时发出沙沙的异常声,这是因为圆弧端扶手支架内的轴承损坏所致,应及时更换损坏的轴承。

7. 安全保护装置的维护与保养

各种保护装置在平时是不起作用的,但一旦发生故障必须立即起作用,故日常的保养显得格外重要。在例行检查时,必须保持各保护装置的清洁,逐个对安全保护装置进行检查,观察其能否正常工作,电路是否正常。一旦发现异常,必须经专业人员进行检查,故障排除后方可重新启用,以确保扶梯在有监控的条件下正常运行,从而保证人身和设备安全。

四、电梯的维护与管理

电梯的维修保养不仅与日常安全运行紧密相关,而且还直接关系到电梯的寿命。

(一) 电梯的管理和维修保养

电梯在投入使用之后,要制定电梯维修保养的制度及健全保养周期的计划,使电梯处于最佳的状态。

1. 电梯的日常管理制度

建筑物的设备管理部门要根据自身的具体条件和情况,建立健全的电梯管理制度。

(1) 建立电梯驾驶人员、检修人员或者管理人员的培训考核发证制度。

凡是维修保养人员都必须参加经政府认可部门举办的电梯设备专业技术培训,切实掌握有关的电梯技术,并经有关部门考核合格后才能上岗。

(2) 建立值班和交接班制度。

① 凡属有司机操作的电梯,驾驶人员(司机)要每天对电梯的运行情况、异常现象及故障做记录,必要时还要填写申请修理报告。

② 检修人员要对日常的维修保养工作做好记录,在每次排除故障后要做好检修记录,内容包括检修部位、更换零件、修复情况和检验结论等。

③ 要与有关生产厂家或安装保养公司或维修中心建立 24 小时抢修业务的制度,对高层建筑中的电梯故障应保证尽快排除。

④ 及时做好劳动安全部门和有关检验部门的年检监察的准备工作。

2. 电梯的日常管理

为了确保高层大楼中电梯乘用的安全和舒适,设备管理部门应对电梯作好日常的管理工作。

(1) 钥匙保管。

钥匙包括机房钥匙、操纵箱钥匙、门的紧急开锁钥匙。钥匙应有专职管理人员保管,不能借给无关人员。

(2) 运行前的检查。

在每天使用之前,管理人员应作最低限度的反复运行,保证操纵箱正常、地坎内无异物、安全触板功能可靠、紧急联络内线电话正常、电梯运行没有异常声音。

(3) 巡回检查。

在电梯运行时,管理人员要适时巡回检查,如制止乘梯者在轿厢附近吸烟;注意有无来历不明的人员;及时擦去水渍和污泥;劝告小孩不要在门厅附近玩耍;禁止闲人进入机房等。

(4) 保持电梯清洁。

要经常对电梯进行清扫工作。

(5) 对停电及大风大雨预告的对策。

① 有停电预告时,要在厅门附近张贴通知。

② 大风大雨前要关好大楼的各处门窗。
③ 休息以及夜间停运时要把电梯停在规定的楼层,并切断电源。
④ 底坑内灌水时应切断电源,停止电梯运行。

(6) 电梯暂停时的注意事项。

① 电梯要停止运行时,要把电梯停在最底层,并关上轿门和厅门。如果把门打开,在万一发生火灾时,井道可能成为烟道,这是很危险的。
② 切断电源前应先确认没有乘客在轿厢内。
③ 如果电梯带有停车开关,可将专用钥匙转到停止侧,这样电梯就会自动到达停止层,到达停止层后会打开门,随后再关门,电梯就处于停止状态了。如再要启动,可由专职管理人员用应急钥匙打开电梯门。

(7) 正确使用内线电话。

在电梯运行时,应有专门管理人员值班,对内线电话作监控和管理。

(8) 对电源的管理。

① 凡修理或改造工程影响到电梯的供电电源时,在电梯再投入运行之前,应由工程技术人员确认电动机的旋转方向是否正确。
② 禁止在电梯专用电源支路上连接其他用电设备;配电盘上供电梯使用的熔断器容量应与电梯的实际负荷相匹配。

3. 电梯的维护保养周期

① 每周对每台电梯进行一次常规的全面检查,包括曳引机、钢丝绳、随行电缆等装置及安全设备,同时对控制装置也应作全面的检查。
② 每周对每台电梯进行一次常规的保养,内容如下。
- 润滑所有的门系统部分,例如导轨、轴承等。
- 调整所有的电气及机械装置。
- 检查控制柜内的所有触点。
- 清理所有杂物,包括传动装置中的杂物、门导轨内的杂物、井道导轨及固定支架上的杂物。

③ 每月一次清理井道内的积水、杂物及机房内的杂物。在可能的条件下,每月一次对电梯的各种安全装置进行检查,对电气控制系统进行检查,对电梯主要机构和设备动作的可靠性进行检查,并作必要的调整。
④ 每年进行一次由有经验的技术人员负责、维修保养人员参加的综合维护保养,详细检查机械、电气和安全设备的工作情况及主要零部件的磨损程度。对磨损量超过允许值的、已损坏的零部件应及时进行更换。
⑤ 每年配合劳动安全部门进行电梯年检。
⑥ 每3~5年对电梯系统进行一次大修,制订大修计划,落实大修措施。由有经验的技术人员指导维修保养人员对整机进行大修,要采用仪器仪表进行全面检查。

（二）电梯机房管理

（1）每周对机房进行一次全面清洁，保证机房和设备表面无明显灰尘，机房及通道内不得住人和堆放杂物。

（2）保证机房通风良好，风口有防雨装置，机房内悬挂温度计，机房温度不应超过40℃。

（3）保证机房照明良好，并配备应急灯，灭火器等消防器具应挂于显眼处。

（4）毗邻水箱的机房应做好防水、防潮工作。

（5）机房门窗应完好并上锁，未经管理处的经理、领班允许，禁止外人进入，并注意采取措施，防止小动物进入。

（6）《电梯困人救援规程》及各种警示牌应清晰挂于显眼处。

（7）按规定定期对机房内的设施和设备进行维修保养。

（8）每天巡视机房，发现达不到规定要求的应及时处理。

（三）自动扶梯的维护与管理

由于自动扶梯是敞开式运行，因此其维护管理比电梯要简单一些。

自动扶梯主要的维修部分包括以下方面。

（1）主机。主要对电源开关、电动机、电磁控制器、防反转装置、主驱动装置、断链保护装置、超速开关进行维护。

（2）安全性能。主要对三角形楔口保护器、扶栏保护器、显示板/安全标签进行维护。

（3）上、下平台。主要对平台、梳齿板的安全开关、扶手入口装置、栏柱、操作开关、防踏板顶起开关等进行维护。

（4）倾斜部分。主要对玻璃、裙板、扶手带驱动装置、扶手导轨、扶手带、金属桥架与导轨、安全开关等进行维护。

（5）底坑。主要对底坑环境、张紧装置、梯级、梯级链停止开关、检修插座、照明装置等进行维护。

本章综合思考题

1. 电梯按驱动方式可分为哪几类？
2. 电梯的操控方式分为哪几类？集选控制是如何进行操控的？
3. 电梯是由哪八大功能系统组成的？组成的主要构件与装置有哪些？

4. 电梯的轿厢是如何实现升降的？为什么要装设配重平衡系统？
5. 电梯的管理人员应开展哪些管理工作？
6. 简述电梯停运时的注意事项。
7. 电梯管理人员每天应对电梯的哪些部分进行检查？
8. 电梯的常见故障分为哪几类？

主要参考文献

1. 丁云飞.物业设备管理[M].广州:华南理工大学出版社,2001.
2. 万建武.建筑设备工程[M].北京:中国建筑工业出版社,2000.
3. 龚延风.建筑设备[M].天津:天津科学技术出版社,1998.
4. 过荣南.高层建筑设备维修管理手册[M].北京:中国建筑工业出版社,1999.
5. 潘蜀建.物业管理手册[M].北京:中国建筑工业出版社,1998.
6. 李岱森.空气调节[M].北京:中国建筑工业出版社,2000.
7. 电子工业部第十设计院.空气调节设计手册[M].北京:中国建筑工业出版社,1995.
8. 陆耀庆.实用供热空调设计手册[M].北京:中国建筑工业出版社,1994.
9. 黄伯超,江安.物业空调[M].福州:福建科学技术出版社,2001.
10. 谢凯.大厦物业管理务实[M].广州:广东人民出版社,2000.
11. 高明远.建筑设备技术[M].北京:中国建筑工业出版社,1998.
12. 薛殿华.空气调节[M].北京:清华大学出版社,1991.
13. 哈尔滨建筑工程学院等.燃气输配[M].北京:中国建筑工业出版社,1988.
14. 同济大学等.燃气燃烧与应用[M].第三版.北京:中国建筑工业出版社,2000.

再版后记

本书系普通高等教育国家级"十一五"规划教材,是在第一版的基础上进行修订完成的,它保留了第一版内容全面、准确可靠、注重应用的特点。在修订过程中,考虑本书的主要目的是向读者讲述物业设备的一些基本原理与应用,因此对有些读者提出的针对行业中的一些特殊设备进行介绍的意见暂时没有采纳;对于具体工程实例,则需要读者在掌握基本原理的基础上进行实践与摸索,因此本书没有补充过多的实例,还望大家理解。

本书由屈睿瑰(广州城市职业学院)担任主编,负责制定编写纲要、修改、定稿和总纂,张炳信(广东农工商职业技术学院)、叶小建(广州城市职业学院)、吕宏德(广州城市职业学院)、担任副主编,参加编写的有杨志(广东农工商职业技术学院)、张慕来(武汉职业技术学院)、肖燕武(广州城市职业学院)、傅余萍(广州城市职业学院)。具体分工如下:第一章、第六章由张炳信编写;第二章、第三章由叶小建、张慕来编写;第四章、第五章由屈睿瑰编写;第七章~第十一章由杨志、吕宏德编写;第十二~第十五章由屈睿瑰、肖燕武、傅余萍编写。同时,全书由杨志统稿,张炳信负责校对工作。

对于本书的再版,我谨代表所有参编人员对所有读者表示诚挚的谢意。没有读者的关注和支持,我们也没有这样的机会来对本书做修订。在这里,特别要感谢黄宇航为本书的修订工作提供了极大的帮助,同时也非常感谢读者提出的改进意见。由于我们对物业设备管理的认识和研究还在不断深入,加上水平有限,书中出现的错误在所难免,真心希望读者继续提出宝贵的批评意见,以便在今后的修订工作中予以改正。

编　者

2012 年 12 月

后记 Postscript

从 20 世纪 80 年代开始,随着中国的改革开放,专业化的物业管理模式也引进到国内。随着我国房地产市场的快速发展与成熟,物业管理已被住宅小区、工业区、学校、医院、商场、办公大楼等各类不同性质的物业所采用,被人们视作现代化城市的朝阳产业。但是,物业管理行业在我国又是一个新生行业,存在的问题和矛盾较多,已经成为政府、发展商、置业人士及社会各方面共同关注的热点。培育物业管理市场,规范物业管理行为,提高管理服务质量,已经成为业内人士的共识。

物业管理是一个涉及领域十分广泛的行业,其管理的对象是物,即已建成的各类地上建筑物及其的附属设施、设备和相关场地。物业设备是现代物业管理中不可缺少的重要组成部分。随着我国社会经济的不断发展,新建物业都配备有完善、先进的各种辅助设施、设备,以满足人们的各种需求。如今,人们对物业设备的要求已从满足人们最基本的生活需求上升到追求舒适、安全的高度。物业设备主要包括给水排水、暖通空调以及电气等设备,这些设备构成了物业设备的主体。物业设备的内容很多,建筑物级别越高,功能越完善,其物业设备的种类就越多,系统就越复杂。因此,物业管理专业的学生掌握物业设备管理知识是十分必要的。为此,我们编著了《物业设备管理》一书,奉献给广大读者。

本书由魏晓安、张晓华担任主编,负责制定编写纲要、修改、定稿和总纂。参加本书编写的人员有魏小安、丁云飞、张晓华、叶小建、潘小珍、刘文新、高星、江成城。具体分工如下:第一、六章由刘文新、高星编写;第二、三章由张晓华编写;第四、五章由魏晓安、潘小珍编写;第七至十一章由丁云飞、魏晓安编写;第十二、十三章由江成城编写;第十四、十五章由叶小建编写。本书由张晓华、叶小建统稿,杨志、朱权负责了部分校对工作。

本书参考了有关物业设备管理方面的大量书籍,并引用了部分资料,在此谨向这些书籍、资料的作者表示衷心谢意!

由于物业设备技术还在不断发展,而我们的认识和专业水平还很有限,书中必定存在不少的缺点和错误,敬请广大读者给予批评与指正。

编 者
2005 年 8 月

教学支持说明

"21世纪全国高等学校物业管理专业应用型人才培养系列规划教材"系华中科技大学出版社"十二五"规划重点教材。

为了改善教学效果，提高教材的使用效率，满足高校授课教师的教学需求，本套教材备有与纸质教材配套的教学课件（PPT电子教案）。

为保证本教学课件及相关教学资料仅为教师个人所得，我们将向使用本套教材的高校授课教师免费赠送教学课件或者相关教学资料，烦请授课教师填写如下授课证明并寄出（发送电子邮件或传真、邮寄）至下列地址。

地址：湖北省武汉市洪山区珞喻路1037号华中科技大学出版社营销中心
邮编：430074
电话：027-81321902
传真：027-81321917
E-mail：yingxiaoke2007@163.com

------------------------------✂------------------------------

证　　明

兹证明_____大学_____系/院第_____学年开设的_____课程，采用华中科技大学出版社出版的_____编写的_____作为该课程教材，授课教师为_____，学生共计_____个班共计_____人。

授课教师需要与本书配套的教学课件为：

授课教师的联系方式：

联系地址：_____

邮编：_____

联系电话：_____

E-mail：_____

系主任/院长：_____（签字）

（系/院办公室盖章）

_____年_____月_____日